"十三五"学术文库系列

汉语变异新论

——20世纪90年代以来汉语变异动态研究

杨彩贤 著

西安交通大学出版社
XI'AN JIAOTONG UNIVERSITY PRESS

图书在版编目(CIP)数据

汉语变异新论:20世纪90年代以来汉语变异动态研究/杨彩贤著.
—西安:西安交通大学出版社,2016.6(2017.9重印)
ISBN 978-7-5605-8567-3

Ⅰ.①汉… Ⅱ.①杨… Ⅲ.①汉语-语言演变-研究
Ⅳ.①H1-09

中国版本图书馆CIP数据核字(2016)第120482号

书　　名	汉语变异新论——20世纪90年代以来汉语变异动态研究
著　　者	杨彩贤
责任编辑	郭　剑
出版发行	西安交通大学出版社
	(西安市兴庆南路10号　邮政编码710049)
网　　址	http://www.xjtupress.com
电　　话	(029)82668357　82667874(发行中心)
	(029)82668315(总编办)
传　　真	(029)82668280
印　　刷	虎彩印艺股份有限公司
开　　本	720mm×1000mm　1/16　**印张** 14.5　**字数** 271千字
版次印次	2016年6月第1版　2017年9月第2次印刷
书　　号	ISBN 978-7-5605-8567-3
定　　价	62.00元

读者购书、书店添货,如发现印装质量问题,请与本社发行中心联系、调换。
订购热线:(029)82665248　(029)82665249
投稿热线:(029)82668133
读者信箱:xj_rwjg@126.com

前 言

20 世纪 90 年代以来，中国改革开放进入纵深发展阶段，社会的巨变引起了汉语明显的变异。很多关注这一时期汉语变异的学者，开始注意新词新语的研究。他们把研究的着力点主要放在对语言进行静态的纯形式的描写上，而语言作为传递信息、表达感情的工具，它的变异是在语用的动态过程中才具体地表现出来的，有的变异也是在语用中才产生的，加之语言系统本身就是一个动态的系统，所以对语言变异的动态研究更易于发现语言发展变化的规律。基于此，本书将讨论的重点放在对 20 世纪 90 年代以来汉语变异的动态研究上。这也是作者近年来颇感兴趣的研究方向。

本书主要从语言变异理论概述、汉语与中国社会的共变、20 世纪 90 年代以来汉语变异的动态表现和变异特点、汉语新变式演变的动态过程、汉语新变式的动态规范问题等方面进行了宏观的讨论。为了细化研究的内容，本书还对一些语言变异现象进行了微观的个案探讨。本书希望在以下几个方面较前人的研究有所突破：在前人星星点点研究的基础上，力图更加系统化、全面化；在前人面面俱到的研究的基础上，又力求做到纵深掘进、角度新颖；在前人静态研究的基础上，尝试拓展动态研究的视角。作者期望拙作能对当下的语言变异研究起到抛砖引玉的作用。

本书是作者通过自己对近年来的汉语变异的观察和研究，并吸收国内外学者的研究成果，在博士论文的基础上修改成文的。本书可作为语言规划部门的参考资料和高校语言学专业学生的参考书目。本书是在陕西师范大学博士生导师陈学超教授的悉心指导下完成的，在写作的过程中也得到了陕西师范大学杜敏教授的指点和帮助。同时，西安交通大学的王美玲博士也为本书的写作提供了丰富的资料。本书的成稿，也经过了西安航空职业技术学院刘增铁副教授的润饰。在此对曾经给予我帮助的人一并表示诚挚的感谢。

深入、全面而又系统的语言变异研究，既需要高度集中的精力和整块的时间做思考，更需要丰富的知识和非凡的技巧来建模。因限于作者经验的不足、学识的浅陋，本书难免有疏漏之处，敬请专家不吝赐教，以正错谬。

著 者

2016.5

序言

学到真愚始为贤

陈学超

2016年开春，应邀为我前些年指导的两个博士出版的专著写序。先给刘惠博士写的题目是“养成大拙方为巧”，是九华山百岁宫大殿的上联；接着给杨彩贤博士写序，自然想到下联“学到真愚始知贤”，而且感到送给杨彩贤博士殊为合适。因为杨彩贤讷于言、缓于行、低调勤勉、朴实无华、玉韫珠藏的为学处事风格，恰是她厚积薄发、由“愚”至“贤”的基础。

杨彩贤在陕西师范大学先后随我攻读硕士学位、博士学位凡七年。那七年，是杨彩贤专业学习的积淀深入时期，是默默苦读的七年；是杨彩贤学术研究的发展飞跃时期，是迅速成长的七年。杨彩贤的主要兴趣和主攻方向是社会语言学。这个学科要求对一定时代的社会生活所决定所积淀的语言，以及一定的语言所反映所投射的社会思潮，都要有深入的研究。语言和社会的关系，是一个综合的、动态的、理论与应用结合的宏大课题，是被无数先贤开垦着的学术领地，对于发展以往的语言学理论以及制定未来的语言政策都有重大的学术价值和现实意义，同时也对这方面后来研究者的素质提出了更加严格的要求。杨彩贤这方面的基本功是从两个方面奠基的。一是扎实细致的经典阅读，从研究问题入手广泛阅读，自觉阅读。她清楚，研究生学习不是被动的课程学习，而是为了解决问题的主动学习、自我阅读，不断扩大自己的知识领域和思维空间。二是广泛深入的社会语言调查，从社会的变革考察语言变异，从语言变异探讨社会动向。近十多年随着语言媒体创新和社会生活的急速变迁，社会语言的变异和争议也空前剧烈。杨彩贤考察调研的功夫亦与时俱进，有现实的也有历史的，有官方语言也有方言俚语，有城市各阶层语言也有农村老少俗语，有书面新词也有网络潮语，甚至借用在泰国一年的实习时间抓紧时间考察泰语与汉语的社会语言比较。这些田野调查和资料收集，为她的研究提供了保障。以上这两个方面的工作，说来容易，不花费巨大的心力和血汗，没有“愚公”的精神是很难做到的，特别是在这个学风浮躁的年代。然而，这些正是一个社会语言学研究者最基本的学术素质。

这本《汉语变异新论》，是在她的博士论文的基础上完成的。它涉及了语言变异理论的发展及其在中国的拓展，论述了 20 世纪 90 年代以来汉语变异的动态表现和特点、演变过程和动因、新变式的规范等。列举了大量的汉语新词新语例证以及语言现象的分析个案，内容充实新颖，是她多年来孜孜不倦独立打磨出来的精神产品，是新近社会语言学界颇值得参考的一本专著。关于这本书的具体评说，我不在此赘言，读者各取所需，自有品鉴。那就借此机会，再谈谈做学问的“愚”和“智”。

当前庞大的博士群体、学术团队中，“智叟”太多，“愚公”太少；追潮的太多，坐冷板凳的太少；“急就章”太多，干货太少；为学位职称之需追求发表数量的文青太多，不为稻粮谋的学术君子太少。这当然有管理体制、时代氛围的原因。不过，教育为百年育人之大业，学术乃“天下之公器”，今天我们青年教授学者的水准，直接影响着未来几十年社会文明的指数和科学研究的风貌，不可等闲视之。我们的大学迫切需要一批具有独立人格、独立思考精神的真诚师表，需要一批皓首穷经钻研学问的教授，需要一批具有真才实学和学术定力的学者，需要一批真正超越前辈、突破创新的专家。那些赶时髦、出风头、急于作思想先锋的，食洋不化、生搬硬套、罔顾现实、只作圈子中话语游戏的，没有学习恒心、没有学问意识、没有写作灵气、没有研究兴趣、只作低层次重复的文字的，也不必勉为其难、滥竽充数，也许做其他社会工作更加合适些。写书、写文章，不等于做学问；知识和学问也不是一回事。学问是知识进入生命以后一种“通透”“浸润”的状态。做学问要有追求真理的良知，要有发现问题、修正填补前人不足的使命，要有充分的理论和知识学养，要有把研究事业化为自己生命的一部分的志向。学问本无一定的学科限制，它起于生命中的焦灼和追问，起于对文化遗产和文化创造的求知渴望和探究；它往往要求跨学科、跨领域、跨文化的学习探讨，要求长时间的有深度有精度的考察研讨，要求“究天人之际，通古今之变，成一家之言”，从而让文明的高山流水惠泽于四野。学问是无止境的，一个学者默默耕耘一生也只能在自己小小的一隅有所建树，不可能成“圣贤”，只可能为“剩贤”。“学到真愚始为贤”，欲速贤时非能贤。对于安静的学者清流，以“明星”“大咖”“公知”“国师”之类当今社会贤达的桂冠恭维炒作，其实是在亵渎学者、学术的尊严。不是吗？

是为叙。

2016 年 3 月 17 日于加拿大多伦多

目录

Contents

第一章 绪论

社会语言学认为，语言和社会之间存在着一种相互依赖的共变关系。语言会随社会的变化而变化，就像著名的瑞士语言学家费尔迪南·德·索绪尔所说："时间改变一切，没有理由要求语言能逃过这一宇宙的法则。"[①]陈松岑教授更进一步指出了语言变异的普遍性，她说："语言是以变异网络的形式而存在，语言变异无处不在。"[②]语言变异理论认为：各种语言变异现象是不同社会因素作用的结果，言语差异既反映了语言的真实面貌，也蕴含了语言变化的倾向。通过对语言变异现象的表现、相互关系的研究，来追索导致这种变化背后的社会因素，从而来了解整个语言系统在人类生活中的地位和作用，找到语言发展变化的方向和规律。语言的变异不仅体现在共时语言系统的不同平面上，而且也体现在语言历时变化的历史层次上。从20世纪70年代末实行改革开放以来，我国社会进入了一个前所未有的新时期。这一时期，我国社会发生了巨大的变化，尤其是进入20世纪90年代中后期，随着网络时代和大众文化时代的到来，社会的变化更是日新月异。中国社会的巨变也促使汉语发生了明显的变异。

语言是社会的影像，是反映社会的一面镜子。正如德国哲学家海德格尔所说："语言是存在的家"。处在特定时空中的特定的社会中的一切，都会确切地反映到该社会所使用的语言中，即语言反映了社会的一切现象和一切活动。所以我国语言学家罗常培先生也说："一时代的客观社会生活，决定了那时代的语言内容；也可以说，语言的内容足以反映出某一时代社会生活的各面影。社会的现象，由经济生活到全部社会意识，都沉淀在语言里面。"[③]另一方面，语言又受社会的制约。人创造了语言，但人不能随心所欲地创造、使用或者取消一种语言。语言的维持或消失常常会受到自然、社会、政治等诸多因素的制约。所以语言和社会的关系是相互影响的，而不是社会结构可能影响或决定语言结构和语言行为；或者相反；或者二者相互独立，毫无关系。社会的变化不仅会在语言生活中得到投射，而且也必然加剧

---

① Saussure, F. de. Cour de linguistique générale. New York: The Philosophical Library, 1959. London: Fontana, 1974: 77.

② 陈松岑. 语言变异研究[M]. 广州：广东教育出版社，1999：17.

③ 罗常培. 语言与文化[M]. 北京：语文出版社，1989：88.

了语言的变异。语言作为人类最重要的交际工具，其变异是在交际这一动态过程中体现出来的，而语言变异的过程本身也是一个动态的过程。所以本书主要从语言与社会关系的角度，对我国20世纪90年代以来汉语变异进行了动态研究。本书是从一个全新的视角对汉语变异进行了审视和探讨。

第一节 语言变异理论

“变异是普遍存在的一种社会语言现象。凡是活的语言，应当说无时无刻不在变异之中”①，变异是语言的常态。Edward Sapir也说：“人人都知道语言是变异的”②。不过人类对语言的变异与变化的研究却起步比较晚，它是20世纪60年代才逐步形成的一个新的语言学研究领域。美国语言学家威廉·拉波夫（William Labov）是研究语言变异与变化的创始人，他开创的语言变异理论和研究方法堪称该方面研究的典范。语言变异理论是威廉·拉波夫开创的一种新的社会语言学理论。该理论把语言看作是一个“异质有序”的系统，强调以现实生活中鲜活的、表现多样的语言作为切入点，来探究语用中的语言变式、语言变化的过程、原因和规律。语言变异理论以独特的视角探究语言的本质，破解了历史上一些语言研究的难题，突破了此前语言研究的瓶颈，获得了对语言前所未有的认识，因此，语言变异研究已成为社会语言学研究的核心。2001年由钱伯斯（J. K. Chambers）、特鲁吉尔（P. Trudgill）和希林-埃斯蒂斯（N. Schilling-Estes）三位学者编辑，布莱克韦尔（Blackwell）出版社出版的《语言变异与变化通览》（The Handbook of Language Variation and Change），对40年来语言变异与变化研究成果做了全面总结，是目前最新、最全面的一本对语言变异与变化研究进行综合性介绍的著作，代表了语言变异研究发展的一个新的里程碑。2001年后，受国际语言学界的影响，我国的社会语言学研究开始了逐步由“文化语言学”向“语言变异、语言变化、言语社区”等领域的转向③。我国学者借鉴和吸收了西方的语言变异理论，在对其进行深入解读与生发的基础上，进一步在理论和实践上进行了拓展，丰富了西方的语言变异理论，深化了对汉语的认识。

一、语言变异理论产生的背景、过程及内涵

语言是一个充满变异的网络系统，变异是语言的常态，但语言学界对语言变异

① 陈原. 社会语言学[M]. 北京：商务印书馆，2000：54.

② Sapir . E. Language：An Introduction to Study of Speech. NewYork：Harhcount，Brance &Company，1921：221.

③ 徐大明. 中国社会语言学的新发展[J]. 语言学研究，2006(2)：123－129.

的认识和研究却并没有那么一帆风顺。

19世纪的历史语言学家已开始关注语言变化，特别是语音变化，不过他们并不关心语音变化本身的相关问题，而把关注的焦点放在不同时期不同的语音之间的对应关系上。受现代语言学之父索绪尔语言观念的深刻影响，20世纪上半期的语言学研究坚持语言同质的观点，把语言变化和变异排除在语言研究之外。索绪尔把同质的、共时的、静态的语言作为研究对象，认为只有共时、同质的语言状态才能形成系统。虽然他已明确意识到语言存在变化和变异，但他把言语活动中的异质成分和语言历时变化都归结为言语，认为言语活动是个人的、暂时的，所以该方面的研究是次要的，语言历时的变化形式之间不是同一集体意识所能感觉到的互相连续的关系，而是彼此之间不构成系统的要素间的互相替换。虽然言语活动中的异质成分和语言历时变化都会对系统产生影响，但它们的影响是微乎其微的，和整个言语系统可能产生的后果之间没有任何联系。因为言语不是同质的，故无法对其进行全面整体的认识，也因此，语言的变异和变化不在其研究范围以内。受索绪尔这种语言观的影响，风行一时的结构主义语言学家认为语言的变化无法观察，所以也把语言变化的研究悄然放过。被称为“美国语言学之父”的布龙菲尔德(Leonard Bloomfield)在1933年说过：“语言变化的过程从来没有直接观察到过——而且，靠我们现在的设备，要作这种观察也是不可想象的。”[①]生成语言学派对待语言变化的态度和索绪尔是一脉相承的，他们仍然把语言看作是同质的静态系统。乔姆斯基认为语言学的研究对象是说话人和听话人的知识，语言学理论主要和理想的听话人和说话人的纯净语言相关，它们都来自完全同质的言语社区，并且不受个人因素和语境因素的影响。显然，他们研究的是理想状态的语言，而不是实际使用着的语言。

可以看出，现代语言学的主流语言观关注的是“同质”“自足”“静态”的语言，这种研究使语言的结构得到了较清晰和系统的描写，这是语言研究的一大进步。但这种语言研究却隐含着难以克服的矛盾：其一，语言同质观要求所研究的语料是统一的、没有变异并且不掺杂其他成分，这种近乎苛刻的要求违背了语言的社会性本质，从而使其陷入了语言研究的索绪尔悖论：研究语言与社会相关的一面(语言)时，只要观察任何个人就行，而研究语言与个人相关的一面(言语)时，却要从社会环境中去观察[②]。这种对语言社会性的忽视以及索绪尔悖论的存在，使现代语言学遭遇到语言研究的瓶颈，无法更进一步接近语言的本质。其二，人类的言语交际活动是处于时间、空间和社群这三维世界之中，语言同质说不仅把社群之类的社会

---

① 布龙菲尔德. 语言论[M]. 北京：商务印书馆，1980：432.

② 拉波夫. 在社会环境里研究语言[C]// 中国社会科学院语言研究所语言学情报研究室. 语言学译丛，北京：中国社会科学出版社，1979：18.

因素排除在了语言研究之外，而且视语言为自足的系统，把时、空条件进行了剥离，从而使语言研究脱离了语言周围的环境[①]。其三，语言同质观注重语言的静态描写，把语言置于理想化的高阁，排除一切动态因素，但静态皆是有条件的、过渡的、暂时的，是相对的，语言系统是在言语活动中发展变化的，脱离言语活动而去研究抽象的、静态的语言系统亦无法触及语言的本质[②]。要想对人类这么复杂的语言现象有一个全面的认识，就不能只停留在对语言内部结构的描述上，因为这种研究无法解决社会生活给我们提出来的有关语言文字运用中的实际问题。

社会语言学找到了突破这种困境的良方。20 世纪 60、70 年代，由美国社会语言学家拉波夫开创的变异研究异军突起，成为社会语言学研究的主体。语言变异研究的发端要追溯到施密特(J. Schmidt)，他不仅最早承认语言存在着多种变异形式，而且已关注到语言变异在语言发展中起着举足轻重的作用。他的波浪理论是对其老师施莱赫尔谱系树理论的补充和修正。谱系树理论认为语言都是一而二、二而四……这样整齐划一、没有联系、没有变异的简单平行的分化，但施密特在对实际语料分析时发现，本身存在方言分歧的语言在扩散和分化的过程中，会出现诸多相互交叉的共同点，这使得语言在共时的系统中就会存在不同方言的变异形式，而这些变异形式的存在可能对方言进一步的历时分化产生影响。施密特已经看到了语言空间上的变异以及共时变异可能会对历时变化施加的影响。而就语言变异开始进行系统理论探讨的是伦敦学派，该学派的创始人弗斯(J. R. Firth)认为，语言不仅有形式意义，也有情景意义。语言是由许多适合于不同情景的“限制性语言”组成的，所以研究语言不能笼统地研究语言“固定不变的系统，而要研究由多个限制性语言构成的语言变异系统”[③]。而继承弗斯衣钵的韩礼德(M. A. K. Halliday)真正做到了把环境特征落实到具体的语言结构上。他认为语言的概念、人际和语篇功能都和语言环境的三个组成部分“场景”(field)、“方式”(mode)、“交际者”(tenor)有密切的关系。可见他重视语言的变异和社会的联系，语言变异研究在他的推进下又往前迈出了坚实的一步。真正建立语言变异理论体系的是拉波夫。他发展和完善了他 1968 年以前论文中提出的“语言是一个有序的异质体”的观点，奠定了语言变异理论和方法论的基础。这一理论是对语言同质说的一种反对。语言变异理论认为语言中存在纷繁复杂的变异，但变异不是无拘无束的，它受到复杂的社会因素和语言结构内部规则的双重制约，在一定条件控制下变异就进入了有序状态，语言只有在有序的变异下才能不断地改进自己的结构，所以要综合社会环境诸因素来研究有序变异对语言内部结构的影响。语言变异学派把言语、

---

① 杜晓萍. 语言变异理论研究综述(上)[J]. 吉林省教育学院学报，2010(1)：111－112.

② 黄春芳. 语言学研究范式的后现代转向[J]. 外国语文，2010(4)：100－104.

③ 陈松岑. 语言变异研究[M]. 广州：广东教育出版社，1999：44.

语言行为和语言系统自身的研究相结合，并且建立了显象时间和真实时间之间的联系，他们认为："我们所观察到的正在发生的语言过程与过去发生的都是一样的，因此共时（如描述性的、当代的）和历时的（如历史的）问题之间没有什么截然两分的界限。"[①]这样，语言变异学派就在历时和共时之间架起了一座桥梁，使我们可以从语言的共时差异中考察语言的历时变化。语言变异理论把社会阶层、年龄、性别、风格等社会因素纳入语言结构之中，开阔了语言研究的视野，拓宽了语言研究的领域。

语言变异理论对语言研究的贡献是巨大的，他们采用"在语言的社会环境中研究语言"和"用现在解释过去"的方法，在语言研究上具有开拓性的意义。它对语言系统同质说进行了彻底否定，认为语言系统包含许多复杂的非语言的异质因素，它们时刻处于动态变化之中。这种认识更易于发掘语言变化的社会方面原因，为部分例外变化提供了非语言因素解释的依据。另一方面，言语变项的数量研究既为客观描写、解释以及认识语言提供了科学手段，又可以揭示语言历时变化的渐进过程，"为协调和理顺共时研究与历时研究提出了新途径"[②]。从揭示语言的社会性本质和理顺语言变异与变化的关系角度来说，语言变异理论较此前的语言学理论是一次飞跃。

二、语言变异理论在中国的拓展

语言变异理论是我国介绍最完整的社会语言学理论，拉波夫、爱切生、米尔罗伊、特鲁吉尔等学者关于语言变异理论的专著最早译介到我国。国内的学者也较早地对语言变异理论进行了引进和阐释。1982 年，王德春先生就在《从社会语言学的观点论社会变异和语言变体的关系》一文中，较为全面地介绍了语言变异的相关内容，如语言与社会的关系、语言的地域变体、语言的社会变体、描写语言变异的变项规则以及语言变体等[③]。祝畹瑾先生在其综述性的著作《社会语言学概论》中对语言变异的理论和方法进行了详尽的介绍[④]。陈松岑先生的《语言变异研究》一书是我国第一部变异研究理论专著，书中从变异理论、变异研究方法以及变异研究成果的应用等方面进行了讨论，理论完整、体系性强，对我国研究具有重要的指导意义[⑤]。2006 年，徐大明先生的专著《语言变异与变化》对国外语言变异研究进行了全面系统的梳理，深入阐述了语言变异理论的最新研究成果，为我国的语言变异

① 罗纳德·沃德华.社会语言学引论[M].上海：复旦大学出版社，2009：22.

② 田贵森，孙建民.语言变异研究的理论和方法[J].北京科技大学学报，2009(3)：99－103.

③ 王德春.从社会语言学的观点论社会变异和语言变体的关系[J].扬州师院学报，1982(2)：37－45.

④ 祝畹瑾.社会语言学概论[M].长沙：湖南教育出版社，1992.

⑤ 陈松岑.语言变异研究[M].广州：广东教育出版社，1999.

研究提供了更为系统的理论指导和实践示例[①]。对这些语言变异理论论著的翻译和引介,引发了国内学者对这一理论的广泛关注。国内学者的研究不仅仅停留在转述、解读和阐发西方语言变异理论的层面上,他们更多的是结合汉语的实际对这一理论进行了拓展和深化。这种拓展和深化体现在以下几个方面:

(一)深化了对"语言的本质及其存在状态"的认识

我国学者吸收了西方语言变异理论的观点并对其作出了独特的解读:他们认为"变异是普遍存在的语言现象","稳态"和"动态"是语言存在的状态,速度相对较慢的为稳态,速度较快的为动态,稳态和动态是一种辩证关系,语言的变化是绝对的,语言和语言变化皆存在于一种稳态之中,只是有时变化较快,表现为动态而已[②]。我国学者较西方学者更为进步的地方在于,变异学派把语言研究重点放在了变异成分及其社会分布的分析上,忽视了具体的语言变异与整体结构之间的关系,这与语言研究要弄清楚在时空运转着的语言结构的主要任务是背道而驰的。也就是说,西方学者把语言变异和语言结构的研究几乎置于对立的阵营,从而陷入了非此即彼的错误的研究模式,而我国学者主张要两者兼顾,并且极力打通两者之间的壁垒,建立它们的联系。

张普先生明确表示:"我们不希望总是一种倾向掩盖着另一种倾向,不希望总陷入钟摆式的认识,所以我们没有强调稳态和动态的主次或主从,当然也没有说哪一方是主导。我们说稳态是语言的常态,是健康态;说动态是语言的恒态,是语言的生态。"[③]这种对语言变异和结构并重的认识代表了我国语言研究方向和主导理论的转变,是我国语言变异理论研究的重要成果,为当下的语言变异研究提供了理论依据[④]。徐通锵先生进一步指出,语言变异研究的目的不在于玩味个别变异成分的变异,而在于改进语言结构,使其从静态平衡转向动态平衡。对于如何改进语言结构的研究,徐通锵先生从研究的方法论方面找到了出路,即把结构、变异、有序和目标四者结合起来,探索变异转化为结构的规律,对语言系统进行动态分析。该观点用公式表示为:结构(语言的状态和变异的出发点)→有序状态的变异(前后结构转化的途径和桥梁)→结构(有序变异的目标和归宿)。这三个阶段在实际的语言状况中是紧密地结合在一起的[⑤]。

语言系统同质说只研究了前一个"结构",语言变异理论仅研究了中间的桥梁和过渡环节,而徐通锵先生则把这三者统一起来,为真正实现语言结构的动态分析

---

① 徐大明.语言变异与变化[M].上海:上海教育出版社,2006.

② 张普.论语言的动态[J].长江学术,2008(1):9-17.

③ 同上.

④ 刘庆伟.中国语言变异理论研究的内涵阐释[J].厦门广播电视大学学报,2011(1):93-97.

⑤ 徐通锵.语言变异的研究和研究方法论的转折(上)[J].语言研究,1987(4):1-8.

提出了初步的设想。同时,他又结合部分方言音系的变异,对上述"四结合"这一研究方法进行了具体深入的探讨,为建立语言变异和结构的联系研究提供了范例。陈保亚①、丁崇明②等先生也通过汉语变异的研究,总结出语言自组织的理论模型,对部分汉语的变异原因作出了科学的解释,这些具有重要方法论意义的研究对语言变异理论起到了深化的作用。

(二)延伸了言语社区理论,保证了语言变异研究的科学性

语言变异理论强调要研究语言的社会变体、地域变体和语境变体等,而研究者对变量的选定和分析往往是从一次次的发音、选词和造句等具体的语言变式入手的,这种研究属于微观的语言变项研究。我国学者徐大明先生在澄清西方"言语社区"概念的基础上,延伸了言语社区理论,从而把语言变异研究拓展到了宏观的层面。该理论主张在语言变异的调查中,应以言语社区作为语言变项的结构单位。他之所以提出语言变异研究的基点和基本单位是"言语社区",是因为"语言产生于社区之中。一个言语社区不一定就对应着一种语言;但是频繁的言语互动的结果往往是产生和保持一种言语变体的基础条件""可以有没有标志性语言的社区,不可以有无社区依托的语言。"③他认为要将语言置于特定的社区中进行研究,要关注言语社区内部的同一性和异质性。同一性可帮助研究者更好地判断语言变异的方向,而关注言语社区成员语言事实的差异则能发现语言的变异情况。同时,他提出要用言语社区的价值体系来评判语言变体价值的评判标准以及社会语言学调查和研究所要遵循的发现程序。言语社区理论为语言变异研究提供了方向性的指导,也使国内语言变异研究有了可以遵循的科学的原则,推动了国内的语言变异研究。

(三)对"语言变异"这一概念进行了更为具体的诠释和补充

语言变异是语言变异理论的主要研究对象,对语言变异这一概念的界定至关重要,拉波夫的经典定义是"对同一事物存在不同的说法"④。我国学者以他们所掌握的语言事实为依据,从各自认识的角度对这一概念进行了阐释。陈松岑认为语言变异指称的是"某个语言项目,在实际使用着的话语中的状况"⑤。她指出了语言共时差异的现实性,这无疑是正确的,但她把语言变异研究的对象界定为具体的语言项目,就涵盖不了诸如语言类型这样的变异项目。不过这只是概念表述上的不够完善,其实在她的研究中,也涉及了具体的语言项目之外的内容。相比较而

① 陈保亚.20世纪中国语言方法论[M].济南:山东教育出版社,1999.

② 丁崇明.语言变异的部分原因及变异种类[J].北京师范大学学报,2000(6):117-121.

③ 理查德·谢弗.社会学与生活[M].北京:世界图书出版公司,2006:79.

④ 祝畹瑾.社会语言学概论[M].长沙:湖南教育出版社,1992:100.

⑤ 陈松岑.语言变异研究[M].广州:广东教育出版社,1999:44.

言，祝畹瑾、徐大明等先生对语言变异概念的认识更加全面和准确。祝畹瑾先生把语言变异界定为“语言运用上的变化与差异，它是通过使用各种不同的语言上的变体表现出来的”[①]。这一概念突出了现实语言的差异性及其表现形式。徐大明先生则强调语言的社会变异，即“各种由于社会条件所限制的集体性变异，以及由各种社会特殊身份造成的个人变异”[②]。说明引起语言变异的因素不仅仅来自语言结构内部。郭凤兰先生从语言变异最终导致的断裂性变异、进行中的变化和已完成的变化三种结果上对语言变异概念进行了补充。陈原、陈章太等学者对变异这一概念的研究范畴进行了拓展，他们把未有原式的新质要素也纳入语言变异讨论的范围。陈原先生把新词的出现看作是语汇的变异[③]，陈章太先生认为新词新语的产生是新时期语言结构成分变异的最主要的表现[④]。这些学者的描述虽然不同，但他们从不同角度揭示了语言变异的本质，使语言变异这一复杂概念的内涵不断明晰化。综合以上学者的观点，本书认为语言变异不仅应该讨论存在偏离或违反原语言系统的语言形式，也应探究原语言系统中出现的新质要素。

第二节 语言变异理论在我国语言研究中的应用

语言变异理论作为一种新兴的社会语言学理论，在引入我国之后，国内的学者对这一理论，既有继承，也有发展。在应用中既有成绩，也存在不足。

一、我国的语言变异研究

语言变异理论被国内的学者广泛地应用于多方面的语言研究，取得了丰硕的研究成果。国内应用变异理论主要进行了以下三方面的语言研究：

（一）从语言变异理论的视角来研究汉语变异

语言变异理论引入我国以后，国内许多学者运用该理论来研究汉语在语音、词汇、句法等各个语言层次的变异现象。语音变异是语言变异研究中一个非常重要的方面，语音的变异主要体现在方言音变上。有研究某个或某类特定音变的，如王立[⑤]、胡明扬[⑥]所进行的研究就属于此类；马楠[⑦]研究了汉语方言语音的变异过程。

---

① 祝畹瑾.社会语言学概论[M].长沙：湖南教育出版社，1992：7.

② 徐大明，等.当代社会语言学[M].北京：中国社会科学出版社，1997：28.

③ 陈原.社会语言学[M].北京：商务印书馆，2003：212.

④ 陈章太.略论我国新时期的语言变异[J].语文教学与研究，2002(6)：30-39.

⑤ 王立.汉口话[ŋ]声母字读音变异及其原因探析[J].语言文字应用，2004(1)：40-46.

⑥ 胡明扬.北京话“女国音”调查[J].语文建设，1988(1)：28-33.

⑦ 马楠.汉语方言语音变异过程的类型[J].汉语学报，2013(1)：88-93.

在词汇变异研究方面，有研究网络语言变异的，如康忠德[①]；周敏[②]从认知语用角度研究了当代汉语词汇的变异；周洪波的博士论文《汉语新词语的动态研究》描述了汉语新词语在变异过程中的各种迹象和成因，提出“汉语新词新语生命轨迹的理论”[③]。还有从语言的各个层次对汉语变异进行综合论述的，如吉林大学曹起的博士论文《新时期现代汉语变异研究》[④]。语言研究近年来出现的一个良好趋势是方言学家把社会语言学引入了方言研究，他们把社会语言学的理论和方法全面应用在方言的研究上。曹志耘先生分析了在中国开展地理语言学研究的重要性，并且通过主持“汉语方言地图集”这样的研究课题，在全国范围内展开包括社会变异内容的方言调查，把他的语言观念付诸实践。曹志耘先生这一方面的研究填补了国内对方言区域分布动态研究的空白。根据我国大规模、高速度的城市化进程特点，部分语言学家以言语社区理论为指导，以社区为语言单位来探讨我国城市化带来的语言新问题，如王玲、徐大明对合肥科学岛言语社区的调查[⑤]，刘英、徐大明对包头市昆都仑区鼻韵尾变异进行的社会语言学研究[⑥]。

（二）从语言变异理论的视角来研究其他民族语言的变异

近年来，比较热门的研究在于运用语言变异理论来讨论语言的国别变体和国内民族语言变体。国别变体的讨论主要围绕英语展开，涉及的国家和地区有美国、英国、澳大利亚、加拿大、新加坡等，如侯维瑞[⑦]等人的研究；也有很多学者关注英语的中国式变异的，如孙骊的《英语国别体的研究和英语在中国》[⑧]、刘璐的《英语在中国：从中国式英语向中国英语转化》[⑨]。

除了国别变体的研究以外，少数民族语言变异研究也取得了不小的成绩，如胡坦的《藏语的语素变异和语音变迁》[⑩]、刘俐李的《新疆回族经名的语言变异研究》[⑪]以及赵福林的《语言接触所引发的蒙古语词汇变异》[⑫]等。这些研究成果体现了我国学者的独立思考，也引起了大家的广泛关注。

---

① 康忠德.网络语言词汇变异研究[J].淮北煤炭师范学院学报，2010(4)：126－128.

② 周敏.当代汉语词汇变异的认知语用研究[J].学术交流，2013(1)：155－159.

③ 周洪波.汉语新词语的动态研究[D].北京：商务印书馆，2010.

④ 曹起.新时期现代汉语变异研究[D].长春：吉林大学，2013.

⑤ 王玲，徐大明.合肥科学岛言语社区调查[J].语言科学，2009(1)：13－22.

⑥ 刘英，徐大明.移民城市语言变异的本土化[J].语言研究，2012(1)：92－100.

⑦ 侯维瑞.英语的社会变异[J].上海外国语学院学报，1987(3)：37－42.

⑧ 孙骊.英语国别体的研究和英语在中国[J].上海外国语学院学报，1989(2)：19－25.

⑨ 刘璐.英语在中国：从中国式英语向中国英语转化[D].重庆：西南大学，2012.

⑩ 胡坦.藏语的语素变异和语音变迁[J].民族语文，1983(3)：6－14.

⑪ 刘俐李.新疆回族经名的语言变异研究[J].中国语文，2001(2)：177－184.

⑫ 赵福林.语言接触所引发的蒙古语词汇变异[D].呼和浩特：内蒙古师范大学，2009.

(三)在语言变异理论指导下进行汉语规范研究

因为语言变异和变体的存在,我们的语言就需要规范,也能够规范。一者,可以从多种变体中择优选择;二者,从历时变化的趋势中找到变化的原因,并据此制定语言规范措施,以保证日常交际的高速有效。在语言变异理论的影响下,有越来越多的研究者关注语言的变异和变体,并运用它来指导当下的汉语规范工作。有从语言宏观规划的角度来论述的,如李宇明先生的专著《中国语言规划论》①、《中国语言规划续论》;丁崇明先生从变异形式与规范之间的关系来研究汉语的规范问题②;有研究网络语言规范的,如李素琼、杨燕群的《网络语言变异现象与现代汉语语言规范》③;有研究变异、规范又兼及词典编撰的,如尹世超的《语体变异与语言规范及词典编纂——以标题语言为例》④。

我国对语言变异的研究成果卓著,上面所列出来的篇目只是某一方面研究中有代表性的个别论著,这些论著在我国整个语言变异研究成果中还只是冰山一角。

二、对我国语言变异研究的思考

在我国诸多学者的努力下,我国的语言变异研究确实取得了明显的进步和喜人的成果,但毋庸讳言,从整体上来说,我们的语言变异研究无论是在理论上,还是在应用的实践上都还存在一些不足之处。

(一)对“变异”和“变化”这两个关键概念的关系还没有理清

“变异”和“变化”是语言变异理论中涉及的两个至关重要的概念,对于这两个概念,大家的共识是:变化(change)是指语言形式历时的改变,变异(variation)是指语言形式共时的差异。从字面上看,二者的界限很分明,但实际上,在许多语言学论著中对二者关系的看法是比较混乱的,概括起来,这些看法主要包括以下四类:①把两者混而为一的,如陈原先生认为:“语音变异在语言中是很缓慢的,通常需要三十年或三十年以上,才能看得出某些语音有显著的普遍性变异……语汇的变化(变异)是比较显著的……”显然他是把语言变异当作语言变化的同义词来看待的⑤。②认为语言变化包含语言变异,把语言变异等同于“正在进行的语言变化”⑥。③认为语言变异包含语言变化的,把语言变化的差异确定为时间的差异,

---

① 李宇明.中国语言规划论[M].北京:商务印书馆,2010.

② 丁崇明.语言变异与规范[J].北京师范大学学报,2006(6):78-82.

③ 李素琼,杨燕群.网络语言变异现象与现代汉语语言规范[J].中南林业科技大学学报,2009(5):99-100.

④ 尹世超.语体变异与语言规范及词典编纂——以标题语言为例[J].修辞学习,2005(1):6-12.

⑤ 陈原.社会语言学[M].北京:商务印书馆,2003:212.

⑥ 李明.语言变化的过程、原因和机制[J].语言研究,2001(1):33-38.

即语言变化的差异是若干语言变异类型中的一种[①]。④认为语言变异和变化几乎没有交集，这种观点认为，语言变化是语言结构内部成分的改变引起的语言的历时变化，语言变异是由社会因素引起的语言的共时差异[②]。这四种观点都有其合理的地方，但也不乏偏颇之处，没有真正厘清二者的关系。其实，这两个概念既有交集，又有不同之处，不能简单把它们确定为非此即彼的并列、包含或混同关系。首先，从语言形式存在方式来说，语言变化反映的是语言形式的历时替代关系，语言变异则体现的是语言形式的共时并存关系或出现了新质要素。其次，从变异的结果来说，有三种情况：①新质要素的消失；②并存的变式标准化为一种形式；③共时并存的变式显示出语言形式历时的变化轨迹。前两种变异已转化为变化，而后一种变异为正在进行的变化，这种变异是语言变异理论研究的重点，也是打通语言变异和变化的桥梁。

(二)言语社区理论有待发展

言语社区理论是我国学者导引和推动的社会语言学的新的研究方向，我们已发展出了一个可以验证的理论体系，召开了以“言语社区理论”为主题的会议，这一方面的研究不仅吸引了国内学者对该理论的关注，也得到了国际性的回应，一些国际知名的一流学者也加入到讨论这一主题的行列。即便如此，我们对这一新方向研究还远远不够，对这一理论进行研究和实践的学者为数尚少。言语社区的研究是一个针对讲话人的组织系统的研究。我国有最庞大的本族讲话人的语言体系、取之不尽的语言资源和汉语史、地域方言调查以及现代汉语语法方面的丰富的语言研究成果。这些都是言语社区理论研究得天独厚的条件，但这些优势资源还未得到充分挖掘。如果我国学者能在充分利用国内优势资源的基础上，从解释国内多层级、多形态的言语社区这一具体目的出发，就能从更高的理论层次上进一步完善言语社区理论。而把城市方言学和言语社区理论相结合的城市语言调查研究才刚刚起步，我们的研究还处于摸索阶段。言语社区理论和城市语言调查这两项研究是我国社会语言学研究走向世界，领先国际的可能的突破点。而要真正取得领先地位，获得辉煌成果，还需国内学者进一步的努力。

(三)建立语言异质性和语言结构系统之间关系的研究还有待深化

语言变异研究的一个中心任务是对语言异质性的规律、特征及其结构系统作出科学的解释。但我们以往的语言变异研究比较重视语言变异的形式、类别、原因以及规律的讨论，在结构研究上重视不够，虽然徐通锵先生这一方面的研究为我们作出了表率，但影从者甚寡，大家研究的深度还不够。不仅在语言变异与语言结构

---

① 田贵森，孙建民.语言变异研究的理论和方法[J].北京科技大学学报，2009(3)：99－103.

② 曾炜.变异视角下的语法研究[J].广西师范大学学报，2007(1)：84－90.

之间关系研究的深度上挖掘不够，在众多的语言变异研究方面，我们都很少深入到微观的层面，都存在研究深度不够的问题[①]，陈章太先生就曾指出："我们在这方面的研究还不够，有影响的学术成果不太多。"[②]所以，语言的变异成分如何转化为语言有序的结构的研究就成为我们今后语言变异研究的重点，这也是深化语言变异研究的有效途径。

（四）对语法、语言表达方面的变异研究进展缓慢

从以上的研究概况介绍可以看出，当前中国的语言变异研究发展很不均衡。汉语的词汇和语音的变异研究取得了令人瞩目的成就，而对语法、语言表达方面的变异研究则进展缓慢。这一方面是因为词汇是反映社会变化的最迅速、最灵敏的语言因素，也是最容易把握的语言项目，故以上研究主要以词语作为切入点来研究语言的变化。如近年来大家对词汇中的新词新语关注较多。对网络语言的研究，主要是讨论网络上出现的新词新语的类型、特征及组合方式等问题，也是从词汇角度来研究的。另一方面，因为音系变项往往有一个明确的判断标准，所以对语音变异，尤其是地域方言中语音的变异研究也较充分。相比较而言，语言运用研究则明显不足，而对 20 世纪 90 年代以来汉语表达状况的研究更是鲜有论述。语言作为人类最重要的交际工具，人们关注这个系统中的词语的消长固然重要，但在这样一个言说时代、大众文化时代，我们的表述内容和方式已非同往日，已由单一的言说走向多样化，出现了变异形式歧出的现象。那么"要想真正了解一个活的、正在使用的语言，就不能不面对它的许多的变异形式，或者说，不研究它的诸多变异形式，就不可能认清这个语言的面貌"[③]。只有认清了所使用的语言的面貌，才能对语言规范起到真正的引导作用。

从以上的论述不难看出，语言变异理论在我国受到众多学者的重视，取得了较为丰硕的成果。但是我们的社会语言学要获得更好的发展，并能与国际接轨，就需要我国学者充分利用我们的优势以及现代科技成果——语料库，来完善研究方法、深化研究内容、开拓研究领域，扬长避短，不断推进语言变异研究向深度发展。

三、本书的研究对象和内容

改革开放以来，中国社会方方面面发生了巨大变化，社会的巨变也引起了汉语明显的变异。关注这一问题的人也不在少数，但大家基本上倾向于把注意力放在新时期出现的新词新语上，着力点是对语言进行静态的、纯形式描写的研究。而本

① 郭继荣，李园园，王静. 我国最近二十年语言变异研究综述[J]. 西安交通大学学报，2013(3)：92 - 97.

② 陈章太. 中国社会语言学在发展中的问题[J]. 世界汉语教学，2002(3)：108 - 11.

③ 陈松岑. 语言变异研究[M]. 广州：广东教育出版社，1999：79.

书则采用不同于以往的汉语变异研究的视角，从动态的视角对20世纪90年代以后汉语变异进行了新的探讨和论述。

(一)研究对象

相比以往对新时期汉语变异的静态研究，本书把研究对象限定在20世纪90年代以来汉语的动态变异上，原因在于：

(1)语言作为传递信息、表达感情的工具，它的变异性是在语言的使用中才具体地表现出来的，有的变异也是在语言使用过程中才产生的，所以对语言运用的动态研究尤为重要。

(2)本书不是孤立地研究词语的兴替，而是关注在限定的时间范围内表达者在运用词语、句子、语篇时产生了怎样的变异。本书不仅关心20世纪90年代以来出现了哪些新词新语，更关心这些新词语怎样用，我们在语言表达上较以前有什么不同，不同语言集团的人存在怎样的差别，为何有这样大的变化，变化是如何产生的，变化的具体过程又是什么，我们如何来看待这些变化，研究这些变化意义何在，这些变化会给我们在规范汉语变异形式方面有哪些启示等。这些研究本身就是对语言变异的动态研究。

(3)本书以有序异质的语言变异理论为指导，有序异质的语言理论不再像语言系统同质说那样着眼于理想状态的语言的研究，而是把研究的重点放在现实语言状态的分析上。它不再把语言看作是一个自足的、绝对静止的系统，而是把语言当作时空中运转的活体，并把它放在社会环境中来研究，从而来显示语言与社会及共时与历时之间的内在联系。语言变异研究的实质性问题在于探讨通过变异这种方式，连续性的语言单位是如何转化为离散型的语言单位的。它的重点在于研究语言变异的产生、过程、演变方向以及无序和有序之间转化的条件和规律，这一切都决定了语言变异研究主要对语言系统进行的是动态的研究。这也是本书命名为语言变异动态研究的原因①。

(4)本书之所以把20世纪90年代至今这二十多年汉语的变异作为本书考察对象，是因为20世纪70、80年代，我国处于改革开放之初，社会开始发生变化，但语言的变化要稍微地滞后一些，所以这一时期的语言变化还不是特别明显。20世纪90年代以后，我国社会改革的步伐加快，经济开始繁荣、文化格局的多元化开始形成，加之网络媒介的普及，社会的巨变促使我们进入了一个新的“言说时代”，从而使我们的语言使用相较以前很不相同，具有了我们这个时代的特点。

为了更充分地论述这种变化，本书不是仅仅只局限于20世纪90年代以来这二十几年的时间，而是采用黄仁宇先生的大历史观的回顾方法，把笔触深得更远，

① 杜晓萍.语言变异理论研究综述(上)[J].吉林省教育学院学报，2010(1)：111-112.

以在比较中显示区别。所谓大历史，是指“历史的规律性，有时在短时间内尚不能看清，必须在长时间内大开眼界，才看得出来”。“以短衡长，只是我们个人对历史的反映，不足为大历史，将历史的基点推后三五百年才能摄入大历史的轮廓。《万历十五年》已经初步采取这种作法。所以叙事不妨细致，但是结论却是看远不顾近。”[①]通过对某些语料的历时考察，主要是为共时平面的研究提供历史依据。

（二）研究内容

本书主要对20世纪90年代以来这二十多年汉语的变异进行动态研究。这种动态性体现在：我们的语言在表达中发生了怎样的变异，变异在语言的语音、词汇和语法等语言结构的各个层次上是怎样表现的；语言变异的过程可以概括为几种模式；语言发生变异的动因是什么；对语言新形式如何进行动态规范等。本书的具体内容如下：

1.绪论

语言变异理论是本书研究的理论基础，所以本书首先梳理了语言变异理论的相关内容、语言变异理论在我国的拓展及应用、我国在语言变异研究方面存在的不足等问题。希望这些论述能为本书的研究奠定一个坚实的理论基础，也希望本书的研究能够弥补我国当下汉语变异研究的一些不足。

2.汉语与中国社会的共变

根据美国社会语言学家布赖特“语言和社会结构的共变”理论，当社会生活渐变或激变时，作为社会现象和社会交际工具的语言也毫不含糊地随社会生活进展的步伐而发生变化。我国有联系社会研究语言变异的传统，而20世纪90年代以来，我国进入了一个流动、消费、信息社会，这促使汉语发生了非同以往的变异，汉语和中国社会之间到底是怎样的一种互动关系，这是本书要讨论的重点。

3.20世纪90年代以来汉语变异的动态表现和变异特点

社会的变迁使得20世纪90年代以来的汉语在表述方面独具特色，主要表现在汉语字、词读音的分化。话语中的新词新语层出不穷，词类界限进一步模糊，句式更加灵活多样，多语多言混用，语言新变式的使用人群出现了明显的社会分化等。这一时期汉语的变异明显体现出模化、娱乐化以及话语意义的整体提取等特点，它们的语言学实质分别为：语言的格式框填、能指的狂欢和事件化词语的构式化。

4.20世纪90年代以来汉语新变式演变的动态过程研究

20世纪90年代以来，汉语在语言系统内部以及社会上呈现出不同的扩散轨迹。本书从语言新变式的词汇扩散、社会扩散理论和模因论视角对其进行了解读。

---

① 赵勇.大众媒介与文化变迁[M].北京：北京大学出版社，2010：2.

在词汇中的扩散主要受到语言变式变异条件的影响，在社会上的扩散主要和扩散的方式密切相关。两者虽然存在诸多的区别，但它们的扩散曲线有共同点，即语言新变式在词汇中的扩散和在人群中的扩散都体现出由少到多再到少、由慢到快再到慢的扩散趋势。

促使当代汉语发生变异的既有语言内部动因，也与社会的外部因素密切相关。在探讨与20世纪90年代以来汉语变异现象相关的社会因素时，大家主要从社会变化、社会心理和语言接触等角度入手来讨论，而本书试图进一步把汉语变异放在消费主义文化这一语境下来研究，希望能给出语言变异新的、合理的解释。当然，许多新的语言形式的出现是与新媒体的出现如影随形的，所以本书也分析了新媒体对新语言形式产生的影响。这些语言新变式不是凭空产生的，而是在已有的语言形式上开拓出的不寻常的语言资源。

5.20世纪90年代以来汉语新变式的动态规范问题

当下的语言表述既丰富多彩、生气勃勃，又泥沙俱下、鱼龙混杂，该方面的常规变异形式不断为语言的充实、发展提供源头活水，同时那些超常变异的语言形式又时时冲击着语言的规范表达，影响我们话语的纯洁性。为了使我们的表述既生动活泼，又准确优美，就需要对语言进行规范。语言规范总是随着语言新变式的不断出现而始终处在动态发展的过程中，所以语言的规范是一种动态的规范，语言规范的标准也因时而异。对20世纪90年代以来汉语变异形式进行规范时，我们首先要根据汉语言文字的结构和发展规律来确定规范的标准，在此基础上采取“疏”“堵”结合的办法来进行规范。本书阐述了在“热言时代”一些关键的语言职能部门怎样各司其职，采取行之有效的策略来分层规范汉语。

6.20世纪90年代以来汉语变异的个案动态研究

本书也对汉语变异中的一些个案进行了动态研究，如“奇葩”一词的现代变异历程、20世纪90年代以来汉语贬义词语褒义化现象以及新形式的起变及无序向有序变异的转化等，这些个案变异分析有助于进一步深化我们对20世纪90年代以来汉语变异的动态认识。

第二章 汉语与中国社会的共变

社会语言学家认为:“语言不仅仅是一个结构符号系统,而且还具有社会文化属性,是一种社会文化现象。语言的产生和发展不仅有着内在的社会原因,而且蕴含着特定的社会文化含义。”[①]因此,语言研究不能脱离社会,而汉语的产生和发展是和中国社会的发展变化息息相关的,一种语言形式的产生、扩散和消亡都和社会的交际需要密不可分。

第一节 语言与社会的共变

一、语言与社会的共变关系

语言与社会的关系非常密切,社会的变化会引起语言的变化,无论社会是激变还是渐变,语言的变化都是渐变的,而语言的变化又包括共时的变异和历时的变化。这些对语言与社会关系的认识是逐渐形成的。

一切皆流,无物永驻。作为世界万物中的一分子的语言和社会也不例外。20世纪的爱尔兰诗人威廉·伯特勒·叶茨(William Butler Yeats)就说:“时间和世界永远在飞翔。”随着社会的步伐飞翔的还有语言,正如德国语言学家洪堡特(Wilhelm Von Humboldt)所言:“在语言中从来都没有真正静止的片刻,就好像人类之火永远不停一样。根据自然规律,它永远处于不断的发展之中。”[②]由此可以看出,语言同社会一样时刻都处在变动和变化之中。

既然语言和社会都是变化不居的,那么语言变量和社会变量之间是什么关系呢?1964年,美国社会语言学家布赖特在他的《社会语言学》中第一次明确提出“语言和社会结构的共变”理论。该理论认为:语言和社会是一对共变体,二者之间存在相应的变化关系。当社会生活发生渐变或突变时,作为社会现象的语言也随

---

① 陈建民.中国语言和中国社会[M].广州:广东教育出版社,1999:2.

② Lehmann. W. P. (ed.) A Reader in Nineteenth-century Historical Linguistics[M]. Bloomington. IN:Indiana University Press,1967:63.

之变化。语言之所以会随社会的变化而变化,一方面是因为语言作为社会最重要的交际工具,它既对社会存在绝对的依附性,又对社会的发展具有应变性。另一方面,社会的交际需要是不断发展变化的,语言要适应这种变化就应不断地发展变化。故语言和社会结构之间是互相接触,互相影响,互相作用又互相制约的关系,社会生活的变化必然导致语言各个要素的变化[①]。

社会变化之所以会引发语言变化,其促动因素在于,原来的语言已不能适应改变了的现时的社会结构,固有的语言与社会结构之间所保持的相对平衡被打破,从而使语言和社会结构之间产生了矛盾,这种矛盾就成为语言变化和发展的催化剂,成为新语言形式得以产生的重要基石。语言和社会结构的矛盾通常表现为"名"与"实"之间的矛盾,正如王希杰先生所言:"所谓语言与社会的矛盾,其主要表现形态乃是名与实之间的矛盾。名与实之间的矛盾,又主要有四种情况:有实无名,有名无实,名实不符,名实不和。"[②]故解决语言与社会结构之间的矛盾问题就转化为主要解决"名"与"实"之间的矛盾问题。

社会的变化会影响语言的变化,这是近年来大家形成的共识,那么社会和语言又是以什么方式进行变化的呢?社会的变化方式主要有两种,要么是突发的、急剧的变化,要么是演进的、缓慢的变化。社会的变化必然会导致语言的变化。社会的渐变是绝对的,假如我们的社会没有被定格的话。如果在不断变化的社会当中,我们个人的语言不发生变化,又会出现什么状况呢?美国作家华盛顿欧文的《李迫大梦》给我们勾画了那样的场景:李迫外出打猎,一醉 20 年后酒醒归来,竟听不懂别人的日常问话。

演说之人遂执李迫之手言曰:"君祖何党?"李迫张目弗省。尚有一侏儒,仰其足,问李迫曰:"你为联合党耶,共和党也?"李迫仍瞠目不答。

……

一夕之醉,而世局变幻如是,然则一身于世为畸零矣!但有所问,而所对者感如隔世,且村人有语,我咸弗审,何也?

李迫一醉 20 年,醒来以后难以明了别人问"君祖何党"是什么意思,更不知"联合党""共和党"为何物,这说明可能在 20 年前还没有政党,当然也就不会反映在当时的语言中。而在随后的 20 年里,社会在不断变迁,反映社会的语言也在不断变化,而李迫却沉醉不醒,自然还保持的是 20 年前的语言状态,难怪 20 年后听不懂别人所云为何物。可见,社会变化了,我们个人的语言肯定要随之变化,否则就很难与人沟通。

但是我们要注意,无论社会的变化是激变还是渐变,语言的变化都是渐变的,

① 姚汉铭.新词语·社会·文化[M].上海:上海辞书出版社,1998:1.

② 王希杰.从新词语看语言与社会的关系[J].世界汉语教学,1991(3):35-40.

这是由语言作为交际、思维工具的性质决定的。在上例中，李迫酒醉 20 年，他却误认为自己只是睡了一个晚上，社会和语言就已发生了翻天覆地的变化。其实作为交际工具的语言如果是一夕万变，那我们也就真的没办法和别人交流了。

和李迫境遇有相似之处的是晋代的王质。南北朝时期，梁朝任昉的《述异记》中记载了这样一个故事：晋代的王质在上山砍柴时，因观童子下棋，延误归期，当童子提醒他应回去时，他发现手中的斧柄已腐烂。等他回到家乡，已经历了一百年，和他同时代的人已不复存在。我想王质的尴尬不仅在于无人能识，更应该是无人能懂其语吧。

语言会随社会的变化而缓慢地发生变化，但这并不意味着：不管社会怎样变化，语言都会踩着固定不变的步伐前进。社会发展的速度会影响到语言发展变化的速度。当社会发生渐变时，语言的变化幅度小一些，当社会发生激烈变革的时候，语言的变化幅度也较大。语言只有极力适应社会变化和变革的需要，才能成为一种有生命力的语言，否则只有走向消亡。

一般而论，社会现象发生变化了，语言也会紧随其后，对其作出迅速地反映。但也有语言的变化远远滞后于社会变化的现象。许多地名尤其如此，如西安的吴家坟早已不见坟的踪影，北京的王府井曾经的井也已荡然无存，但这些地名却还根深蒂固地存在于人们的语言之中，可见，由传统社会以及社会习惯所因袭下来的语言的惰性，有时是很顽固的[①]。

语言和社会这两个变数之间会互相影响、互相作用、互相制约。而它们是怎样相互作用的？这也正是社会语言学这门年轻的边缘学科所要探究的命题。从社会语言学的研究领域我们可以看出：社会总是第一性的，社会的发展导致了语言的变化。

二、讨论语言与社会共变关系的三个基本概念

1. 语言变异(language variation)

社会语言学把日常生活中所说的言语作为研究对象，核心是研究语言变异。他们的研究基点是把语言看作是异质有序的系统。异质是指我们所使用的语言是有差异的，有序则指语言成分的分布并不是杂乱无章的，而是有规则可循的。异质和有序、变异和系统、历时和共时是相互贯通的，从异质的语言事实中去探求语言的有序结构，从共时的语言变异现象中去挖掘历时的语言变化规律是变异语言学派的旨趣所在[②]。这些观点都和传统的语言学是有很大区别的。要深入了解这一

① 陈原. 社会语言学[M]. 北京：商务印书馆，2000：54.

② 祝畹瑾. 社会语言学概论[M]. 长沙：湖南教育出版社，1992：9.

理论的相关观点,就要清楚两个最关键的概念:变异与变化。

语言变异是社会语言学研究领域中的研究理论和研究对象,也是其中一个特定的核心概念,是指某个语言项目在实际使用着的话语中存在着不同的形式,这种变异形式在语音、词汇、句法等各个语言结构层面都有体现,这些变异是由共时的社会阶层、性别、年龄、民族等一系列社会因素造成的。而语言变化是一个渐进地朝着某个方向直线性发展的过程,是历时的。这两个概念是紧密联系的。语言变化之前必定有一个语言变异的阶段存在,语言变异则是语言变化的先决条件,但并不是所有的语言变异都会走向语言变化。

语言变异理论主要研究的是语言的共时变异,但它既不排斥语言变化,也不与语言变化研究相对立,它把语言变化也纳入自己的讨论范围之内,把语言变化的差异确定为时间的差异。该理论把语言变化研究和语言变异研究有机地结合起来,理清了二者的关系,解决了共时语言研究和历时语言研究的矛盾[①]。

联系语言变化讨论语言变异,语言变异可分为三类:①长期稳定的变异,即新旧变异形式并存,旧形式还没有被替代的迹象;②变异即将演变成变化,新形式已有大多数人使用,变化已成定局;③正在发展中的变异,它也存在两种发展的可能,当然,动力是关键因素,若有足够的动力变异就会发展为变化,若动力不足则会处于第一种状况。最后一类语言变异是社会语言学家最为关注的,因为通过它可以为研究进行中的语言变化的学者提供观察语言变化的轨迹以及影响其轨迹的各种因素。社会语言学家认为语言的历时变化反映并扎根于共时变异,通过共时的方式可以对进行中的语言变化进行观察和研究,寻找语言发展的原因和机制,这是社会语言学家研究语言的独特视角,可以帮助我们诠释一些以往难以解释的语言现象。

2. **语言变项**(arable)

语言变项是社会语言学研究的基本单位,其内涵指的是意义保持不变但是语言形式发生变化的语言项目,这些语言项目可以是一个语言系统,也可以是某个音、词汇、语义或者语法规则等。如由于谐音字词的流行,年轻人故意把“姑娘”读写成“姑凉”;未成家的大龄青年被称为剩男、剩女;“经理”本指某一商店、工商企业或饭店等的经营管理人员,现在还增加了“经常被人修理”的含义;在现代汉语表达中,名词本身是不受副词修饰的,但现在“很女人”“特农民”这种副词修饰名词的现象很普遍。上例中,“姑娘”“未成家的大龄青年”“经理”“副词+名词”结构分别体现了语言在读音、词汇、语义和语法等不同语言层次上的变异,它们都可以分别被称为一个语言变项。

---

① 田贵森,孙建民.语言变异研究的理论与方法[J].北京科技大学学报,2009(3):9-103.

3. **语言变异形式——语言变式(variant)**

语言变式是研究语言变异时非常重要的概念，它指的是语言变异的实际存在形式。语言变项和语言变式的关系非常密切，“如果某一个语言形式在不同的语境中有不同的是实际表现形式，那么这一抽象的语言形式就是一个语言变项，其实际表现形式就是具体的变式……一个‘变项’总是由特定的‘变式’组成。”

这三个彼此联系的概念并非处在同一平面上，而是存在层次的区别。变异处在第一个层次，变项属于第二个层次，变式属于第三个层次。

这三个概念的层次关系表示为：①变异→②变项→③变式。

这三个概念是本书讨论的核心概念，是本书研究的基石，故事先进行具体说明，以建立一个便于讨论的平台。

第二节　汉语与中国社会的共变

一、我国具有联系社会生活研究语言的传统

我国先贤们对语言与社会有紧密联系的认识，要追溯到春秋战国时期的那场“名”“实”之辩。当时的社会正处于大变革时期，社会结构发生了很大的变化，旧有之名显然已不能容纳新的现实，“名”“实”之间出现了矛盾，于是产生了“名”“实”之争。孔子认为“名不正则言不顺，言不顺则事不成”，故主张“正名”，即用周礼固有之名来纠正已经变化了的内容。墨子则强调：“有文实也，而后谓之；无文实也，则无谓也。”(《经说》下)他认为语言是对客观现实的一种反映，不是“名”决定“实”，而是“实”决定“名”。荀子对“名”“实”之间的关系进行了深入地探讨，他说：“名无固宜，约之以命，约定俗成谓之宜，异于约则谓之不宜。”(《正名》)这里，荀子科学地论证了“名”“实”之间的辩证关系，第一次透彻地阐明了语言的社会本质。他认为“名”“实”之间没有必然的联系，也不是个人武断地规定的符号，人们用来称呼客观事物的名称，一旦“约定俗成”，就具有了客观和社会内容，任何个人不能随意改变。如赵高蛮横的“指鹿为马”也只是可笑的一厢情愿，语言没有因为他的淫威而改呼“鹿”为“马”。而且荀子已注意到当时语言的地域变异，他说：“居楚而楚，居越而越，居夏而夏”(《儒效篇》)，又说：“越人安越，楚人安楚，君子安雅”(《荣辱篇》)。当时的语言的地域变异差别很大，楚语和越语不能交流。在汉代刘向《说苑》中记载，楚国国相令尹子皙听不懂越人唱歌，还需要别人翻译。不仅各地存在地域方言，而且还有一种超越地域方言的通语“雅言”，雅言即夏言，即当时流行区域较广的汉语共同语。荀子不仅观察到语言与社会的关系，而且也看到了语言与社会的共变。他说：“若有王者起，必将有循于旧名，有作于新名。”杨倞注为：“名之善者循之，不

善者作之。”当社会发生重大变革时，语言也随之发生变化，能够适应时代需要的就保留下来，跟不上时代步伐的就以新名替代。他既注意到了语言的发展变化，也强调语言的稳固和继承，这样的认识是非常有见地的。

战国到秦汉时期，人们已明显感到方言的巨大差异影响了人们的交流。《礼记·王制》说：“五方之民，言语不通，嗜欲不同。”这一时期，人们不仅注意到了语言的地域差异，而且中央每年都要派𬨎轩（一种轻便的车子）使者到全国各地调查方言、习俗和民歌民谣，以了解各地的方言和风土人情，加强中央与地方的联系。西汉末年扬雄把前人调查的方言材料和他自己对汉代各地方言调查材料进行整理，编撰了我国第一部方言专著《𬨎轩使者绝代语释别国方言》，简称《方言》。其中“绝代语”指古代语言，“别国方言”指汉代各地方言。这说明《方言》已关注语言的历时变化，也考察其共时的地域变异。他把通语和方言进行比较，从而使那些四方难懂的异语成为可以互相沟通的语言。

东汉的王充明确指出古今语言有历时的变化，又有共时的方言差异。他说：“经传之文，圣贤之语，古今言殊，四方谈异也。”（《论衡·自纪篇》）

东晋的郭璞为《方言》作注时，继承和发扬了扬雄以活的方言口语作为调查对象的传统，采用晋代活的语言来和扬雄所记汉代方言相比较，并且记录了某些方言词汇的保存或消失以及通语对方言词汇的吸收。

明代陈第进一步提出“时有古今，地有南北，字有更革，音有转移”的观点。他认为汉字和语音会随时间、地域的改变而改变，这是大势所趋，是不可避免的，而时间和地域因素是导致语言发生变化的关键因素。

1948 年，我国现代著名的语言学家罗常培先生就呼吁要重视对语言实际应用的研究。他认为对语义的研究要关注各时代词义演变的“累积基层”，要推究词义消长的社会背景和经济条件；对现代方言的研究要注意活方言中的词汇的搜集和研究；而且要深入调查各行业、各阶层的惯用语，并进行词汇分类汇编。可以看出，他是一个有远见卓识的语言学家，在社会语言学诞生之前，他已经注意到了语言要素的消长与社会变迁的密切关系，强调研究当代使用中的活的语言的重要性，对社会方言的研究也提出了明确的研究目标。这些观点都是非常具有前瞻性的。

20 世纪 60 年代，在社会语言学诞生之后，受西方语言研究方向的影响，我国学者也开始了该领域的探索。陈原先生是应用语言与社会共变理论来研究我国语言与社会生活关系的第一人，他出版的相关著作有：《社会语言学》(1984)、《语言与社会生活》(1978)、《语言和人》(2003)等。

我国先期对语言与社会关系的认识给我们的启示在于：首先，当社会发生巨变的时候，社会结构与原有的语言词汇之间有不相适应的矛盾，即“名”与“实”之间的矛盾就会明显加剧，这时就需要“正名”以缓解两者之间的矛盾，怎样“正名”？原则是“优胜劣汰，适者生存”，那些能够适应时代需要的就保留下来，跟不上时代步伐的就被新名替代。其次,语言存在历时的变化和共时的差异,历时演变的"累积基层"可以成为研究社会和活的语言的重要参照。这些研究成果对我们探讨当代语言变异具有非常重要的指导作用。

二、20世纪90年代以来中国社会的巨变与汉语变异

大家都有这样的共识:当一个社会处于大变革时期,其语言的变化就尤为显著。20世纪90年代以来的中国社会正是处在这样一个特殊的大变革时期。自20世纪90年代以来,我国的改革、开放和社会主义现代化建设进入了一个新的历史发展阶段,我国社会在政治、经济、文化等方面产生的变革较改革开放之初更为明显。此时,中国已成为美、日、俄、欧盟等几个世界重要的政治力量中心之一,社会主义市场经济体制已确立并获得进一步发展,中国文化趋于市场化和世俗化,大众文化和消费主义意识形态甚为盛行,中国社会正在发生深刻的变化。显然,这一时期的中国是一个与20世纪80年代之前的社会有着很大不同的新的社会,这种新社会正在我们的生活中出现并逐步定型化。

改革开放以来,中国经济飞速发展,中国民众的生活发生了巨大变化,中国社会结构(主要是阶级、阶层结构)也发生了重大的变化。进入20世纪90年代以来,随着中国社会的空前开放,经济的突飞猛进,科技的日新月异,中国社会各方面的变化就更加显著,中国社会也真正进入了转折时期。这使得中国社会在许多方面呈现出不同以往的社会特点:国内、国际的经济、文化的交流日趋频繁,新的媒体不断出现,主流政治话语开始进入民间语境,网络语言向主流媒体渗透,媒体、教育等也开始与世界对话,人们的文化水平普遍提高,语言间的接触不断增加,新的社会分层结构形成,主流文化、精英文化、大众文化等多种文化格局并存,人们的观念和社会心理发生了巨大的变化……中国社会已进入了一个规模空前的流动社会、消费社会和开放的信息社会①。

按照社会语言学的理论,当社会发生激变时,语言的变化幅度也比较大。中国社会的激变打破了原有的语言和社会结构之间的相对平衡,使语言和社会结构之间的矛盾加剧,语言要不断适应社会变化的需要,新的语言形式就会产生,以丰富语言的表达手段,从而完善语言作为交际工具的职能。

在这样一个衣食住行都发生了遽然变化的社会,我们日常的语言表达也一下子变得非同以往地自由、多样、新异,而且确实是"日日新,又日新"(《大学》)。言说的日新月异让我们觉得,如果几天不读书、看报、上网、聊天,我们几乎就看不懂别

① 胡联合,胡鞍钢,廖立勇.空前变革:改革开放以来中国社会的六大跃进[J].新疆师范大学学报,2012(3):5-7.

人的文字，听不懂别人的话语，追不上语言变化的步伐。确实是几日不学习，就有恍若隔世的感觉。尤其是20世纪90年代以来，汉语的变异不仅仅表现为词语的更迭，词类之间的界限、汉语的叙述方式、新变式的传播模式等都发生明显的变化。这一时期的语言变异既是此前语言变异的累积，又是后期语言产生变异的基础。要全面了解这一时期语言变异的状况，为语言变化研究做好承前启后工作，就不仅需要对其进行静态的研究，更需要动态的研究，而后者是本书研究的对象。

本书的研究是在社会语言学的视域下，运用社会语言学的研究理论和方法，对汉语变异进行的动态研究。根据社会语言学的语言与社会共变理论，社会发生变化必然引起语言产生变异。我国改革开放以来，社会天翻地覆的变化必然引起语言的变化。“语言研究要注意语言和社会的关系，重视社会对语言的影响，但是语言和社会毕竟是两回事，仅仅研究社会差异所引起的语言的差异是不够的，更重要的是研究社会差异怎样引起语言内部系统的变化从而导致的语言的变化。”[①]故研究语言变异的动态过程和变异机制就至关重要。

① 郭熙.中国社会语言学[M].杭州:浙江大学出版社,2004:90.

第三章

20 世纪 90 年代以来汉语变异的动态表现及特点

每个人的言语都有很大的变异，但这种变异也有明确的界限：就语言来说，没有人可以随心所欲，自己想做什么就做什么。你不能随便按照自己喜欢的方式念单词，任意给动词、名词变形，或者按照自己的心情胡乱修改句子的词序。如果这样，就无法让人接受，甚至会被认为是胡言乱语。你所能做的变异是有界限的，而且这种界限可以被非常精确地描写①。

20 世纪 90 年代以来，中国社会的飞速发展使得新的汉语变异形式层出不穷。这些变异形式在语音、词汇、语义、语法等语言结构的各个层面都有表现，这一时期的汉语语用变异呈现出纷繁复杂的特点。不过，这些变异形式也不是杂乱无章的，个人的变异也不是随心所欲的，正如罗纳德·沃德华所说，这些变异是有一定界限(或者规范)的，这些界限是能够被人们所认识并且进行非常精确地描写的。因此本书才能够尽量从这些纷繁复杂的变异形式中梳理出一些汉语变异大体的变异模式。

这一时期，汉语的变异形式丰富多彩，体现出了这个时代独有的特色。

第一节　20 世纪 90 年代以来汉语变异的动态表现

20 世纪 90 年代以来，随着我国改革开放力度的增大，人们的言语表达越来越自由，语言使用越来越灵活，变异形式也是异彩纷呈。这一时期的汉语变异不仅仅局限在语言结构的某个方面，而是涉及语言结构的各个层次。在这些变异形式中，有的是历时的变化，有的是共时的变异。因为这些变异更多地是在语用中体现出来的，或者是在语用中才产生变异的，语用本身就是动态的，所以这些变异的表现也是动态的，具体体现在以下几个方面：

---

① 罗纳德·沃德华. 社会语言学引论[M]. 雷红波，译. 上海：复旦大学出版社，2009：6.

一、汉语字、词读音的分化

语音是语言结构层次中很不稳定的因素，往往比较容易发生变化。在社会变化如此之大，语言接触日益频繁，人们的容忍度不断增强的情况下，语音发生较大变异也就在所难免。这种变异在人们的日常语言表达中体现得更为明显。

这一时期语音的变异主要表现在以下几个方面：

(一)北京“女国音”的延续和扩散

北京“女国音”是指北京部分女子中学的学生把源于精系和见系的字读为尖音的现象。即“把舌面辅音[tɕ tɕʻ ɕ]的发音部位往前移，发成一种近似于[ts tsʻ s]的音。”[①]早在20世纪20年代，黎锦熙先生就注意到了这种特殊的读音，并命之为“女国音”。此后的20世纪30年代、50年代、70年代，赵元任和徐世荣都提到了这种语音现象。可见，语音上的这种变异从20世纪20年代被注意到后就一直存在。20世纪80年代，陈松岑女士也指出当时仍有一部分女生这样发音，连中央电视台的女播音员也不例外[②]。同时，曹耘和胡明扬对这种语言现象进行了调查，用确切的数字不仅证明了20世纪80年代“女国音”在北京女学生中仍然存在，而且证明了它的使用范围还在扩大。正如胡明扬先生所描述的那样：“过去‘女国音’也许只限于某些女子中学，但是今天这种语音现象已经遍及北京全城和近郊区，还传播到了远郊区，并且已经不限于女学生。”[③]“这股潮流也波及部分中年女性，如北京外贸英语广播的一位中年女教师。”[④]

在京剧中，语音是分尖、团的，而在现代汉语普通话中是尖、团合流的。当代社会，虽然现代青年人受现代汉语普通话的影响越来越大，对京剧越来越不感兴趣，但他们却不仅保持了北京“女国音”的这种尖音读法，而且这种读音还在扩散：不仅遍及北京城郊，而且还传至外地；不仅在女中学生中应用，还波及中年妇女；不仅用在非正式场合，而且正式场合也会用到。由此可见，在现代社会，这种变异的语音的扩散还远未结束。

(二)字音误读、错读现象日益增多

汉字是表意文字，不是拼音文字，不能见形知音，所以人们对不认识的字往往就会产生误读现象。出现误读的主要原因在于我们常常望形读音。汉字从古到

---

① 陈松岑. 社会语言学导论[M]. 北京：北京大学出版社，1985：118.

② 同上.

③ 胡明扬. 北京话“女国音”调查[J]. 语文建设，1988(1)：28－33.

④ 伍铁平. 社会语言学的几个问题[C]// 中国社科院语言文字应用研究所社会语言学研究室，首届社会语言学学术讨论会文集《语言. 社会. 文化》[M]. 北京：语文出版社，1991：29.

今，都是形声字占绝大多数。据统计，东汉许慎的《说文解字》中收录的汉字有9353个，其中形声字占到82%；据南宋郑樵的统计，形声字在23000多汉字中更是占到90%；现在通用的7000个汉字中，形声字亦占到80%。因为形声字多，人们习惯于“秀才识字认半边”，往往只按形声字的声旁来读字音。这种识读方式本身错误率就高，加之语音的演化、解放后汉字的简化，声旁能准确表音的比例大大减少，所以完全靠形声来识读汉字，就特别容易产生偏差。在改革开放以后，因为人们的宽容度增强、对娱乐化的追求以及媒体的错误示范等因素的存在，有意无意地错读、误读字音的现象就更普遍了。

1. 多音字的误读

多音字指一个汉字有两个或两个以上的读音，不同的读音往往在表义、词性、用法上不同。现代汉语中的多音字是汉语多年演变沉积的结果，是方言音与普通话语音并存、文白异读、传统音与今音并存、汉字自身演变、假借和引申等多种原因引起的。在现代社会用字中，多音字读错的几率是最高的。多音字中有的读音，过去必须按照传统的读音来念，但近年来，由于社会的变化，人们对读音的要求也不如过去那么严格，而文化程度不高的人又没有受过专门的训练，所以“望文生音”的现象就越来越多了。大家慢慢地积非成是，使得某些多音字的语音发生了变化。比如，随着人们生活水平的提高，“电饼铛”已成为百姓厨房中的必需品，大家整天把“电饼铛”(diàn bǐng dāng)叫来叫去，但却不知其中“铛”的读音是错误的。在新华字典中“铛”主要有两个读音：dāng；chēng。读 dāng 时的义项：铛(名)。锒铛，锁系囚人的铁索。如《说文》中有“铛，锒铛也。从金。当声”。按，锁曰锒铛；女子的耳饰(名)，如《北史》中的“足履革屣，耳悬金铛”；铛(象)。钟鼓的声音，如徐陵的《与杨仆射书》“铛铛晓漏”。读 chēng 时，铛(名)。温器，似锅，三足。如：酒铛；茶铛；药铛；烙饼或做菜用的平底浅锅。如唐代杜牧的《阿房宫赋》“鼎铛玉石，金块珠砾，弃掷逦迤”。现在老百姓厨房用的“电饼铛”指的是“烙饼或做菜用的平底浅锅”，所以准确读音应该是“chēng”。诸如此类的例子是不胜枚举的，如“滑稽”的“滑”，“绿林”的“绿”，“乳臭未干”的“臭”，“浑身解数”的“解”，“阿谀奉承”的“阿”，“心宽体胖”的“胖”，它们的标准读音分别应该是：“gǔ”“lù”“xiù”“xiè”“ē”“pán”，但大家通常读的是它们常用的读音。这一类字音的误读基本上是把不常见的义项的读音当做常见义项的读音来读了。

2. 单音字的错读

相对于多音字而言，单音字误读的可能性要小一些，并且出错的原因以及表现与多音字的不太一样。之所以读错，一方面是因为有些字的字音发生了变化，变化的产生或者是语音演变导致的，或者是汉字规范化的结果。如“确凿”的“凿”原来读“zuò”后来规范以后就读“záo”了，有的人还读原来的音。更多的是和多音字误读一样，错误的原因主要是受文化水平的限制，认识的字有限，只能“望字生音”。

这又分两种情况：一是按声旁的音来读。如把“桑梓”的“梓(zǐ)”读作“xīn”，“酵母”的“酵”(jiào)读作“xiào”，“瞠目结舌”的“瞠”(chēng)读为“táng”，“千里迢迢”的“迢”(tiáo)读为“zhāo”等。二是读为形近的字。如“阻挠”的“挠”(náo)读为“ráo”，“稳操胜券”的“券”(quàn)读为“juàn”，“相形见绌”的“绌”(chù)读作“zhuó”等。

单音字的错读和多音字的误读是因为不知正确读音的读法而造成，是无意而为之的。

3. 谐音修辞的运用

从破坏已约定俗成的音义的对应关系这个角度来说，谐音也是一种误读，不过这种错误是蓄意而为之的。

谐音字指的是音同或音近的字。一般把韵母相同的字称为谐音字。谐音修辞是通过谐音转换的形式为新词增加原词所不具备的意味，提升语言的艺术情趣，形成“义在音外，义在形外”的效果，使语言更生动、更富有张力[①]。古代主要运用谐音来构成诗词的韵律美，而在现代社会，尤其是改革开放以后，谐音的使用范围不断扩大，使用人群不断增加。特别是在广告语、网络语、学生的信息传递等领域，谐音修辞的运用更是屡见不鲜。

眼下，铺天盖地的广告充斥着各种媒体，广告宣传常需出奇制胜。为了能夺人耳目，许多商家把精力投之于语言的运用上，在广告语中利用谐音来大做文章。一时间，带有谐音字的广告满天飞。如：衣(依)衣(依)不舍——服装广告语；衣(一)名惊人——服装广告语；箭牌口香糖，一箭(见)如故，一箭(见)钟情——箭牌口香糖的广告语；咳(刻)不容缓——止咳药广告语；安享清福，欣欣向隆(荣)——福隆地产的广告语；十面埋富(伏)——房地产广告语；骑(其)乐无穷——摩托车广告语；闲(贤)妻良母——洗衣机广告语，等等。这些谐音广告语深入到我们衣食住行的各个方面。在这一类的广告语有用得非常巧妙的，如服装类的“衣衣不舍”，饮料类的“有口皆杯”，燃灶器具类的“烧胜一筹”等，利用谐音既突出了商品的优势，又显得温馨雅致。但是也有谐音滥用的情况，如某涂料的广告语“好色之涂”掺杂了一些不健康的因素，而某一种酒的广告语“天尝地酒”则不知所云。

谐音是网络语变异的一种主要的形式和方法。它通过对原字词读音的模拟构成新词语。谐音中有英文谐音的，如 windows 是“瘟都死”的谐音，homepage 的谐音是“烘培机”。有中文谐音的，如“油墨、野猪、木油、米国”等分别是“幽默、业主、没有、美国”的谐音，它们借助音同或音似构成谐音，这属于直接谐音；“东东——东西、3Q——thank you、8 错 8 错——不错不错、真 e 心——真恶心”，这是借用汉语指代、拟声等形式来造词表意，是间接谐音。有借助数字的谐音或转意来表意的，

① 邢梅萍. 浅析谐音修辞在手机短信中的应用[J]. 北京劳动保障职业技术学院学报，2012(3)：68－70.

如“886——拜拜了、7456——气死我了、201314——爱你一生一世、8147——不要生气”等。还有把以上三种混合在一起谐音的，如“windows 98——瘟酒吧、face to face——F 2 F”等。

短信已成为人们沟通交流的主要手段之一，在短信中运用谐音的方式来传情达意的现象也非常普遍。短信的谐音形式主要有两种：异形同音和同形同音。异形同音是语言片段的语音形式相同，字面形式不同。这种谐音形式最常见。如以下短信：

有个美女很想认识你，我觉得她是认真的，就把你的号码给了她，几天后她肯定会联系你，她叫钟秋婕。说会让你幸福快乐一辈子。（360 搜索）

短信往往把“中秋节”谐音成美女“钟秋婕”和帅哥“钟邱杰”，既幽默又充满了人情味。“国庆节”也呼成“郭庆婕”和“郭庆杰”。兔年的祝福语是：钱“兔”无量；大展鸿“兔”等。在全民娱乐时代，含蓄地骂人也成为一种时尚，短信更是把这种时尚发挥到极致。如表面上很优雅的文字，可以谐音出很粗俗的言外之意。如：

你在一片荷叶上轻轻地舞，那优美的身段迷倒了所有的人，啊，你那翩翩的舞姿令我想起了莎翁的经典……猪立叶。（360 搜索）

大家不仅用谐音贬人，有时也会自贬，如：

卧梅又闻花，卧枝伤恨低。邀闻卧石碎，卧湿达春绿。（韩寒，《三重门》）

上面这段文字的意思是：我没有文化，我智商很低。要问我是谁，我是大蠢驴。大众狂欢时代，谐音满足了人们愚人自愚的心理需求。

数字谐音也属于异形谐音的一种，也能和其他异形形式一样取得异曲同工的效果。如下面这条短信是一个儿子发给自己父亲的：

88：8179，7954。76229，8406，9405，7918934。1.91817。（360 问答）

上面是一串用谐音可以解读的数字。爸爸：不要吃酒，吃酒误事。吃了二两酒，不是动怒，就是动武。吃酒要被酒杀死，一点酒也不要吃。

手机短信的另一种相谐形式虽是两个语言片段形、音皆同，但此意非彼意，它往往体现的是语音上的巧合，而非一词多义。如在非典时期，有这样解释“非典”一词的渊源的短信：

非典，我国最早记载于《三国志》中：东吴围逐曹操，大将典韦右翼阻吴，操幸得脱，后曰：“非典，吾命休矣！”（新浪网）

这里的“非典”是两个不同的形式，后一个是小句形式的“非典”，意思是“如果不是典韦（人名），我将命丧黄泉”，这是古汉语的一种用法。前一个则是词语，即指SARS病毒。因为后一个小句又可以从字面上当前一个词语来理解，如果联系当时的紧张状况和人们的心理语境，我们对“非典”这一双关用法的巧妙之处就有深刻的体会。

(三)语言片段中语音的减省

语音是语义表达的物质外壳。近年来,人们在语言表达时,语音的变化出现了一些新的特点,即部分字、词等语言片段的语音形式日益趋短、趋简。具体表现如下:

1. 部分词出现单音节化倾向

在殷墟甲骨卜辞和殷代的铜器铭文中,单音节词占绝对的优势,复音节词还处于萌芽状态。此后,随着社会的发展,新事物、新思想、新观念的层出不穷,社会的政治、经济、文化等方面的日益发展,人类对交际的要求也越来越高,单音节词已不能满足人们要求表达准确、表义明确的交际需要。故单音节词汇开始走向复音节化的道路,这是汉语词汇发展的一个总的趋势。但是,近年来,与这种趋势背道而驰的是部分词出现了单音节化的倾向。这种现象主要体现在两种表达的语境中。一种是在青少年口语中,表示褒贬意味的常用词出现了单音化的倾向,这些词有:盖、绝、棒、帅、神、侃、土、死、贱、贼、震、派、靓、酷等[①]。蔡富有先生认为这种现象主要出现在北京年轻人的口语中,其实它在全国的青少年口语中都是很普遍的。有的表示贬义的多音节词也单音节化了,如“栽”是由“栽跟头”简化而来的。此类的语言现象在北京青少年口语中比较多,如丫(丫头养的)、现(现眼)、缺(缺德)等。还有一种是在网络语言中,单音节词是由动词语言片段简化而来的。如晕——我晕,即“我要晕倒了”;汗——我汗,即“我要出汗了”;闪——我闪,即“我要闪身让开,逃离现场”;倒——我倒,即“我要倒下了”;顶——我顶,即“我要跟上、顶上”(指在论坛或者 BBS 中对别人发的帖子进行回复)。以上这两类词在各自的语境中使用都是非常频繁的,它们的单音节化是符合语言发展规律的。根据美国哈佛大学的语言教授 G. K. 齐普夫(齐夫)的齐夫定律:“语言中使用频率最高的词也是最短的词”。也就是说,越是最常用的词越是最短,这是语言结构运用中的经济和省力原则所导致的,也是近年来人们生活节奏加快,交际时的语速变快的因素使然。

2. 新合音词的出现

合音词指运用合音手段造成的词。它一般由两个或多个音节拼合而成,而且包含了拼合前的两个或多个音节的语素。合音词包括由两个音节产生的合音词和多个音节产生的合音词。合音词产生比较早,在古汉语里就有。不过,早期的合音词基本上都是由两个音节产生的,也就是合音字,其字音是由两个字的读音的快读拼合而成,拼合的方法同反切差不多,取上字的声母和下字的韵和调,拼合前和拼合后包含的语素和意义不变,这时合成的字形和所合音的字无关。例如“之于”合为“诸”,“不可”合为“叵”等。后来,有的合音字直接由两个字拼成,形音义都拼合

① 蔡富有.北京青少年口语里常用的表示赞美的单音词[EB/OL].淘豆网 ttp://www.taodocs.com/p-5426736.html.

在一起了，如现代汉语普通话词汇中的“甭”(不用)、㤇(那么)等。由多个音节拼合的合音词一般也是先由两个音节拼成合音字，然后和其他词组合。如“羟基”是由“氢”和“氧”拼合成“羟”之后和“基”再拼合的。除了日常口语中使用的合音词以外，网络上也产生了一些新的合音词。如由两个音节拼成的“表”(不要)、“哞”(没有)、“康”(好看)、“念”(那样)、造(知道)，由多个音节合拼的“酱紫”(这样子)、“酿紫”(那样子)等。许多合音词虽然都有同一意义的非合音表达形式，但还是产生了相应的合音词，这是因为合音字语音形式虽然小而词义容量大，是经济实用的浓缩语言形式，属于“节缩”手法的一种。陈望道先生在《修辞学发凡》指出的“节缩”就包括语音上的合音字，其特点是音形长度减少了，但意思并没有减少。因为合音词满足了语言“词约义丰”的要求，所以这种造词形式得到了进一步的继承和发扬。但是，语言的发展变化是非常复杂的。我们也要注意在北京话的口语中出现了这样一种现象，合音词“甭”(不用)和“用”并用为“甭用”，这里的“甭”意义等同于“不”，“甭”所包含的“用”意义已经磨损了。为什么会出现这样一种现象呢？可能是因为汉语中，除了多音节单纯词以外，一般是一个语素对应一个音节，没有多个语素共存于一个音节的情况。而合音词却违反了汉语的语素与音节的结构规律，结果多个语素共存于一个音节的状况就维持不了很长时间，必然一个语素就会慢慢被消磨掉①，又回归到一个语素一个音节的初始状态。

3. 儿化的减少

儿化是指一个词的字音韵母由于卷舌动作而发生的音变现象，它一般是在韵母后加 r 音构成。儿化后的字音是两个汉字表一个音节。儿化是属于一种特殊的合音现象。儿化的普遍是北京话最突出的一种语言现象。在 20 世纪 60、70 年代，老北京人是儿化不离口，但现在北京话中的儿化韵在逐渐减少。首先是一些可儿化可不儿化的，一般会以不儿化为主。如“冒烟、凉席、茶碗”等基本上都不儿化了。其次，把一些儿化词改为非儿化词。如把“花生仁儿、取灯儿、面条儿、鸡子儿”分别说成“花生米、火柴、面条、鸡蛋”。这些可以说是北京话儿化韵衰减的明证②。

普通话本身的儿化就要比北京话少很多，现在，普通话中也出现了儿化音减少或有儿化但发音的时值减短的现象，最显而易见的证据就是现在的书面语中儿化几乎都消失了。看看我们每日必读的报纸上，儿化现象是难得一见。以前，在用北京方言写作的书面文字中，儿化是非常普遍的现象。如老舍先生的《二马》开篇两句话就有两个儿化韵：

马威低着头儿往玉石牌楼走。走几步儿，不知不觉的就楞磕磕的站住一会儿。(老舍，《二马》)

---

① 王亚男. 浅谈汉语中的儿化现象[J]. 现代语文，2011(11)：39－40.

② 陈建民. 中国语言与中国社会[M]. 广州：广东教育出版社，1999：45.

他们是什么也不听，光在圈儿外边最惹人注目的地方站着，眼睛往四下里溜。（老舍，《二马》）

那时的“低着头儿”“走几步儿”“圈儿”现在表达为“低着头”“走几步”“圈子”。又如赵元任先生书中有这样的话：“有系统总比没有系统有办法一点儿。”这里的“一点儿”现在说成“一点”。现在的书面语中基本上是不把“儿”写出来的。

(四)语音的模仿与改造

改革开放以来，中国的对内搞活使得国内各个方言区的人交往日益增多，中国日益走向国际化，使得国人与国外的来往也越来越密切。在这样一种不同语言不断接触的环境下，语言彼此之间自然会或多或少受到影响。这种影响在语音方面主要有：

1. 语音出现模仿部分方言词读音的现象

近年来，大陆与香港来往密切，许多人特别是年轻人看到香港的富庶与繁华，对香港产生了一种向往和崇拜心理。爱屋及乌，他们不仅对香港的诸多东西欣赏有加，而且对其使用的语言也产生了浓厚的兴趣。他们觉得粤语非常新鲜、好听，于是争相追捧与模仿。而香港影视作品的大量引入，给大家提供了一个感受和学说粤语的平台，故模仿粤语成为一时之风。在语音上，他们模仿粤语的特点，把舌尖后音 zh、ch、sh 发成舌面音 j、q、x，把 y 有时发成“r”的音，把 r 的音发成“弱”的音。他们的模仿不仅体现在音质上，而且还体现在音高和音重上。如进一步突出重音，把“什 shén 么 me”之类的副词说成“shěn mé”。粤语发音时让音从嗓子眼里出来，这样就显得非常娇气，粤语的这种发音方法也是青少年模仿的对象。

2. 对外语词语音的改造

外语词和外来词是两个不同的概念。外来词指一种语言从别的语言借来的词。这些借来的词已成为借入语言的有机组成部分，纳入了该语言的词汇体系当中，具有了借入语词汇的语法特点。外语词是临时使用别的语言的词汇，它以外来词语的本来面目原封不动地进入本族语，没有经过本族语的任何加工改造，故它们仍是外族语词，没有获得本族语的身份[①]，不能算作本族语词汇系统中的成员，不具有该语言词汇的语法特点。要把外语词变为外来词，就需要经过本族语语音、语义或构造方式的加工改造，最终以本族语的形式定型以后，才能成为本族语语言体系中的一份子。变外语词为外来词是汉语词汇不断丰富自己的一种途径。

汉语是一种意音文字的语言，相对比较保守，所以在临时借用别的语言词汇时，可以不加改造，原封不动地照搬其读音来使用。不过，当人们一旦想把它纳入到汉语的语言体系中时，就要对其进行中国化的过程。部分外语词的改造过程是

---

① 王远新. 语言学教程[M]. 北京：中央民族大学出版社，2009：165.

这样的：首先把该词的语音中国化，其次根据汉语的造字方法为该音造出书面文字，最后按照汉语的用法扩大其使用范围和功能。这样它就名正言顺地成为汉语词汇中的一员了。“拜拜”(bye-bye)一词的吸收和使用就是这方面的典型代表。bye-bye是英语词汇，表示“再见”的离别语。在改革开放之前，它是作为外语词使用的，基本上保持着英语的浊音和韵律特色。使用范围很狭小，仅是那些受过西方或者英语教育的人在使用，所以它就成为以上社会阶层的一种标志和身份的象征。但毕竟一门语言不是那么容易学的，青年人要显示自己的前卫和时尚，最简单易行的办法莫过于先从“拜拜”这一招呼语开始。“拜拜”目前已被汉语音系所同化，不仅浊音清化了，而且产生了声调，变成了 bái bái 或者 bái bai[①]。“拜拜”被汉语化了以后，意义和用法都有了扩展。除了用于离别的客套话以外，它还可用于委婉或者诙谐地表达某种关系的结束。如：

请和“年终焦虑症”拜拜。(健康时报，2007－12－31)

我早和他拜拜了。(生活中用语)

“拜拜”已不再是特定社会阶层的标志，它的使用范围很广，不仅不同年龄层次的人在用，而且不同文化程度的人也在用。这样，“拜拜”就完成了从外语词到外来词的彻底转变。

3. 各地方言语音向普通话靠拢

由于国家大力推广普通话，加之现代信息传播技术的广泛应用，我国各方言地区社会成员的普通话的听和讲的能力日益提高。在这样的语境的影响下，方言的音值受到了普通话的影响，方言区某些汉字的读法出现由原来的土语语音改读为普通话读音的趋势[②]。

二、话语中的新词新语层出不穷

社会是不断发展变化的，作为社会镜像的语言也随之而变。从语言的变化可以窥见社会生活的奥秘。在语言的语音、词汇、语法等诸要素中，词汇是最活跃、最敏感的要素。社会生活的任何变化，即使是最微小的变化也会或多或少地在词汇中体现出来。词汇的变异非常显著、非常快，基本上不需假以时日就能实现，社会生活中出现了什么样的新事物，语言中随之就会产生与之相应的新词汇。

新词语是指通过创造、引进、启用旧词等方式新近产生的词语。改革开放以来，平均每年约有四、五百个新词语产生，陈建民先生用“太阳每天都是新的”来形

① 史有为. 相对形式的产生、发展与接受[C]// 首届社会语言学学术讨论会文集《语言・社会・文化》[M]. 北京：语文出版社，1991：117－118.

② 陈原. 社会语言学[M]. 北京：商务印书馆，2000：207.

容新词语产生的速度之快，是非常形象的。根据于根元先生的《现代汉语新词词典》（北京语言学院出版社，1994 年版）统计，从 1978 年到 1994 年，大约产生了六、七千个新词语，平均每年要产生四、五百个，这还不包括科技术语和专有名词。近两年新词语产生的速度更快。最新出版的《新词语大词典》（上海辞书出版社，2003 年版）收录了 1978—2002 年共 25 年产生的新词语两万条，这样计算，平均每年有 800 条[①]。在日新月异的今天，我们语用中的新词语最大的特点就是使用频率高、范围广，更新换代快。

近年来，新词语出现数量逐年增多。从 2006 年开始，国家语委、教育部在《中国语言生活状况报告》中公布每年出现频率比较高的新词语。2006 年，171 条；2007 年，254 条；2008 年，359 条；2009 年，396 条。2011 年在互动百科和中国语言文字网上公示了 497 条 2010 年的新词。随着新词语的不断涌现，新词语的使用频率也越来越高。在年轻人口中，经常会出现不同的新词新语，让其他年龄段的人听得一头雾水。

1994 年的《参考消息》上转载了如下一段文字：

大腕最喜欢带着小蜜到卡拉 ok 歌舞厅参加派对，喝着杯中的 xo 酒，ok!

这段文字共 28 字，就出现了 7 个新词语，其中有北京流行语“大腕”“小蜜”，香港社区流行语“卡拉 ok”“歌舞厅”，还有外来语“派对”“xo”“ok”。又如：

众多玉米、凉粉、粉笔、盒饭、蜂蜜也在网络上互相传递“动漫帝国”将建立超女部落的消息，一些超女贴吧的粉丝们还自开展了创作和投稿。（成都商报，2005 - 11 - 12）

上面这段文字中出现的“玉米”“凉粉”“粉笔”“盒饭”“蜜蜂”可不是我们传统意义上的所指，它们已产生了新的指称对象，分别是湖南卫视娱乐节目“超级女声”李宇春、张靓颖、周笔畅、何洁、冯家妹的粉丝的自称。除了这几个称呼新词以外，其中的“动漫”“超女”“贴吧”“粉丝”也是近年来的新词语。短短 56 个字的文章也出现了 9 个新词语。

这样的例子俯拾皆是。如：

比如在这 171 个新词语中，冻结着青春容颜的“冻容”、冬天开展促销活动的“寒促”、低价位的跑车“穷人跑”、称压力山大的亚洲为“压洲”……这类新的文字组合，能否马上认定为新词语，便存在不同的声音。（东方网，2007 - 8 - 31）

无论是在各个相亲会，还是婚恋机构，剩女总比剩男多，她们自嘲地称自己为“圣斗士”“必剩客”“斗战剩佛”“齐天大剩”。（武汉晚报，2010 - 11 - 9）

而求学房在学生和家长中知晓率较高。即为了孩子能读名校，家长不惜重金在学校周边购买房屋，而拼客、草根网民、丁宠家庭、断背、学术超男、高新跳蚤、熊

① 这些数据来自国家语委语言应用研究所 2007 年对汉语新词语所作的调查。

猫烧香、奔奔族、剩女等词也随着网络、电影被年轻人熟知。(南湖晚报,2007-8-25)

以上这三段为数不多的文字中也分别包含"冻容""寒促""跑车""穷人跑""压力山大""压洲"6个新词。"剩女""剩男""相亲会""圣斗士""必剩客""斗战剩佛""齐天大剩"7个新词。"求学房""拼客""草根网民""丁宠家庭""断背""学术超男""高新跳蚤""熊猫烧香""奔奔族""剩女""网络"11个新词语。

其实,在我们当代的语言中,频频出现的新面孔不仅仅是词,还有层出不穷的流行语。如:

今年7月,在百度贴吧里突然有人发了一张一名非主流男子吃面的图片,图片配文"哥吃的不是面,是寂寞"。(国际金融报,2009-12-7)

这种表示心理落寞的流行语"寂寞党"由此形成,并且迅速蹿红,成为大家效仿的对象。如:

"贾家军""寂寞党""我发的不是帖子,是寂寞"……网络游戏《魔兽世界》的暂停服务,最终创造出今年网络的"神贴"。(文汇报,2009-12-15)

2010年的部分流行语,要么通过同义词、近义词的叠加表达不满情绪的递增,要么借助谐音显示达观的心态,其鲜明的态度和新颖的形式也颇受大家的推崇。前者如"羡慕嫉妒恨",后者如"神马都是浮云":

不知从什么时候起,"羡慕嫉妒恨"一词在网络上流行起来。通过同义词近义词的反复叠加,表达出鲜明、强烈的感情,有种奇特夸张的语言效果。不论是用在自己身上自嘲,还是用以形容别人,短短五个字,让人觉得很过瘾。(汕头特区晚报,2010-9-20)

"又涨价了,怎么就不见涨工资啊!"在中信泰富上班的白领颜小姐,一边郁闷地把MSN昵称改为"神马都是浮云",一边忍不住叹息。(新闻晨报,2010-11-10)

仅2015年的流行语就为数不少,如"城会玩""主要看气质""吓死宝宝了""重要的事情说三遍""明明能靠长相吃饭,却偏偏要靠才华"等。

在这样一个造语时代,不仅出现的新词语比较多,而且更新换代特别快。许多词可能只是各领风骚三五月。2011年,国家语委从2006年到2010年语料中共搜获了2977条年度新词语。在这2977个年度新词语中,有41%的年度新词语能够留存下来,年使用频次在10次以上,比如"微博""保障房""博客""80后""动车"等。还有25%的年度新词语在低频使用,年频次在10次以下,比如"秒杀族""雷词""高薪蓝""晒友""发票奴"等。而"俗贿""晒黑族""楼断断"等词语已基本从我们的语言生活中消失了。在这些已消失的词语中,有的寿命更短,甚至在以新面目出现的当年就销声匿迹了。这一部分已消失的词占到新词语的34%。

稍早出现的词很快被晚近出现的词所替代。如:

"槑""雷"这些曾经爆红的网络流行语正把位置让给"给力""神马都是浮云"等"新秀"。(海峡导报,2010－11－18)

即使是用来描述同一对象的新词语,也随时面临被替代的危险。

"宅男""宅女"已经OUT了,现在的"宅男"都被称为了"被窝男","宅女"则自选了一个新名词,并称"请叫我'居里夫人'"。(新快报,2010－2－19)

宅男、被窝男都OUT了,现在,最IN的是"煮男"。(钱江晚报,2010－6－18)

从"知识分子"到"知道分子"再到"知识混子",关于知识者的称谓变迁可以编一部辛酸小百科了。(深圳晚报,2010－9－4)

在新词语中,最能体现当年新词语的使用频度和人们关注焦点的,非每年的"十大流行语"莫属。从2002年开始,由北京语言大学、中国新闻技术工作者联合会、中国中文信息学会联合对每年的流行语进行动态监测研究,评选出"中国主流报纸十大流行语",在北京语言大学发布。2005年起,教育部国家语言资源监测中心亦加盟该项活动。这些流行语可以说是每年的新词语的代表。

从2009年开始,《咬文嚼字》杂志社在《咬文嚼字绿皮书》中逐年发布上一年度的"十大流行语"。它选词语的原则和北京语言大学不同。《咬文嚼字》把重点放在社会语文生活使用中的高频词语上。它采用广大读者推荐和汉语专家的评议、甄选相结合的方式,拟定每年的十大流行语。它不问词语的"出生"年月,只关心它在本年度的流行频度;能够体现每一年度新闻媒体语言和社会交际语言的特点;注重词形结构的稳定性,即兴式的谐音词一般不选,如"河蟹"(和谐)"童鞋"(同学)。在新词语中,"十大流行语"在当年的媒体和人们的口语中使用频率应该是最高的。每年会流行不同的新词语,这也从一个侧面证明了新词语更新换代快这一特点。《咬文嚼字》公布的近年来的"十大流行语"如下:

2008年:山寨、雷、囧、和、不抛弃不放弃、口红效应、拐点、宅男宅女、不折腾、非诚勿扰。

2009年:不差钱、躲猫猫、低碳、被就业、裸、纠结、钓鱼、秒杀、蜗居、蚁族。

2010年:给力、神马都是浮云、围脖、围观、二代、拼爹、控、帝、穿越。

2011年:亲、伤不起、Hold住、我反正信了、坑爹、卖萌、吐槽、气场、悲催、忐忑。

2012年:正能量、元芳、你怎么看、舌尖上、躺着也中枪、高富帅、中国式、压力山大、赞、最美、接地气。

2013年:中国梦、光盘、倒逼、逆袭、微××、大V、女汉子、土豪、奇葩、点赞。

2014年:顶层设计、新常态、打虎拍蝇、断崖式、你懂的、断舍离、失联、神器、高大上、萌萌哒。

2015年:获得感、互联网+、颜值、宝宝、创客、脑洞大开、任性、剁手党、网红、主要看气质。

北京语言大学应用语言学研究所所长张普认为，流行语作为一种流变着的符号表征，既能真实地反映新的社会现象和文化现象，也能敏锐地反映时代和社会心理的变迁。它从一个特定的角度，表达着人们的价值观念和文化心态。跟踪流行语，正是跟踪中国社会的发展轨迹和方向的重要参照系之一[①]。

新词语的使用人群很广泛，涉及不同行业的使用者。

青少年是新词语的主要使用人群，他们对新词语的使用频率是最高的。新词语不仅屡屡出现他们的口语中，而且在他们的作文中也屡见不鲜。比较极端的是有的学生几乎句句都使用新词语。比如有一位学生在题目为《我的理想》的作文中这样开头：

偶8是美女，木油虾米太远大的理想，只稀饭睡觉、粗饭，想偶酱紫的菜鸟……"（我不是美女，没有什么太远大的理想，只喜欢睡觉、吃饭，像我这样子的新手……）

使用新词语不是学生的专利，为人师表的老师也是不甘落后的。为了便于和学生交流，清楚学生新词语的使用状况，老师也需要了解新词语。如：

一位老师在讲解新词新语时，用其所做的自述也非常有意思：

一穷屌丝耳，一小老师耳，非高富帅，亦非土肥圆。我爸不是李刚；我叔从不带表，无爹可拼，有爹可坑。奇葩一朵你伤不起，鸭梨山大你肿么办？（《百度文库·2012新词新语与流行文化》公开课ppt）

犯二文艺小青年，没事装装小清新。有时卖萌装傻，经常被拍板砖，偶有粉丝狂顶，学生无力吐槽。工作忙过杜甫，此事必有蹊跷，如何hold住全场，全凭学生给力。（同上）

公开课上莫灌水，还望亲们多包涵。亲，记得给个好评哦！（同上）

在这样一个飞速发展的动感时代，对于语言学家而言，使用新词语也是挡不住的诱惑。当代学者、中国社会科学院近代史所研究员雷颐先生也情不自禁用现代新词语赋打油诗一首：

出门就打的，吃喝皆料理。饼干克力架，家具尽家私，GG想MM，LG怕LP。青蛙遇恐龙，CU886。（南方周末，2005-12-22）

三、名、动、形三类实词的界限进一步模糊

在日新月异的现代社会，人们的宽容、文化的多元、大众的娱乐心理等因素使得人们的语言表达更自由、新异，词语的使用更灵活、多样，从而导致名、动、形三类实词的界限进一步模糊。

汉语的词类划分问题一直是汉语研究的难点，也是学术界的看法存在分歧比

① 代小林."超女"当选流行语之首成为年度最令人惊奇的社会现象[N].新闻晨报，2006-01-13.

较大的问题之一。要了解 20 世纪 90 年代以来汉语词类的使用情况，就首先要清楚汉语词类划分的相关问题。关于汉语词类，学术界争论最多的问题莫过于词类划分的依据问题。

一般而言，印欧系语言词类划分的标准有三，即词的形态、语法意义和语法功能。那么这些标准适合汉语吗？汉语和印欧系语言分属不同语系的语言，这决定了盲目套用这些标准来为汉语词划类的荒谬性。对于印欧系语言来说，因为它们是有形态变化和形态标志的语言，所以根据词形就可以对词类进行明确的划分。但汉语从严格意义上来说是缺乏形态变化和形态标志的语言，以至于以高名凯为代表的学者得出汉语实词不能分类的结论。依据词的意义分类也存在明显不足，一方面因为汉语“一词数义”现象比比皆是，在马建忠先生认为的“字（词）无定义，故无定类”观点的基础上[①]，学术界产生了汉语“词无定类”的看法。另一方面，词的语法意义本身非常复杂，难以驾驭，按此分类实际操作起来难度非常大。黎锦熙先生总结出汉语词具有“依句辨品，离句无品”[②]的特点，认为汉语应以词在句中的功能来划分词类。学界经过争论最后基本达成共识，即汉语可以划分词类，其划分的依据主要是语法功能。

词的语法功能主要是充当句子成分的功能和词的组合功能。在汉语词类的划分上，争议的焦点在于名词、动词和形容词的区分，因为相对而言，这三类词之外的其他各类词是比较容易确定的。在区分这三类词时，仅依据词在句子中的语法功能是不够的，因为汉语不像英语那样，词类和句法成分是一一对应的关系，汉语中的词类和句法成分基本上不存在这种关系。这一点在名词、动词和形容词中的表现是最突出的。我们都知道，名词主要功能是作句子主语、宾语，但动词和形容词也未尝不可以充当以上这两种成分。比如“学习是我们获取知识的重要途径”（“学习”是动词做主语）。“大家都羡慕她的美丽”（形容词“美丽”在句中作宾语）。动词经常是作谓语的，而这样的职能不仅形容词能胜任，名词也能胜任。如“花红了”（形容词“红”担任谓语成分）；“明天星期六”（名词“星期六”也充当了谓语成分）。形容词的职能主要是充当定语，不过动词、名词也能充任。如“他吃的苹果，我吃的橘子”（名词“苹果”“橘子”是句子的谓语）。可以看出，汉语这三类实词在句中充当成分的用法非常灵活，仅从这个角度考虑的话，汉语的名词、动词、形容词确实难以分出类别。这里有一个问题，动词、形容词作主语、宾语的机会比较多，那么我们能不能把它们看作是动词或形容词与名词的兼类词呢？学者认为这种办法不可取。因为在一定条件下，可以作主语、宾语的动词和形容词几乎要占到各自类别的80%，如果说 80%的动词、形容词皆同时兼有名词的性质，那就等于说，名词和动

---

① 马建忠．马氏文通［M］．北京：商务印书馆，1983：24．

② 黎锦熙．新著国语文法［M］．北京：商务印书馆，1951：6．

词、形容词几乎没有区别，那划分这三大词类就毫无意义了。正如朱德熙先生所言："当我们把A、B两类词分开的时候，可以允许有一部分词兼属A、B两类。但是兼类的词只能是少数，如果把A和B分为两类之后，大部分A类词同时兼属B类或大部分B类词兼属A类，那只能说明我们当初把A和B划分为两类词本身没有多大意义。"①

为了对这三类词做出有效的区分，我们必须把词充当句子成分的功能和词的组合功能这两种因素加以综合考虑，这样我们就可以确定出衡量这三类词的标准。衡量的条件有以下四点：①带宾语；②受"很"修饰；③带补语；④受"不"修饰。

第一步，区分名词和动词、形容词。具有上述条件之一的，就排除了它是名词的可能性(现在可以受"很"修饰的那些名词除外)。

第二步，区分动词和形容词。

属于以下情况之一的是动词：

(1)可以带宾语且不受"很"修饰的是动词，如"读""写""观看"等；

(2)不带宾语且不受"很"修饰的是动词，如"笑""哭""游玩"等；

(3)既带宾语同时又可受"很"修饰的是动词，如"担心""讨厌""期待"等。

符合以下条件的是形容词：

不带宾语但可以受"很"修饰的是形容词，如"红""胖""整洁"等。

符合下列条件的是兼类词：

带宾语和受"很"修饰不相容，即这两个条件是相互排斥的为动词、形容词的兼类词，如"巩固""完善""壮大"等。张全生、惠天罡认为这里"带宾语"的说法不够严密②，因为以下三种情况的形容词虽然符合这一条件，但不能归为形、动兼类词：形容词如果跟着"着、了、过"等动态助词以后带宾语，例如"红了樱桃，绿了芭蕉""让地荒着很可惜"等；形容词带有包含限定修饰成分的复杂宾语，如"多两本书""少三个馒头"等；带补语的形容词后出现宾语，如"累死我了""他高我一头"等。在以上语句或结构中，"红""绿""荒""多""少""累""高"等仍视为形容词，而不作为兼类词对待。所以形容词是可以带宾语的，但是有条件限制的，"直接带宾语"是形容词兼动词的必要条件。

学术界之所以对汉语三类主要实词的分类讨论不休，就是因为这三类词的界限不是那么分明。但即便如此，通过以上的标准还是可以把它们进行明确、清楚的划分的。不过，这种状况已经成为过去了，因为在现代社会，词语的使用越来越灵活，越来越不受语法的限制，尤其是年轻人，他们无论是在创造词语还是使用词语方面常常突破语法的限制，出奇出新，结果使得许多实词更难以确定其类属。

---

① 朱德熙.语法讲义[M].北京：商务印书馆，1982：39.

② 张全生，惠天罡.确定形动兼类词的标准刍议[J].语言与翻译，2002(4)：20.

在现代产生的新词语中，绝大多数是这三种基本的词类。其中名词数量最多，大约占到三分之二，这是与我们这个时代的发展密不可分的。在飞速发展的现代社会，新事物、新现象、新趋势不断涌现，为了满足交际的需要，表达这些新事物的名词也就洪波涌起。相比较而言，动作行为的变化要缓慢一些，故新词中的动词出现的数量要远远少于名词，在三大新生实词中所占比重还不到三分之一。形容词的发展最为缓慢，新词中的形容词屈指可数。以2007年新词语为例，这一年共产生了420个新词语，其中239个是词。而词中的名词有210个，占新词的87.87%；动词28个，占11.71%，形容词只有一个，占0.42%。在新词中没有三大类实词以外的其他词类[①]。但值得注意的是，在旧词的基础上衍生出新义的新词语中，名词与动词的数量基本是平衡的，动词所占的比重还要略微高一些。这说明当下在词的使用方面，动词和名词一样灵活。此外，形容词产生新义的几率特别小。在以上这类新词中，兼类词所占的比重比较大[②]。20世纪90年代以来，词的灵活使用以及兼类词的增加，使三大实词的界限进一步变得模糊起来。

词类的活用和兼类词的存在是汉语词类难以定类的主要因素。词类活用和兼类词之间有何区别与联系呢？词类活用指的是某些词在句子中临时改变它的句法功能，充当别的词类。兼类词是指一个词经常具备两类词或两类以上词的主要语法功能，它要求同形词读音必须相同，词义有一定的联系，即符合兼类的同一性。如果词义之间失去了联系或意义无关，则被视为同音同形词，而不是兼类词。

通过概念的比较可以看出，词类活用和兼类最大区别在于词的功能是临时性发生改变，还是词本身就属于稳定的多语法功能的词。词类功能临时性变化往往会产生非典型的、超常规的语法、语用现象，出现表达的陌生化，这会给认知主体带来出乎意料的认知体验，从而取得一种良好的修辞效果。词类活用和兼类词的联系是通过词类的功能游移建立起来的。功能游移说是张伯江先生在讨论词类活用的功能解释时首先提出来的[③]，所谓词类功能游移是指某类词偏离它的典型功能，出现在其他语法位置，从而失去或获得某种语法功能和词义的现象。游移最可能导致的结果就是词类活用，如果暂时性、个别性的游移被更多的语用主体所认同并得以高频使用，则词的活用就转化为词的兼类。

由此可见，词类转变是一个动态的过程，它包括词类活用和兼类。词类活用是词类转变的开始，兼类则意味着转变的完成。一个词要实现兼类，一般需要经历以下由量变到质变的过程：临时活用→常见活用→兼类[④]。

---

① 科创工作室.2007年汉语新词语的特点分析[OL].www.kcpaper.net.

② 茹长淑.新词语研究[EB/OL].www.wenku.baidu.com.

③ 张伯江.词类活用的功能解释[J].中国语文，1994(5)：339.

④ 张伯江.词类活用的功能解释[J].中国语文，1994(5)：339.

下面我们就分阶段来讨论导致词类界限进一步模糊的新词中词类活用和兼类现象。朱德熙先生曾说：几乎所有的动词、形容词都能作主、宾语；如果说主、宾语位置上的动词和形容词都转化为名词，那就等于说汉语的动词和形容词几乎都能转化成名词；果真如此的话，当初把名、动、形分为三类，就变成没有意义的事了[①]。所以词类活用主要体现在体词谓词化，即名词活用为动词，名词活用为形容词，以及形容词活用为动词，而谓词体词化不属于词类活用的范畴，所以在此不予讨论。

1. 新词中的词类临时活用现象

词类临时活用是表达者在一定的语境中临时、一次性地改变词语的基本功能，在句中充当其他词类的用法。词类临时活用的一个突出的特点在于表达的陌生化，这种陌生化往往给认知主体带来一种新奇感。这种新奇感是现代人所醉心追求的，所以有意利用词类活用以达到言说新颖、趣味的效果就成为现代人的一种必然的选择。

(1)名词功能游移方向。

①名词→动词。

名词的主要功能是充当句子的主语或宾语，但它们一旦进入“状语＋名词＋时体/补语/宾语”句法槽[②]，就会产生名词趋向动词的功能游移，从而活用为动词。其具体结构包括：名词＋宾语；名词＋补语；状语＋名词；名词＋时体成分；名词的重叠等。

“光盘”本指以光信息为存储物的载体，用来存储数据的一种物品，是名词。在当前提倡节俭，反对浪费的“光盘行动”中，“光盘”有了新的身份，而且被赋予了新的意义，即就餐时吃光盘里的东西，吃不完的打包带走。此行动 2013 年 1 月 16 由中国国土资源报副社长@徐侠客发起，后得到大家的积极响应。

有一种节约叫光盘，有一种公益叫光盘，有一种习惯叫光盘！所谓光盘，就是吃光你盘子里的东西！吃饭时间到，让我们一起参与光盘行动吧！俺今天开会开到中午 1 点多，食堂没饭了，只有方便面。这是我今天中午“舌尖上的大餐”！希望成为“光盘行动志愿者”的同学请举手！（腾讯微博，2013－1－16）

从我做起，今天不剩饭。今天吃饭你“光盘”了吗？（宜家美户，2013－1－29）

前一例告诉我们“光盘”一词有了新解，后一个例句“光盘”进入了“名词＋时体成分”结构，就被活用为动词了。

她已经“大款”了。（王维洲，《作家及其自杀》）

你腮着我，我贼着你。（王蒙，《球星奇遇一记》）

“大款”受副词“已经”的修饰，“贼”加时体成分“着”后带了宾语。这都是名词

① 朱德熙. 语法答问[M]. 北京：商务印书馆，1985：101.

② 张勇. 现代汉语名、形、动词类活用情况考察[D]. 北京：首都师范大学，2009：28.

功能游移的典型表现。

学生频繁“过学死”呼吁终结应试教育。(新华网,2009-4-14)

“过学死”是指学生因为学习压力过大、劳累过度而导致的猝死或自杀,是名词。在上句中,“过学死”受频率副词“频繁”的修饰,具有了动词的功能。

网络上这一类临时活用的例子也很多。

②名→形容词、动词。

有的名词在活用过程向两个以上的方向游移,那它就成为几个词类的非典型成员,在不同的语言场合临时获得不同词类的语法功能。如:

“小资”一词指有较高学历、比较有钱、讲究品位、懂得时尚、引领潮流的人,名词。除了作名词之外,还可以作动词和形容词。

有车族、“小资们”都是听广播的生力军。(人民日报,2002-12-21)(名词)

现如今,不知道几米这个名字,绝对不够小资;把《你今天心情不好吗》,简单地当做关心的问候,而不知道是一本“摄影绘本”的书名,则会被“侧目”。(北京青年报,2002-12-26)(形容词)

除了有钱有闲,小资们一定还要有学问,这学问跟钱与闲一样,都不能太多,多了成为专家,便无暇小资,又不足以小资。(东南西北,2002年第1期)(动词)

(2)形容词功能游移方向。

在这里主要介绍形容词功能向动词游移的情况。

形容词和动词最明显的区别是不能带宾语,所以“形容词+宾语”就成为形容词临时活用为动词的结构槽,在这个结构槽中,其形容词动作义的突显使得它的功能向动词方向游移。其具体的结构为:形容词+名词;形容词+表数量的修饰语+名词;形容词+动态助词+名词;形容词+补语+(名词);形容词+名词+量词等。如“high”这个外来词在21世纪初被引入汉语,起初是形容词,表示人“兴奋”的状态或形容舞蹈、音乐、气氛和场面等的“精彩、热烈”。例如:

成都昨日气温只有3℃。可赵薇的粉丝们从早上7点就已经在某百货商场大门前苦苦守候偶像的到来,再冷再冻,只要看到赵薇,整个人都high了起来。不过商场周边的马路却被挤得水泄不通,连公交车也动不了。(重庆时报,2005-12-19)

她要用不到一个半月的时间打造全球华人网络春晚,而创作班底只有6个女孩和3个制片助理,他们的平均年龄都不超过25岁。也许是年轻气盛,凭借给吴宗宪做节目的经验,在圈里小有名气的他们,决心今年春节,要让网民们和他们一起high。(中国经营报,2006-2-5)

前一句的“high”形容人处于一种高度激动的精神状态,而后一句则当动词用,是“娱乐”的意思。

你们看,这块广告上的字能用繁体字的都给“繁”上了。(深圳晚报,2006-3-4)

“繁”一般作形容词讲，在上句中“繁”受到了副词的修饰，充当了动词的角色。

在网络用语中也有“烎你没商量”“烎你就像碾一只蚂蚁”的流行语。“烎”在新词中是形容词，在上句中，它后面带了宾语，显然是活用作了动词。“刚‘败’了一个‘小马克’的包包，很 Marc Jacobs!”这一句中的“败”本为形容词，在这里活用为动词，是“买到手”的意思。

2. 新词中的词类常见活用现象

如果说词类的临时活用是兼类词量变的开始，那么词类中的常见活用就成为量变的积聚阶段。这一时期，词类活用的频率增高，使用面也逐渐广泛，但因为它们在临时活用中所获得的意义和功能还未完全固定，还没有质变为兼类词，仍属于词类的活用阶段。

在新词中，许多词类的转变都处在这个阶段，即临时活用向兼类转变的过渡阶段。在这个阶段，因为词类活用的频率增加，此用法在人群中逐渐扩散，结果就会导致在临时活用的那个功能的基础上产生出新的意义。不过，这种新的意义还未得到专家的认同，还未进入权威的词典。

在这里介绍名词功能的经常性游移方向。

(1)名词→动词。

一直以阳光、健康、向上的形象而广受大家喜爱的李冰冰几乎少有绯闻缠身，这在当今的娱乐圈十分难得，与李冰冰相比，郑中基最近似乎十分的不顺，“醉酒闹事，酗酒打人”，一直负面新闻不断。(江南报，2001－12－17)

王力宏代言的是某矿泉水广告，明眸皓齿，笑得很阳光，他打街头深情款款地走过，其高帅的大众情人形象，令某绿衣少女禁不住心动驻足，然后爱情道具上场了——游着两尾金鱼的鱼缸，鱼在王力宏的牵引下飞出了鱼缸，接着画面定格在了绿衣少女的身上，王力宏感性地唱到“爱的就是你，不用再怀疑”。(青年时讯，2002－8－28)

“阳光”是 2001 年的新义词，指“事物、现象等公开、透明”，是名词。在上句中和形容词“健康”“向上”一起构成并列定语，修饰名词“形象”。在下一句中受副词“很”的修饰，形成典型的“程度副词＋名词”结构。

“蜗居”是比喻狭小的住所，是名词。源于 2009 年热播的电视连续剧《蜗居》。如：

如今，网上关于《蜗居》的争论不仅仅集中在影视娱乐方面，职场、家庭、爱情、房产、汽车，甚至笑话频道都随处可见“蜗居”的踪影，还迅速出现了话剧版《蜗居》。(太原晚报，2009－12－31)

此词在流行后很快被活用。如：

师生二人，均蜗居小城，战斗在教育第一线，把盏欢颜却此前未有。(中国教育报，2009－12－31)

而新上药在整合了上海医药和上实集团旗下医药资产后，恐怕以后很难仅在上海“蜗居”，日前也有上药系人士称，扩张将是新上药的未来战略。（证券日报，2009-12-31）

以上的“蜗居”或带宾语“小城”，或受状语“在上海”修饰，具有了动词的功能。

(2)形容词→动词。

《寻找前世之旅》，没有人兴趣，不贴了，想看的短我吧。（广州妈妈网，2008-3-5）

“短”本是形容词，但现在却出现这样的表达形式：短我吧。“短我”是“发短信给我”的简缩形式，减缩之后，“短”由形容词升格为及物动词，后可以带宾语，表达的是“发短信”这一新的义项。这种用法和“他还短我二斤面”中“短”表示“少”活用义不同。

经常在论坛里看到这样的对话：

“短我地址吧。”

“已经短你了。”

不仅可以“短我”，还可以“短你”，也有“短他”的用法，只是比较少见。这是“拇指一族”当下非常流行的说法。此说法起初仅为青少年所使用，后逐渐扩散到其他年龄段的人群[①]。例如：

一次收到潇给我一封短信：有事我短你。以为她打错了，问过，女孩说现在都这么说，短你的意思就是给你发短信。我用手机发短信形成习惯是最近半年左右的事，原来一直觉得在手机键盘上打字麻烦，听说某明星热恋时给对方一天“短你”一百三十多条时，我目瞪口呆，不知道这星星一天当中除了抱着手机之外有没有干别的。（京华时事，2005-3-22）

昨天，我刚回到办公室，正赶上开小结会，大家都把近期工作简单小结了一遍。刚轮到我说时，主任便插话。我以为他要表扬我这次办事得力，可他却严肃地批评我：“这几天，你短了我多少次，你说说。你还当着客户的面短我？你怎么能这样呢？短一次两次我不理你，你还不知趣，还要短我。不分时间不分场合，想短我就短我。”本来主任左一个短我右一个短我，要让人听着就别扭，大家想着憋着不敢笑。可主任有口音，短着短着就成“扁”了。（京华时事，2005-1-14）

从上面的前一个例子可以看出，女孩给年长者发短信，对方不懂“短你”的用法，但这种用法在年轻人中用得非常频繁。第二个例子则说明“短”作为动词的新用法已为其他年龄阶层的人所使用。与“短我”类似的用法还有“电话我”“e我”等。

小叶说：先聊到这儿吧，电话我～～

天上人间说：别忘了e我！（QQ聊天语言）

---

① 宗守云．新词语的立体透视[M]．广西：广西师范大学出版社，2007：258-259．

在以上用法中，名词直接带宾语。这一类用法通常有一些固定的格式，即名词动用的名词本身通常是“V＋N1＋给＋N2(PRON)”格式中动词的宾语，在网络中，一般用的是“N1＋N2(P)”这样的格式[①]。它们就是把“打电话给我”“发 E-mail 给我”的形式，减缩为“电话我”“e 我”的名词作述语的形式。

在网络中常有“××被黑了”这样的表达，本来没有动作性的形容词“黑”被赋予了动词的功能。

3. 新词中的兼类词

新词中的兼类词是新词中经常活用的词类完成了量的积累，发生了词类的质的转变。因为它走完了一个词从临时活用→经常活用→兼类的整个过程，这时的兼类词不仅典型意义和功能比较固定，其非典型的意义和功能也固定了下来，它的词性也得以丰富，“可以说兼类是活用的稳定化表现”[②]。

词类的常见活用和兼类都是词的多种意义和功能的经常性使用，二者的界限很模糊，似乎难以区分。词类的常见活用和兼类最大的区别在于兼类词是词类活用从量变到质变的既成结果，作为一种已凝固的状态在词典中被表现出来。我们在考察一个词的转变阶段时，可以参考权威词典的释义义项，如果在同一词名下分立了词性，它就可以作为兼类词来看待，因为一般活用的词在词典上是不另作义项解释的。这里需要强调的是，词类的活用我们主要讨论的是“名词”向“动词”“形容词”的游移，“形容词”向“动词”的游移，但兼类词就不仅包括以上三类，一旦权威词典在对“动词”“形容词”等释义义项中增加了“名词”或其他词性的用法，也属于跨类的兼词。

新词语中，因为词的灵活使用，兼类的词也为数不少。名词功能游移后造成的兼类词如下：

(1)名、动兼类词。

“写真”是一个“先出口后进口”的日语外来词。汉语中的本义是画人物的肖像，为动词，如杜甫诗《丹青引赠曹将军霸》：“将军善画盖有神，偶逢佳士亦写真。”进入日语以后变为名、动兼类词，分别作“摄影”和“照片”讲。汉语沿用了其兼类的用法。如街上有这样的商店招牌：台北写真、田园写真馆等。这里的“写真”取“摄影”之义，为动词。下面的例子取它的另一个含义“照片”，为名词。

《刚刚好》一书的封面加装磨砂塑料卡……并配有高质感黑白写真。(青年报，2001-11-4)

独家拍摄的 NBA 珍贵图片，绝对令你心动的球员的经典写真。(当代歌坛，2001 年第 25 期)

---

① 吕明臣，李伟大，曹佳，刘海洋．网络语言研究[M]．长春：吉林大学出版社，2008：150.

② 张勇．现代汉语名、形、动词类活用情况考察[D]．北京：首都师范大学，2009：8.

重新进入汉语以后，该词又增加了新的义项，即“如实描绘事物”或“纪实”，也是动词。

世界大忙人——安南写真。(读者，2001年12月B刊)

向三大病魔挑战——中医王建中写真。(劳动报，2001-12-17)

“写真”一词的后一种用法日益增多，正处于上升趋势[①]。

“秀”是来自台湾的新词，是英语“show”的音译。最初以“脱口秀”(talk show)的形式出现，后“××秀”成为能产性很强的构词格式。“秀”除了这种偏正式结构，还可以出现在支配式的结构中，用的最频繁的是“作秀”一词。在以上结构中，“秀”显而易见是名词。

傍晚时分，广场上常常举办时装表演、婚纱秀、新品展示……(新民晚报，1999-10-9)

电视征婚交友的节目越办越红火……各报刊对此褒贬不一，对嘉宾的表现却一致不看好。不少文章批评他们作“秀”，虚伪，翻脸不认人，甚至配对成功的嘉宾隔天后竟如同陌路。(中国青年报，1999-11-2)

“秀”还可以作动词，包含“表现、表演、展示”等义。

随着“戏”里的女人侃侃而谈，谈话内容开始从“女人式”的家长里短跳出，“秀”科索沃战争，“秀”吸毒对社会的危害，“秀”青少年犯罪。(新民晚报，1999-7-9)

(2)名、形兼类词。

“新潮”原指新涨的潮水或新的社会风气或思潮，是名词。宋代孔平仲的《和常父望吴亭》：“混混过新潮，峩峩起层浪。”指新涨的潮水。鲁迅的《热风·儿歌的“反动”》：“小孩子略受新潮，辄敢妄行诘难。”指新的社会风气。

现指新鲜的潮流、新的潮流趋势和时尚元素，为形容词。如：

学写小说，又是新潮得让人痛苦。(李国文《缘分》)

衣服穿得比较新潮。(池莉文集)

前一个“新潮”作谓语并且带了补语成分，后一个作补语并受副词“比较”修饰，都是当形容词来用的。

“港”，1997年香港回归以后，国函《国务院关于香港特别行政区简称及在全国行政区划中排列顺序的通知》明确规定香港特别行政区简称为“港”，是名词。但近年来“港”作为形容词的用法流行甚广，其含义指“具有香港地方特色”。如“他说话港味很浓”。这种多功能的用法已经被收入了《现代汉语词典》，成为名符其实的名、形兼类词。如：

什么全齐了，比香港人还“港”哪！(引自《吕叔湘文集》第五卷)

“八卦”本是我国古代一套由阴爻和阳爻构成的具有象征意义的符号，是名词，

① 何伟渔.热词：采摘语言的鲜果[M].上海：上海锦绣文章出版社，2009：118-119.

后来形容琐碎庸俗或人好管闲事、爱打听别人的隐私等，是形容词。

但最终“纸包不住火”，最近美国八卦杂志称两人已发展到同居关系，有人还见到维珍妮近日因为要宣传《海》片，到美国暂住，于是乎连住酒店钱都省下了，干脆住洛杉矶寓所。（江南时报，2000-2-16）

唾沫横飞中，大家都觉得好娱乐啊好八卦啊……（新快报，2005-8-27）

前一个“八卦”作名词“杂志”的定语，后一个受到副词“好”的修饰，并与其组成偏正词组共同作“觉得”的补语。这些用法都是形容词很突出的功能。

(3)形、动兼类词。

近年来，“给力”一词以强劲的势头活跃在媒体上，也走入了我们的日常交际。“给力”一词最早现身网络，是在2004年4月28日的百度贴吧里：

我就是喜欢这种特别给力，特别能释放的歌，符合我的性格，心情不好的时候听听可以释放一下，然后再去全力以赴去迎接那个阴天，把它变成晴天，去创造彩虹。

显然此处的“给力”是“精彩、刺激”的意思，为形容词。但此时这一词并没有引起大家的关注，直到2010年5月，在中国传媒大学学生为日本搞笑动画片——“日和”之《西游记：旅程的终点》做中文配音时，在历尽磨难到达天竺后，发现他们梦寐以求的地方只是书写了“天竺”二字的小旗子，在大失所望的悟空抱怨说“这就是天竺吗？不给力啊老湿”后，得到网民热捧，旋即风靡网络。“给力”为形容词，意思类似于“很好”“酷”“很带劲”“棒”等。如“本年度最给力演讲”。（柴静博客，2010-12-4）

“给力”还可以作动词，相当于形容词的使动用法。此用法始于2010年11月10日《人民日报》头版标题《江苏给力“文化强省”》，后媒体争相效仿。如：

CPI创25月新高食品给力74%（沈阳晚报，2010-11-12）

7万个亿了！财政应“给力”民生（燕赵都市报，2010-11-12）

高房价给力光棍节（东方早报，2010-11-12）

江苏公推公选给力“阳光权力”（南京晨报，2010-11-12）

兼类用法不仅出现在土生土长的新词语中，外来新词语也被我们多功能化了。

“OK”是真正的英语词汇，但在最近几十年，亦成为在我国流行甚盛的时尚用语。在英语中，“OK”常用作形容词或副词，表示“行”“好”“可以”之义。在汉语中，这一词的语用和语义的范围要比这更宽泛[①]。

汉语中的“OK”作形容词或副词时，意思为“同意”。如：

你体重OK吗？（香港一“营养节食中心”广告语）

汉语中的“OK”作动词用时，表“成功”之义。如：

我这单生意OK啦，所以今晚请大家去“白天鹅”吃buffet(自助餐)。（广州日

① 何伟渔.热词：采摘语言的鲜果[M].上海：上海锦绣文章出版社，2009：79-81.

报，1997－7－14）

汉语还借“OK”的音创造了一个十分流行的半中半西的音译词“卡拉OK”，该词源于日语，英语音译是Karaoke。在汉语语用中，“卡拉”可省，仅以“OK”代表全词的含义：在影音伴奏下歌唱，是动词。如：

自酒楼把三、四楼改作卡拉OK房后，由于房间隔音设施不好，“OK”声每晚从10时到翌日凌晨1、2时，令我们晚上不得安宁。（广州日报，1998－3－5）

在否定句中，“OK”还可以衍生出新的意义，如“满意”“妥当”“相同”等，其意义取决于具体的语境。如：

酒楼OK，住户不OK；人声、机声、邻居有骂声！（广州日报，1998－3－5）

前一“OK”指“卡拉OK”，是动词，后一“OK”受“不”修饰，表“不满”，是形容词。

此外，“OK”还可以用作感叹词、副词等，因为我们主要讨论三类实词，其他用法不在讨论之列。

为了更清楚地说新词语中的兼类问题，我们以侯敏、周荐主编的《2009汉语新词语》为例来介绍这一年新词的兼类情况。之所以选这本词典是因为该词典标有新词的词性，便于讨论。

在《2009汉语新词语》词典的573条新词语中，除过173条新语之外，名词320个，动词75个，形容词4个，这三类词分别占新词总数的80%、19%和1%，区别词1个，占0.25%。

在这一年的新词中，我们从两方面来统计兼类词。

首先，在词典中明确标出多义项的词有两个，一是“预创业”包括两个义项：①名词，一种新型人才教育培养模式。②动词，指大学生在预创业模式下进行创业活动。如：

学生可在企业中按照创业环节进行实践，积累经验、提升能力，尽可能规避缺乏经验带来的创业风险，因此可以称为“预创业”，是一种新型人才教育培养模式。（光明日报，2009－4－24）

福大设新楚大学生创业基金，提供资金、基地让大学生“预创业”。（福州晚报，2009－4－23）

前例中的“预创业”作宾语，为名词，后例中“预创业”充当的是兼语句中的第二个“动词”。所以“预创业”是名、动兼类的词。

在该词典中出现的另一个多义项词是“司马他”，它也包含两个义项：①形容词，精明；睿智。②名词，信奉司马他法则的“80后”职场人士，可见，“司马他”是形、名兼类词。如：

这一群人选择笔记本电脑也一定不会忘掉他们的“司马他”原则。只选最适合自己的，不选最贵的，这一定是他们的首要条件。（天极网，2009－8－24）

作为公司的员工，“司马他”们用小智慧化解办公室大小危机的做法，不仅让人际关系更润滑，也让本人对职场的投入收到更多的回报。（广州日报，2009－8－31）

前一例中“司马他”是形容词，作“原则”的定语，后一例中可以用“们”来限制，代表一类人，显然是名词。可见“司马他”是形、名兼类词。

其次，旧词新用的词，在《2009汉语新词语》词典中虽然是单义项的，但作为新词的词性和原来的词性不同。

旧词为名词，而在新词中为动词的。如“团”，原指工作或活动的集体组织，为名词。如，参观团、工作团、剧团等。现在的“团”指的“团购”(group purchase)，即团体购物，动词。如：

“今天你‘团’了吗？”这是北大未名BBS团购版里网友们打招呼的问候语，就像人们常说的“今天你吃饭了吗？”一样。（中国校媒网，2009－1－22）

青年最喜欢“团”哪些物品？调查发现，更新换代快、专业性较强的数码产品是大家的首选，49.9％的人选择此项。（中国青年报，2009－8－11）

“团”或是进入了“名＋时体”结构，或是带了宾语，都变成地道的动词了。

“宅”常用义是“住所、房子”，名词，现在则主要表示“长时间呆在家里不出门”。如：

爱活动的人老出去，有些人平时根本没有见过出来，在屋里猫着、宅着。（北京青年报，2009－5－4）

不管怎么说，出去走走，总比“宅”着好。（新民晚报，2009－10－15）

“卖场”原指比较大的出售商品的场所，名词。如“百货卖场”“专业卖场”等。新词“卖场”指监考老师收取钱财，为考场上的作弊者提供便利条件，为动词。如：

那些学习好又不愿意“卖”场的学生，如果不想被别人打扰，也可以交钱“买保护”，就不会受到打扰。（中国青年报，2009－6－10）

作弊手段和“卖场”明码标价，在当地已是公开的秘密。（海峡都市报，2009－6－11）

“秒”是时间的计算单位，为名词，如“秒表”“秒针”等。新词中是“秒杀”的意思，是动词。如：

一分钟后，从一个角落里传来一声大吼：“我秒到了。”几十个人迅速围上去，将他团团围住。据说，这名幸运的“秒友”秒杀到的是一款笔记本电脑。（中央电视台《第一时间 读报》，2009－10－7）

直到三台联想商用笔记本电脑已经被秒走，不少网民还不知情，仍然在不停地点击“刷新”。（今报网，2009－12－8）

有旧词是名词，在新词中是形容词的。如“烎”，本义是光明。现多用来形容一个人的斗志昂扬、热血沸腾，可以用来表示“霸气”“彪悍”“制霸”等诸多意。如：

在9月初的某游戏预选赛中，出现了一支自称“烎队”的比赛队伍，向一冠军团

队发起挑战。(中国青年报,2009-10-22)

"萌"本义是草木的芽,为名词,如《说文》中解释是"萌,草芽也",《韩非子·说林上》也有"圣人见微而知萌"的说法。"萌"原来除作名词外,还可以作动词,指草木发芽,所以可喻指开始、产生,《商君书·更法》中有"知者见于未萌",《三国演义》中有"今日反情已萌,可速诛之"等这样的表述。现在是美好可爱的意思,为形容词。如:

人造草兔子、松鼠和小鹿,毛茸茸的一团,好萌!(图e网,2009-12-4)

两个可爱超萌的会跳舞的计时器!时间是宝贵的,不要无谓地浪费!(万宇在线,2009-12-31)

旧词为动词,新词是名词的。如"牛饮",原主要指狂饮、好饮,为动词。郭沫若在《归去来·在轰炸中来去》:"真是愉快,假使是在十年前,听到这样的消息,一定又牛饮了一大瓶白兰地。"作为新词,"牛饮"是指印度人用牛尿制成的一种新型饮料,是名词。如:

印度重要文化团体"民族卫队"在位于印度"圣城"哈里瓦的总部,利用牛尿研制"牛饮"。研制者称,"牛饮"代表了一种健康饮品的趋势,这种饮料不仅比百事可乐和可口可乐更有益于健康,而且可以治疗疾病。(中国青年报,2009-3-30)

"丁忧"原指遇到父母、祖父母等直系尊长等丧事,即遭逢居丧,后多指官员居丧,为动词。如:

咸平元年,诏任三司、馆阁职事者丁忧,并令持服。(《宋史·礼志二八》)

现指丁克中想生孩子,又为此充满忧虑的人,是名词。如:

现在讲丁克,又叫丁忧一族,处于忧虑的状态、徘徊的状态,一方面又想要,一方面又想继续当初的选择,处于忧心忡忡的状态,是的自己的生活质量都受到很大的影响。(博闻天下,2009-2-14)

意志坚定的"铁丁"和迫不得已的"丁克ed"们,让我们的孩子能够享受到更多宝贵的资源;因为"丁克ing"以及忧心忡忡的"丁忧"们,我们的孩子避开了一个又一个的"baby boom(生育高峰)"。(北京青年报,2009-12-22)

一个单一词性的词要发展成为兼类词,要求活用的词性和用法要得以固定,而且要在权威词典中体现出来,这是需要假以时日的,这也就决定了在一年有限的时间中出现的兼类词数量不会太多。

总之,从词类的临时活用,经常活用,最后走向兼类,都体现了词在语用中意义的动态化,也是语言变异和发展的结果。

四、句式更加灵活多样

语言是一种社会现象,它会随着社会的发展变化而变化。在语言的诸因素中,词汇是最活跃的因素，是反映社会变化的晴雨表，社会的变化会及时地在词汇中得以体现。语音变化要慢一些，不过，近年来，在其他方言和外来语的影响下，语音的变化也不小。语法相比较而言是最为稳定的语言要素，是语言中最不易变化的部分，但不易变化并不意味着不会变化。20 世纪 90 年代以来，受多方面因素的影响，打破语法常规的语用现象非常普遍，这种现象已成为我们当下语用的一道风景。

(一)"有＋VP"结构的流行

在现代汉语中，作为实义动词的"有"表示"领有"和"存在"的含义，通常后接表示事物或人的名词或名词性短语，二者组成典型的动宾关系，如"她有一条漂亮的裙子""家里有人吗"等。"有"后一般不跟动词或动词性短语，不过现在比较时兴的一种表达形式却打破了这样的常规，"我有告诉他""我有去过医院""我有听说过这件事"等诸如此类的说法甚为流行。这种表达在现在的影视作品和一些综艺娱乐类节目中也频频出现。如：

你有照顾他们生活吗？(台湾电视连续剧《流星花园》)

我有说过这句话吗？(广西卫视电视剧《怀玉公主》)

北方有下雪的地区有……(北京电视台《看气象》,2006 年 1 月 8 日)

我每天都有喝旺仔牛奶。(中央电视台一套广告词,2002 年 7 月)

老人们有讲,此地海域有沉船。(中央电视台一套《今日说法》,2005 年 11 月 11 日)

(二)"程度副词＋名词"构式使用的普遍化

在现代社会，许多新词语中的名词都可以进入形容词句法槽"程度副词＋名词"，这种句法槽的特点是当名词临时占据该槽位时，其典型功能就会发生方向确定的规律性游移，从而产生"陌生化"的效果。邢福义先生把"很×"看做一个营造形容词的优化结构槽，偶尔进入此结构的名词往往具有了形容词的性质①。其实，这样的认识还可以再拓展一下，几乎所有的"程度副词＋名词"结构都具有这样的特点。程度副词和名词之间是修饰限制和被修饰限制的关系，其功能具有较强的描写性，突显了性状义，其句法功能相当于一个形容词短语。

原人在《农民》一文中对"农民"一词的解释就是一个典型的例子。

按词典的解释，"农民"是指长期参加农业生产的劳动者，这里的劳动者目前在中国还有八亿。农民在农村，但"农民"一词城里人却用的很多。最常见的用法有两种，一是名词活用作形容词，多出现在至晚父辈就已经进了城的年轻人之口，而且用得总是精炼简洁。中午食堂的菜有四块钱一份的红烧肚条和一块钱一份的清炒蚕豆，你买了后者，"农民!"你头发没梳整齐衬衣下摆有半拉子没有装进裤腰，

① 邢福义．很"淑女"之类说法的语言文化背景的思考[J]．语言研究，1997(2)：1－10.

“农民!”总之,形容词的“农民”似乎变成了一个筐,人的一切吝啬、狭隘、封闭、保守、自私、邋遢等等弱点都可以一古脑儿扔进去。(原人,《农民》)

从上面的例子可以看出,名词“农民”有了形容词的用法,表示具有某一类性质的人。

太泡沫了,像中国股市一样,一有动荡,就完蛋。(源于某网络论坛)

“泡沫”本指的是聚集在液体中的气泡,也用来比喻人事的空虚或幻想,是名词。在上句中受程度副词“太”的修饰而当形容词来用。

(1)这个人极猪头。

(2)只是颂词更新派一些。

(3)刚“败”了一个“小马克”的包包,很 Marc Jacobs!

(4)我倒不大喜欢 Marc Jacobs 的手袋,太纽约“范儿”,大马哥牌倒是很“妖”。

(5)王的理由是亚运会比赛太垃圾。(赵牧,《谁开除了王治郅》)

(6)唾沫横飞中,大家都觉得好娱乐啊好八卦啊……(新快报,2005-8-27)

以上的“泡沫”“猪头、“新派”“Marc Jacobs”“纽约‘范儿’”“垃圾”“娱乐”等名词在进入“程度副词+名词”构式之后都形容词化了。

这样的例子举不胜举。

(三)汉语普通话动词+“先”句式的出现

改革开放以来,中心语动词+修饰语状语“先”,即状语“先”后置这一新句式在汉语普通话中甚为流行,这一类句式有:

(1)你走先。

(2)给个理由先。

(3)坐下先。

这一新的语言形式也引起了语言学界的关注,他们对这种句式分别进行了侧重于句法[①]、语义[②]和语用[③]等方面的探讨。

五、多言多语的混用

语言是人类交际的工具,交际是通过语码来实现的,而语码包括人们用于交际

① 邓思颖.语域的句法分析——以粤语“先”为例[J].语言科学,2012(1):9-14.

② 郑定欧.粤语“先”分析[C]// 詹伯慧.第二届国际粤方言研讨会论文集[M].广州:暨南大学出版社,1990:189-192.

③ 蔡建华.广州话动词后的“先”[C]// 郑定欧.广州话研究与教学[J].广州:中山大学学报编辑部,1995:69-72.

的任何符号系统，它可以是一种语言，也可以是一种方言①。通常，我们在同一次交际中仅使用一种语码，但有时也会在同一次交际甚至是一句话中使用两种或两种以上的语码，这种现象，有学者称之为语码混用，有学者称之为语码转换。Bokamba作出了细致的区分，他把句间的转换称为语码转换，而把句内的转换称为语码混用②；以Heller为代表的大多数学者则认为语码转换既可以包括句间的转换，也可以包括句内的转换，二者都属于不同语码的混用，所以语码转换也就是语码混用③。笔者认为转换和混用还是有很大的区别的。在句间的语码转换中，转换以后的语码不仅表达的是一个相对完整的意思，而且与转换前的语码使用的是不同的语法；而句内混用的语码则基本上使用的是主体语言的语法。所以笔者还是赞成Bokamba的观点，对语码转换和语码混用应做出区分。见于在当前的语言表达中，更多出现的是在句内的语码混用，而且涉及的也不仅是两种语码，故下面着重讨论的是当下汉语使用中出现的多言多语混用现象。

20世纪90年代以来汉语多言多语混用现象比较复杂，概括起来主要有以下几种：

（一）两种语码的混用

两种语码的混用指在一种主要语码的基础上嵌入了另一种语言或方言的语码。

1. 汉语普通话与外语的混用

(1)汉语普通话混用外来语的词语。如：

大学生的课余生活：男生爱玩游戏女生组团去Shopping。（新华网，2013-08-22）

Forbes网站就提供了这样一种E-mail时间胶囊服务。只要填好下面的表单，选择延期发送的时间（最长20年），再点击“Send”就搞定了。（网易科技，2005-11-08）

男女相处最大的秘诀就是女人要男人觉得他们被崇拜，like，love都不够劲，appreciate，甚至adore都不行，一定要worship。（张楠，《好玩阅读》）

量贩式KTV场所消防安全评析及应急预案研究（建筑设计管理，2012年第8期）

刘越：韩国“料理”建业难消化（上海青年报，2013-04-25）

---

① Wardhaugh R. An Introduction to Sociolinguistics [M]. Third Edition Oxford Blackwell Publishers Ltd, 1998:86.

② Bokamba. E. G. Are there syntactic constrain on code-mixing? [J]. World Englishes, 1989.

③ Heller. M. Codeswitching: anthropological and sociolinguistic. Perspectives [M]. Berlin: Mouton de Gruyter, 1988.

近日，上海交通大学学子自创军旅歌曲《军训物语》视频，上传首日就得到网友好评，播放量就超过4.5万余次。（上海交通大学新闻网，2013-08-21）

前三句是汉语与英语词汇“shopping”“Forbes”“email”“send”“like”“love”“appreciate”和“worship”的混用，后三句是汉语同日语词语“量贩”“料理”和“物语”的混用。

口语中这种语码混用的例子也是不胜枚举：记得call我。/来，摆个pose。/对我来说这是小case。/你敢不敢跟我PK一下？/你先把那个文件down下来。/你的boss在他的office等你。/这件事就这样，OK？/今天晚上你能来参加我的生日Party吗？/Hello(Hi)，大家好！

(2)汉语普通话混用了其他语言的语法。

①“-ing”本身是英语中的时态后缀，加在动词之后，表示动作正在进行。现在在网络语言中，许多人也把这种英语后缀加在汉语词语之后，变成中文后缀，来表达正在进行的动作或状态，而且这一后缀比英语中的适用范围更广，不仅可以用于动词之后，还可以用在名词、形容词之后。如：

我不喜欢mini，太小了。而我的iPad4、iPhone4s、MACBOOK AIR都买齐了，正在快递ing中。（东北网，2013-09-06）

我们的同学，有多少人能对厨师致敬、的士师傅致敬、塔吊工人致敬，自我反思加反省ing。（深圳之窗，2012-08-07）

不过青春真好，狂野、活力、奔放，羡慕嫉妒恨ing……（网易，2013-06-24）

②把英语表示过去式的“-ed”形式移用在汉语动词之后，用来表达过去发生的动作或存在的状态。如：

吃饭ed，洗澡ed，总结ed and to睡觉。（毕秋波，汉英语码混用现象研究，2011）

③汉语中混用的英语是在语法方面中国化了的英语。如“IN”在英语中是介词，不能作动词来用，但汉语中的“IN”不仅可以当动词用，而且汉语还赋予它独特的文化内涵，正如《韩流袭击新人类》一文所说：在英语世界，IN是一个无固定含义又了无情趣的依附于其他词汇的介词，但是与汉语的激情碰撞使再普通不过的IN却独立潮流的尖端，被赋予了“前卫、挑战传统、与一切时尚同步”的新的文化内核①。

从事最IN的职业，你得做几手准备。（羊城晚报，2000-03-30）

有的女孩喜欢不扎皮带，露一小段腰但一定要纤细，这样才能in得恰到好处。（《TODAY》（吉林）“时尚踢踏”栏目，2001年第4期）

秋“衣”盎然，最IN女装外套精彩推荐。（武义新闻网，2013-10-06）

① 蒋悦飞．时髦的“IN”[J]．咬文嚼字，2001(11)：18-20.

“out”和“in”一样，在汉语中发生了用法和内涵的变异。可以作动词，表示过时，不流行的含义。如：

现在两个人至out，一个人才最in。（朱德庸）

提到大学生的假日兼职，你会想到什么？发传单、做家教，还是端盘子？有这些，那你就真的out了。（金陵晚报，2013-10-06）

（3）汉语和英语混合比较紧密的应该是中式英语（chinglish）：带有中文语音、词汇、语法特色的英语。它是我们中国人在学习英语时，因为受到汉语思维方式或是受到汉语文化的影响而拼造出的英语，这种英语不符合英语的表达习惯，是比较有中国特色的混合语言。如：

We two who and who！（咱俩谁跟谁啊！）

One car come，one car go，two cars peng peng，the people die.（一辆车来，一辆车去，两车碰碰人死了。）

Hello everybody！If you have something to say，then say！If you have nothing to say，go home！！（有事起奏，无事退朝！！）

Ask what ask！See what see！Laugh what laugh！（问什么问！看什么看！笑什么笑！）

对于这种明显带有汉语特色的英语，“全球语言监测机构”（GLM，总部位于美国德克萨斯州）热情洋溢地给予了高度评价：中文具有令人惊讶的复杂性和丰富性，其产生新词和接受外来新词的能力非常强，而中式英语是一种“可喜的混合体”。

2.汉语普通话和汉语其他方言的混用

（1）汉语普通话中嵌入了方言词汇。如：

兄弟，别和我抢伤心代言人，其实，我是个比你衰的衰人。（新浪博客，2008-09-02）

气！！为什么我们要为学校的错误买单？（大河报吧，2009-02-28）

我认为看不明白的喜剧叫无厘头。（王晶语）

魏晨多次穿A货，魏晨这下糗大了。（某报纸）

婚后令男人抓狂的原因有多种，12星座会因啥原因而常常抓狂呢？（瑞丽网，2013-04-27）

深度报道“哈韩”一族新动向。（百度文库，2011-07-03）

中国房地产是大腕明星的娱乐秀场。（百度文库，2012-04-30）

报纸玩猫腻读者心添堵。（陈家兴，新闻导刊，2000年第1期）

记者了解到，尽管距离除夕还有十天的时间，市区部分商店已经提前打烊。（齐鲁晚报，2013-01-31）

过节不闹猛点，平平常常的，形成不了焦点、热点、兴趣点，不是一点喜庆的气

氛都没了？（杭州日报，2010－03－02）

以上例句中的"衰""买单""无厘头"是来自粤语的词汇；"糗""抓狂"和"哈"则来自台语；"大腕""猫腻"是北京话词汇；"打烊""闹猛"是吴语词汇。

(2)汉语普通话移植了方言语法。如：

①你走先。

②给个理由先。

③你有吃饭没？

这些句式都是汉语普通话从粤语中借用的很特殊的语言表达形式，作为一种很时髦的用法，在年轻人中流行甚广。

（二）多种语码的混用

随着社会的开放，语言接触也日益频繁，接触的结果是语言的相互影响甚至融合。在多语接触时，主体语言中也可能混用多种语码抑或是在表达上打上其他语言的烙印。

香港是一个多语并存的社会，人们经常会在一句话中夹杂两种甚至是三种语码，如：

因为啲 light rays 系 parallel to 个 principal axis，所以会 focus 喺个 focal plane 道。（因为光线平行于光轴，所以会聚焦于焦平面上。）

上句中就是把汉语普通话、粤方言和英语融合在一起来传达思想观点的。

汉语和外语混用的最高境界就是中西合璧，汉语和外语达到了你中有我、我中有你的合二为一的程度。如"ungelivable"是中英文混合而成的合体词，它从形式上看是英语词汇，但却融合了汉语和英语的构词法则，居中的"geili（给力）"属于汉语拼音，而"able""un"分别代表英语词法中的形容词后缀和否定前缀，恰如其分地表达出"给力"是个形容词，其反义词是"不给力"。但"不给力"这一词不仅仅是中英合璧，其实它还包含了方言的成分。据说，"给力"一词或源自东北方言，或源自闽南方言，含有"很精彩、很棒"之意，现多用于形容事物"使人振奋""够劲""感到力量"等，所以"ungelivable"一词是多种语码混合的产物。因为"这单词实在太gelivable了"，所以有美国网友"中为洋用"，以此书写春联一副，上联：Eat Well Sleep Well Have Fun Day by Day（吃得不错，睡得不错，天天都开心），下联：Study Hard Work Hard Make Money More and More（努力学习，努力工作，钱越挣越多），横批则是"Gelivable"，网友纷赞洋春联有创意。

许多学外语的中国人，在说外语时，往往脱离不了自己方言的口音和普通话的思维习惯，这使得他们的外语表达就会混用多种语码。例如，2013年3月下旬，一位男记者采访赞比亚官员的视频在网上走红，获得了数万网友的关注和转发，网友称该记者英语"发音夹杂方言腔调，语法存在中文思维痕迹"，他的英语问句"how do you see…"带有浓重的方言口音和明显的汉语思维习惯，从而成为了网友吐槽的雷点①。

六、语言新变式的使用人群出现了明显的社会分化

20世纪90年代以来，我国社会变化速度加快，语言新变式也纷至沓来。许多新变式走出网络，现身报端，继而出现在人们的日常口语中。不过，虽然这些新形式频频出现在我们的笔端和口中，但它们并不是以同样的频率被各个阶层、不同年龄段和不同性别的人群所使用的。新形式的使用人群出现了很明显的社会分化。这种社会分化突出地体现在使用人群的年龄、性别、知识层次以及身份来源方面。人们在年龄、性别、知识层次以及身份来源等方面的社会因素的不同，决定了他们对语言新形式的使用状况不同。

因为许多语言新变式来源于网络，所以我们就通过网络语言的使用状况来观察使用人群的差异。根据中国互联网络信息中心（CNNIC）2013年1月15日公布的《第36次中国互联网发展状况统计报告》公布的数据，至2015年6月底，我国互联网的普及率已达48.8%。随着互联网的普及，我国网民的数量急剧上升，其数量已高达6.68亿。新颖、别致的网络语言是网民们主要的交流方式，在网络上流行甚盛。始于1997年的中国互联网络信息中心发布统计报告，见证了中国互联网从起步到腾飞的全部过程。根据1997年10月31日《第1次互联网发展状况报告》统计，我国网络用户是62万人。1997年通过1802份的问卷调查发现：男性用户占87.7%，女性占12.3%，其中年龄在21—35岁的网民占78.5%。这说明男青年是网络的主要使用人群②。在《第36次互联网发展状况报告》中，男女网民比例是55.1∶44.9，显然，女性网民在急剧增加。网民的年龄结构体现在：10—39岁的年龄段为主要群体，比例高达78.4%。其中，20—29岁年龄段网民的比例为31.4%。2015年的报告显示，20—29岁年龄段的网民在整体网民中占比最大，而且互联网继续向低龄群体渗透。从学历来说，小学以下占12.4%，中学生占24.6%，大专以上学历的人群占21.6%。从网民职业来看，学生的互联网普及率所占比重最高，是23.8%，其次是个体户/自由职业者，占22.3%。通过数据对比可以看出，我国互联网从起步到它的飞速发展，其主要使用人群都是有一定文化的中青年。

网民主要是以网络语言作为交流的方式，那么是不是所有的网民都熟悉和使用网络语言呢？据2009年所做的一项问卷调查，经常使用网络语言的人数占到调查人数的31.3%，有时使用者占50%，很少使用的占15.6%，从不使用者占3.1%。这些数字说明大多数网民对网络语言都不是太陌生。不过，网民对网络语言的使

---

① 陶叶."中式英语"视频走红：中国英语教学的败笔还是突围？[EB/OL].华龙网，2013-03-28.

② 《第36次中国互联网发展状况统计报告》[EB/OL].新华网，www.xinhuanet.com.

用率存在明显的层次性。首先，真正熟悉网络语言的人所占的比重非常小，在问卷中，能够对所列出的网络语言符号进行准确认读的人，仅仅占到 0.24%。大家熟悉和运用的仅仅是少量的、常见的网语，而大量的网络语言还是未全面流行的、不够固定的“小众化”的语言形式，大多数人对它们的认读还是很困难的。其次，真正熟悉和经常使用网络语言的网民主要是青少年。青少年对新鲜事物有着非常浓厚的兴趣，喜欢标新立异，他们把对新词语的使用看作是他们身份认同的一种方式，认为“对这些新生事物不了解，会被同学们笑话落伍”①。在青少年中，男性使用网络语言的机会要比女性多。再次，虽然有的网络语言已进入我们的日常生活，但它使用的局限性也还是非常强的。比如在朋友聚会时使用网络语言的占 50%，家庭场合使用的占 23%，休闲场合使用的占 22.6%，而在正式的工作场合使用的仅占 1.3%②。

另一项调查也可以看出新语言形式在使用上的人群分化。2009 年，广东海洋大学的施仁娟对“大学生了解和运用新词语”的情况进行了调查，结果发现，大学生和一般人使用新词语的类别有所不同。通常，新词语使用最广泛的社会生活类的，据学者研究，在其统计的 38298 个新词语中，应用在生活领域的就有 13238 个，要占到总数的 34.6%③。就大学生而言，他们最熟悉的是和他们的生活息息相关的文化教育类的新词语，占所调查新词语的 90.6%，其次是政治类的，占 87.5%，而社会生活类的占 79.2%，仅排在第三位。不过他们熟悉新词语的类别和经常使用新词语的类别是有出入的。经常使用政治类新词语的学生是最多的，占 64.6%。其他类的相对较少，所占比例在三分之一左右或以下。另一方面，在使用新词语上，大学生也存在性别差异，男生的平均分是 146.3，女生的平均分是 114.1。这说明男生运用新词语的程度比女生高、接受新鲜事物比女生快。和新词语运用有关的，还有一个社会因素，即学生的生源地。城镇来源的学生使用新词语的几率高于农村生源的学生，其平均分分别为 158.4 和 112.2。这可能和城镇学生接触新事物的机会多有关系④。通过以上的调查数据可以看出，新词语使用的人群分化主要体现在：有文化的青少年和一部分中年人；男性多于女性；城市的使用者多于农村使用者。

---

① 教育部发布网络新词．专家：考试作文别赶时髦[EB/OL]．硚口信息网，2012-11-19.

② “中国语言生活状况报告”课题组．2009 年中国语言生活状况报告[M]．北京：商务印书馆，2009：9.

③ 李燕．新词语的研究及其在对外汉语教学中的应用[C]// 第二届全国学生计算语言学研讨会论文集．2004：34-36.

④ 施仁娟．大学生了解和运用新词语情况的调查[J]．肇庆学院学报，2009(11)：42-44.

第二节 20世纪90年代以来汉语变异的特点和语言学实质

20世纪90年代以来的汉语语用呈现出这个时代独有的特色，每一种特色背后都隐含着各自不同的语言学实质。

一、汉语语用的模化现象普遍的特点与语言的格式框填

近年来，我们在语言运用上出现了一种非常突出的现象，即语言的格式化表达现象。这种新的语言现象已引起很多人的关注，但怎么称呼这种语言现象，大家的意见存在分歧。汉语属于非形态语言，是很少通过词缀来产生新词语的，但20世纪90年代以来却出现了很多类似词缀的语言单位，如"～族""～奴""软～""后～"等。吕叔湘先生在朱德熙先生词缀的基础上提出了"类语缀"的概念，他认为像"次～""非～""～家""～气"等"作为前缀和后缀还差点儿，还得加个'类'字，是因为它们在语义上还没有完全虚化，有时候还以词根的面貌出现"，他之所以称其为类语缀而不是类词缀，是因为附着的对象不仅包括词、词根、助词，还包括短语，他认为这是汉语语缀的特点[①]。有学者称之为"准词缀"[②]，有的称之为"词缀化倾向"[③]，而李宇明先生则首次以"词语模"来命名产生新词语的此类格式。词语模是对形成词语簇的基式的抽象概括，基式包括模标和模槽两部分，模标是现成的框架背景，是词语簇中包含的共同的词或语素，模槽是该框架留出的空位，该空位可以填入一系列具有相似深层语义特征的语素或词，这种框架能批量生产新词语，形成词语簇[④]。在当代社会，李宇明先生提出"词语模"这样一个概念是非常有用的，因为当代人的言语表达中的模化现象非常普遍。不过，他界定的"词语模"只是针对创造新词语而言的，他认为"词语模是具有新造词语功能的各式各样的框架"，显然这并不囊括造句中出现的模化现象。受李宇明先生这一概念的影响，后来的学者在讨论当下语言模化现象的框架和空位时，也只是涉及通过模化形式新造的词语，并没有言及通过同样方式产生的句子。我们知道，在当代汉语中能够通过模标和模槽造出的不仅是大量的新的词、短语，还包括小句、句子和句群，所以为了能更全面地讨论当代语用中的语言模化现象，我们结合吕叔湘先生的观点，把李宇明先生

① 吕叔湘．汉语语法分析问题[M]．北京：商务印书馆，1979：48.
② 任学良．汉语造词法[M]．北京：中国社会科学出版社，1981：23.
③ 沈孟璎．汉语新的词缀化倾向[J]．南京师范大学学报，1986(4)：95－101.
④ 李宇明．词语模[C]//邢福义．汉语法特点面面观[M]．北京：北京语言文化大学出版社，1999：146－157.

的“词语模”扩展为“语模”以涵盖更多不同层级的同类语言现象。“语模”这一概念最早是周荐提出用以指称专门创造熟语的架构的[①]，我们讨论的“语模”概念比这要宽泛得多，它包括通过模化形式所构造的各种语言单位。根据构造对象的不同，我们把语模分为“词语模”和“句模”。

(一)汉语语用中不同层级语言单位中的模化现象

在当代出现的“语模”现象中，模标和模槽的填充成分都具有不匀质性，它们的容量都很大，模标部分出现的语言成分和模槽部分可以填充的语言成分都可以是语素、词、短语、句子等。“模”的这种易于造语的格式和大家对“模”形式的热衷使用，使得“模化”表达成为当代语言表达的一个鲜明的特点。因为模标与可以框填的语言成分最终可以组合成词语模和句模这两种语言单位，所以我们分别从这两种语言单位来讨论：

1. 词语模

词语模指的是通过模化的形式创造新词语的框架。词语模中充当模标的语言成分是语素或者词，这些语素或词包括以下几种：

(1)典型词缀。

20 世纪 90 年代以来并未产生真正的新词缀，故能通过“语模”衍生新词的只是部分典型词缀。典型词缀是指在改革开放以前，汉语里很地道的旧词缀。我们这里研究的不是所有的旧词缀，而是那些在改革开放以前，从未与某些语素或词组合的旧词缀。在当下，某些语素或词新附着于部分旧词缀，二者组合构成的词语给人以陌生化的感觉，这些新组合的词语也被纳入新词语的范畴。但是，只有个别旧词缀能进入这样的模标，并形成新词语。如“老记”(指记者)、“亲们”、“女汉子”中的“老～”“～们”“～子”等词缀。因为词缀的“新生类推潜能”[②]比较弱，故由它们参与构成新词的几率是少之又少的。

(2)类词缀。

词缀是指那些语音弱化、意义虚化而位置固定的语素或词。20 世纪 90 年代以来出现的能产性非常强的、具有词缀功能的语素或词，它们还不能完全称得上是词缀，只是类词缀。“类词缀是指位置基本固定，意义发生一定程度的虚化，具有很强新生类推潜能的处于过渡阶段的词缀。”[③]类词缀虽然还不完全符合词缀的标准，但它又具有和词缀相似的特质，比如位置的固定，意义的虚化，只是固定和虚化的程度上会有差别。不过，即使词缀与类词缀相似度再高，“类”则意味着二者同中有异。它们的差别体现在，类词缀具有构成新词的新生类推潜能，而词缀这方面的

---

① 周荐.“语模”造语浅说[J].语文研究，2008(1)：5.

② 王洪君，富丽.试论现代汉语的类词缀[J].语言科学，2005(5)：3－17.

③ 曹春静.当代汉语词语模研究[D].上海：上海师范大学，2007：8.

能力已大大弱化。正是由于类词缀具有强大的新生类推潜能，故由类词缀衍推出的模化的新词语就数量很可观。如：

零～

零距离、零伤亡、零记录、零关税、零门槛、零误差、零负荷、零报告

～控

微博控、电视控、手机控、宅控、甜食控、明星控、PH控、美食控、美女控、K歌控

～吧

话吧、网吧、乳聊吧、酒吧、冰吧、咖啡吧、淘吧、氧吧、休闲吧、写吧、租房吧、电影吧

～客

威客、博客、黑客、晒客、拍客、播客、秀客、闪客、骇客、摩客、贝贝客

由上列例子可以看出：当下，汉语的构词方式发生了很大的变化。汉语一直以来是以双音节复合构词为主，而现在三音节的词根和词缀组合的构词方式获得空前发展。

我们现在的许多新词语是通过类词缀（旧有的类词缀和新兴的类词缀）和词根组合的方式获得的。

旧有的类词缀：～汉、～性、～式、～家、～手、～者、～员、～化、亚～、准～、多～、前～

新兴的类词缀：～热、～户、～奴、～族、～姐、～爷、～盲、～迷、～坛、～的、～霸、～风、～客、～虫、～村、软～、后～、硬～、泛～、小～、高～

由词根向词缀演变的过程是一个语法化的过程，这个过程是个连续统。类词缀是处在这个过程的中间环节，是一个过渡阶段。正因为如此，类词缀的意义还未完全虚化，而是在部分实在意义脱落的同时，又增加了上位类化的抽象意义①。例如类词缀“～嫂”的模式化用法有月嫂、海嫂、空嫂、乘嫂、的嫂等，但亲属称谓词“嫂”本义为“兄妻也”（《说文》），后来泛化为指称年龄长于自己的同辈已婚女性，20世纪90年代以来进一步泛化和虚化，在模化格式中的“～嫂”指称“年龄不太大的从事某种行业的已婚女性”。可以看出，该词原来表示区别性特征的“兄妻”“年龄长于自己”“同辈”之类的语义已脱落，在保留了简单的“从事某种行业的年轻已婚女性”这一类化性特征的基础上，增加了表示“忍辱负重、善解人意、吃苦耐劳、成熟明达等含义，含有尊重的意味”②。

(3)向类词缀方向发展的实义语素或词。

① 李蓓.现代汉语类词缀研究[D].大连：辽宁师范大学，2004：12.

② 宋培杰.浅析“亲属称谓词”的类词缀化及构成新词的特点[J].语言科学，2002(S1)：119－122.

在词语模格式中，还有一类比较特殊的词，它们特殊在充当模标的是语法化程度较低、语义比较实在的词。和词缀、类词缀构成的语义虚化的模标相比，这一类模标的词汇意义基本上没有脱落，只是发生了泛化。这些词意义泛化之后，其使用范围也随之扩大。不过，虽然这一类模标的词汇意义几乎没有虚化，模标义和原来的词根义中的某些义项的关系比较密切，但模标义却很难从词根所具有的义项中找到完全对等的解释。因为此类格式中的模标义是从同一词簇中概括出的类义，模标的词汇意义泛化了，其含义更加抽象，使用的自由度更大，适用的范围更广。这是一个模标的词汇意义半潜化，而泛指义凸显的过程，也是部分由实义语素或词构成的模标向类词缀方向发展的过程。在当下的汉语中，有些双音节的模标就具有这样的特点。比如“绿色”，原来的意义是“一种比刚长的嫩草的颜色深些的颜色或呈艳绿，或在光谱中介于蓝与黄之间的那种颜色”。因为在许多国家，绿色象征安全、新鲜，旺盛的生命力，是一种吉祥色，出于对“绿色”的渴望，为了迎赶“绿色”风潮，人们创造出了一系列“绿色～”的流行语，如“绿色贸易、绿色产业、绿色消费、绿色文学、绿色软件、绿色设计、绿色广告”等，这些词语涉及生活的很多方面，“绿色”的原义是无法一一涵盖的。“绿色计划”是为了提示及预测因全球变暖问题而进行观测的研究计划；“绿色产业”指生产环保设备的产业；“绿色文学”用来指称以自然界中的动植物为题材，以灌注生命意识为宏旨的文学；“绿色大学”则是指将可持续发展和环境保护思想融入学校教育全过程的大学。可以看出“绿色”的意义非常宽泛，其中萌生出了很多新的义素。当然其语义也不是漫无目的地进行泛化的，而是以“绿色”的基本义为基点展开的。经过泛化以后的模标的语义往往是开放的，它不仅把模标中的语素或者词指派给现成的指称对象，而且允许语用者创造性地把尽可能多的对象纳入它的指称范围之内。因为模标对自身语义的一定程度的偏离，它才能容纳更多指称对象[①]。这样的例子也为数不少，如“～扶贫”“～意识”“～工程”“～现象”“～效应”“黄金～”“傻瓜～”“～超市”“蓝色～”“～套餐”“～问题”“非常～”等。

由以上三类模标与词根构成的对象不仅仅是词，还有短语。

由词缀和词根构成的短语，如：自拍控们、女汉子们。

由类词缀和词根构成的短语，如：零拥有量、零储蓄族、保健食品热、调研热、低能耗、千篇一律式、心里定势效应、WTO效应、中国博客门、非致命武器、泛伊斯兰联盟、准明星妈妈、竞选资金门、不就业族、文字游戏式。

由实义词语构成的模标和其他词根结合构成的短语，如：菜篮子工程、绿色环保食品。

通过词语模的形式创造的短语代表了短语中一个特殊的类别。对于这一类短

---

① 周国祥.流行语“绿色X”词族探微[J].语文建设，2003(8)：40－41.

语和由双音节模标构成的词到底应该称为短语还是呼之为词，大家是有争议的，因为它们既具有短语的一些特性，又具有词的部分特点。比如“傻瓜电影”“傻瓜相机”“傻瓜探戈”“傻瓜国际音标”等词语，从形式上看，“傻瓜”以及它后面的“相机”“探戈”“国际音标”都是可以独立运用的语素，它们是词，词与词的组合应该构成的是短语。但是“傻瓜”一词在模化组合中衍生的“易于操作的、易于理解的”新义却与该词在独立使用时的含义“傻子”不同，它的新的意义也只有在同类的组合中才能体现出来，即“傻瓜电影”这类的组合形式总是作为一个整体使用，具有整体意义，这又是词的功能。吕叔湘先生把这种既像词又像短语的语言单位称为语法词①，之后更多的学者采用“短语词”这一名称，如吕文华②、李思旭③等。无论是称为“语法词”还是“短语词”，它的落脚点都在于把它们当作词来看待，我们认为这是比较合理的。首先，模标无论是词缀、类词缀还是向类词缀方向发展的实义语素或词，它们都脱离了语素或词的本来意义，语义虚化或在某种程度上虚化了，都具有了粘着语素的性质，这导致模标和模槽的组合结构中出现了非自由语素，二者结合自然创造出的就是词。“自由式”“扩散式”“哈姆雷特式”“填鸭式”“学院式”是词，多音节的“西方英雄救中国美人式”“自由散打式”“田园牧歌式”等因为有不自由语素“式”的后附也已经词化。其次，通过词语模形式创造的词语语义在泛化的同时都产生了新的抽象的意义，这种意义又是在模化的组合中才体现出来的，所以刁晏斌先生把这类双音节的模标称为“语素词”④。也就是说，它们在形式上看是词，但实质上是构词的语素，如“黄金”“广场”“信息”“蓝色”等词在“黄金时段”“购物广场”“信息高速公路”“蓝色生死恋”等语言单位中，它们通过组合产生的新的意义都是在特定的组合中实现的，这种对组合强烈的依赖感，使得它们在这些组合中的身份出现降格，即由词降级为语素。当代词语模中出现的这种现象被称为短语词化现象。对短语词的认可，从某种程度上，也反映了人们在语言研究方面由二元向多元、刚性向柔性的转变⑤。短语词数目的增加，一方面，再一次证明了如下语言事实的存在：一种语言单位的性质不再是非此即彼的，语言单位之间的界限也不会那么分明，在相邻的语言单位之间往往存在中间状态。另一方面，也再一次佐证了吕叔湘先生论断的正确性：“由于汉语缺少发达的形态，许多语法现象是渐变而不是顿变，在语法分析上就容易遇到各种‘中间状态’。词和非词（比词小，比词大的）的界限，词的界限，各种句子成分的界限，划分起来难于处处‘一刀切’，这是客观事

① 吕叔湘．汉语语法分析[M]．北京：商务印书馆，1979：21.

② 吕文华．短语词的划分在对外汉语教学中的意义[J]．语言教学与研究，1999(3)：130－135.

③ 李思旭．试论词、短语、短语词三者之关系[J]．理论语言学研究，2010(4)：59－68.

④ 刁晏斌．试论当代汉语“语素词”[J]．语言及其应用研究，2011(6)：40－47.

⑤ 刁晏斌．当代的语言和语言研究[J]．商丘师范学院学报，2009(1)：120－121.

实，无法排除，也不必掩盖。”①

2. 句模

句模指的是通过模化的形式创造新句子的框架。句模中模槽空位能够填充的语言成分远比词语模复杂，句模模槽中充填的可以是词、短语或小句。根据句模所生成的句子的类型，把句模划分为单句模、复句模和句群模②。

（1）单句模：通过模化形式生成单句的框架。这一类句模框填的往往是词语，而且所填词语的形式是非常多样化的：可以为同词性的，也可以为不同词性的，还可以是不同层级的语言单位。如：

①谁动了我的×

谁动了我的奶酪

谁动了我的联赛

谁动了我的蛋糕

②将×进行到底

将爱情进行到底

将偷菜进行到底

将婚姻进行到底

将考研进行到底

在“谁动了我的×”这一句模中充填的“奶酪”“联赛”“蛋糕”都是名词。而在“将×进行到底”这一句模中充填的既有名词性的，也有谓词性的，“爱情”“婚姻”为名词，而“偷菜”“考研”则为谓词性短语。

在“都是×惹的祸”格式中，框填的词语的形式更加灵活。如：都是月亮惹的祸；都是温柔惹的祸；都是创新惹的祸；都是招亲惹的祸；都是改革开放惹的祸。

在以上句模模槽中出现的有名词“月亮”、动词“创新”、动词短语“招亲”和联合短语“改革开放”。

在同一句模结构中，可以对不同位置、不同数量的变项进行提取，从而形成不同空位的框架。因为单句本身长度有限，可以提取的变项有限，所以就一个单句模而言，以模槽中出现一个空位为常。这样的格式还有：

让××飞。/我的××我做主。/问君能有几多×？/×你没商量。/不要太×噢！/过把瘾就×。/中国可以对×说不。/今天，你×了吗？

（2）复句模：指通过模化形式创造复句的语模。它包括分句式模槽和复句式模槽。分句式模槽是空位只出现在复句的一个分句中。如“我×故我在”的空位出现在前一分句中，“有朋自远方来，不亦×乎”的空位出现在后一分句中。复句式模槽是指在同一个复句中，不止一个分句出现空位。如在“X 来了，Y 还会远吗”“其实 X 本没有 Y，Z 的人多了，也便成了 Y”以上两个复句中，每个分句都出现了空位。

在复句模中，空位上出现的不止是词和短语，还包括句子。如：

××很生气，后果很严重。→领导很生气，后果很严重。

① 吕叔湘. 汉语语法分析[M]. 北京：商务印书馆，1979：10.

② 邓雯. 现代汉语流行语句模模因探析[D]. 武汉：华中师范大学，2011：7.

每一个成功地X背后，总有一个默默的Y的Z。→每一个成功的奥特曼背后，总有一群默默挨打的小怪兽。

XY，我再也不相信爱情了！（XY代表模槽是整个句子）→一到夏天多省电荒，我再也不相信爱情了！楼下饭馆倒闭了，我再也不相信爱情了！

前一句空位上填充的“领导”为名词，后一句“奥特曼”为名词，“挨打”是动词，“小怪兽”则是短语，最后一句的空位上出现的是完整的句子。

一般情况下，和单句相比，同一复句模中，变项的提取比较灵活，从而造就了多样的空位框架。如“哥吃的不是面，是寂寞”这句流行语中，构成的框架有：

哥X的不是Y，是寂寞。→哥唱的不是歌，是寂寞。

XY的不是Z，是寂寞。→我呼吸的不是空气，是寂寞。

在网民的大力模仿之下，刮起强劲的“寂寞风”，寂寞句式因此突破了原有的模标的局限，从分句式模槽向复句式模槽转化，从而形成了新的可以框填的架构：

X的是Y，Z的是寂寞。

哥抽的是烟，吐出的是寂寞。

醉的是人，不醉的是寂寞。

复句模格式还有：

大家×才是真的×。/我不在×，就在去×的路上。/X，你妈喊你回家Y。/我很X，但我很Y。/不要迷恋X，X只是个Y。/我是×，我怕谁。/关我鸟事，我是来×的。

(3)句群模：是通过模化形式生成句群的语模。句群模一般是由两个以上的单句模或复句模衔接而成。现在流行的各种体基本上都属于句群模。这些体大都是通过与仿拟类似的形式产生和流行起来的。“仿拟是一种‘仿’照某现成的语言形式‘拟’创出一个临时性的新说法的修辞方法。”[①]仿拟是通过删去所仿形式中与目标言语不相吻合的因素，留下所仿形式中对目标言语有用的因素，增添目标言语所需因素的一种造语方式[②]。我们前面用“类似”这一概念的原因在于：句群模产生的过程与仿拟格是一样的，只不过用句群模造出的不见得都是临时性的新语篇，更多的语模造出的语句都有很大的稳定性和流行性。事实上，词语模和句模都带有仿拟的一些特性。根据所仿拟的句群性质，我们把句群模分为仿语言型和仿调型。

仿语言型句群模指经过删减后的句群模留下的模标基本上是固定的，用语者可根据自己意愿，在模槽中任意添加内容，形成同中有异的新篇。

我们从几个具体的言语作品来看，有的模板常项内容保留较多，空留的需要填写的变项较少，如私奔体。私奔体是因鼎晖创业投资合伙人王功权，在微博上发表

① 徐国珍.仿拟研究[M].南昌：江西人民出版社，2003：6.
② 徐国珍.仿拟研究[M].南昌：江西人民出版社，2003：9.

的一篇私奔博文而流行起来的一种体格式。格式如下：

各位亲友，各位同事，我放弃一切，和××私奔了。感谢大家多年的关怀和帮助，祝大家幸福！没法面对大家的期盼和信任，也没法和大家解释，也不好意思，故不告而别。叩请宽恕！××鞠躬。

网友据此仿造的言语作品如下：

各位亲友，各位同事，我放弃一切，和人民币私奔了。感谢大家多年的关怀和帮助，祝大家幸福！没法面对大家的期盼和信任，也没法和大家解释，也不好意思，故不告而别。叩请宽恕！

有的句群模的模板留白较多，自然需要框填的内容就比较多，这样的模板适用的自由度就大一些。如因网友@蔡崇达发布的一条微博而走红的自言自语体：

刚打到一辆车，的士师傅突然自言自语。我唯一的生活，就是在一条别人帮我决定的拥堵的路上，等待自己生命一点点的流失，换取这一点点我都不知道有没有意义的前行。

由该体母版概括出的话语框架是：刚……，……突然自言自语：我唯一的生活，就是在一条别人帮我决定……等待自己生命一点点的流失，换取这一点点我都不知道有没有意义的……

当@"蔡崇达"将的哥师傅的话语，通过微博发布后，因为这一话语朴实而富含哲理，被众网友强力效仿，从而形成了该体的造语热潮。如：

记者版：

刚看了一篇新闻。编辑突然自言自语：我唯一的生活，就是在一条别人写好的稿子中，等待自己生命一点点的流失，换取这一点点我都不知道有没有意义的点击量。

学生版：

刚进入考场，旁边一位考生突然自言自语：我唯一的生活，就是在一张别人帮我出的变态的试卷里，等待自己的生命一点点的流失，换取这一点一点我都不知道有没有意义的文凭。

以仿语言句群模的形式出现的流行体非常普遍，受大家的关注度也比较大，大家争相模仿的也最多。如：撑腰体、凡客体、陆川体、仓央嘉措体、高晓松体、蓝精灵体、海底捞体、深夜体、韩庚犀利体等。

仿调型是"根据特定的语气、语调而进行的仿拟"[①]。调型一般没有严格的框填格式，只是语气和语调上相似，所以它框填的意味淡了很多，仿拟的成分浓了不少，这使得仿调型句群模仿拟的自由度可以无限延展，可谓无事无意不可以入其模，用语者在模仿的过程中也可以最大限度地体会到创造的乐趣。比如因一部热

① 徐国珍.仿拟研究[M].南昌：江西人民出版社，2003：61.

播剧《甄嬛传》而流行起来的“甄嬛体”，就没有一个统一的模标模板，网友们如何仿拟呢？大家只要掌握以下要点即可：言必称“本宫”，描述事物时要用双字：方才、想来、极好、罢了。有时也出现一些相对固定的如“……（叠词）的”短语和“若是……想必是极好地，但……倒也不负……”诸如此类的短句，同时，流传的甄嬛体还需一个反转——“说人话”才能更好地体现该体的意蕴。如：

数学版：

方才在精练上看到一道数学题，出法极是诡异，私心想着若是这题让你来做，定可增加公式熟练度，对你的数学必是极好的。

说人话：我这道题不会做。

失眠版：

方才察觉今夜饮茶过甚，无心入眠，若长期以此，定将损肤，他日睡前饮牛奶一杯，方能安心入睡，对睡眠质量也是极好的，携友饮茶虽好，但也要适可而止，方不负恩泽。

说人话：我失眠了。

有的仿语调模几乎都没有相同的词句，只是语气、语调相似，以类似的语气和语调营造出一个相似的语言场。CCTV体就是一个典型的代表，其模标的特点是把普通平常或戏谑滑稽的新闻语料，通过庄重严肃的语气和新闻采访的模式表现出来，以形成强烈的反差效果。如：

据××市××学校5月25日电：参加五年级一班学生刘小华慰问会的同学在分组讨论赵班长同志报告时认为，赵班长同志关于本班级头一年重要战略机遇期和集中力量全面建设优秀班级的论述，表达了全班同学的共识，代表着全班同学家长的心愿，更加增强了我们的历史使命感和紧迫感。结合工作实际，与会者表示，一定要紧紧抓住本年第一学期重要战略机遇期，加快推进英语学习和语文作文体制学习，完成好关系全班的四门主课（语数英政），为全面建设全校优秀班级而努力奋斗。

少将体更是淋漓尽致地体现了这种仿拟的特点，它以官腔为模标，以一句完整的话中穿插一些无谓的、重复性的“我”“这个”“怎么说呢”“就是说”等词语以及三个逗号为格式特征，讲求即兴发挥。如关于“镜子”的少将体：

额，，，神马情况，，，原来世界上有这么多种镜子，，，镜子，，，额，，，各种，，，镜子，，，我的世界里，，，镜子，，，并不重要，，，在，，，我的世界里，，，额，，，镜子，，，其实就是浮云。

这种体语言啰嗦，内容空洞，但因为现实生活中，以此腔此调说话的高高在上者为数不少，因此这种体也受到青年人的追捧。

仿调型句群模包括红楼体、纺纱体、后宫体、新浪体、咆哮体、琼瑶体、银镯体、走进科学体、TVB体等。

这里应该注意的是，为了便于理解句群模式，我们对其进行了类别的区分，其实有的句群模的类别是难以区分的，因为它们可能兼具以上两种句群模的格式，如TVB体。TVB体源于天涯论坛一个帖子：

我找不到男朋友，大家可不可以用TVB语气安慰我一下。

回复是：

发生这种事，大家都不想的。感情的事呢，是不能强求的。所谓吉人自有天相，做人最要紧的就是开心。饿不饿，我给你煮碗面……

该回复瞬间点燃了港剧爱好者的热情，由此许多经典的疗伤台词产生，如：

大学新生报道版：

呐，做人呢，最要紧的就是开心，上不上大学呢，是不能强求的，不能上大学，那是大学不知道珍惜你，高考补录这件事不能只看表面，补录到差学校呢，是我们大家都不想看到的，还不如学技能，亲，选技能呐，不要说我没有提醒你，学厨师很火的，现在一提到学厨师，连街上的小孩都要去成都新东方烹饪学校。

不涨工资版：

呐，工资涨不涨无所谓啦，最要紧的就是开心。涨吧，是不能强求的。呐，领导没有说给你涨，是领导觉得你还有许多才能没有开发出来。发生这种事呢，大家都不想的。呐，我这里有五毛钱，要不要拿去啊？

这种安慰人心的疗伤体，既有共同的言语格式"××最要紧的就是开心"，又有相似的能熨帖人心的语气和语调，所以TVB体才能如此深入人心。这一类综合格式的句群模有：方阵体、宝黛体、甄嬛体等。

以上我们更多的是从语模模标的角度来讨论词语模和句模的区别与联系，那么从模槽的角度来说，它们又有什么异同呢？

（二）格式框填之语模空位中的语言单位格式探究

20世纪90年代以来，我们运用的很多词汇或者语句都有一些固定的框架，在框架下，我们可以填充自己想要表达的内容，这已经成为我们当下很时髦的一种表达方式。从以上语模的构成可以看出，这种表达方式其实质是言语表达上的格式框填现象。这种框填格式的形成，不是先出现一个语模模标的框架，然后大家去框填，而是先产生包含常项和变项在内的完整的语模母版，在大家仿效的过程中，模标义逐渐形成，模标义一旦定型，语模就具有了强大的新生类推潜能，同一语模下的批量的新词、新语就此诞生。虽然用语者可以根据需要在空位上进行框填，但是大家通过语模造词创语时，也不是随心所欲、天马行空、不受任何约束的，而是要受到一定规律的制约。语模母版的构词造语格式会对仿拟词、语起到规约性作用，从而使得填入的变项就具有了一定的共性。

在词语模中，模槽位置的语言单位，具有形式上的一致性和语义上的相关性。形式上的一致性包括同一词语模模槽位置上的语言单位，在语音音节数量上的一致性和在语言单位层级上的一致性。如在“～感”这一词语模中，模槽位置上是双音节的词，那么新产生的词语的模槽位置上一般也出现的是同音节、同语言单位的语言成分，“失落感”“新鲜感”“紧迫感”“分寸感”“自豪感”等词语就符合这一标准。词语模的变项部分的语言成分虽然在表层意义上似乎毫不相干，但在深层抽象的上位意义却具有共同点①。如“零～”，“零库存”是即进即售，库房无存货。“零风险”是风险很小。“零首付”指买房或购车时不用首次付清总款项的30%或40%。“零增长”意味着事物的发展几乎是停滞的。以上这几个“零～”格式的表层语义各有侧重，似乎关联不大，但它们的深层语义中则都含有对事物必有的或常有的性质、变化的否定，这种抽象的上位意义决定了它们的相关性。

在句模中，模槽位置上的语言单位是否具有同样的特点呢？我们首先从句模模槽的变项的形式来考察，因为句模的篇幅相对较长，变化的自由度比较大，受到句模母版的束缚较小，故同一句模中变项的音节数目可以不一致，语言单位的层次可以不相同。如：在句模“今天，你×了吗”中，有“今天，你离了吗”“今天，你瑜伽了吗”“今天，你买基金了吗”这样的仿拟句，其中的空位上有单音节的，有双音节和多音节的，有语素，有音节，还有短语。在一些流行体中，不受句模限制的特点更明显。如秋裤体，只要是采用仿拟的形式、话题是围绕秋裤展开的，就能归结为秋裤体，它既可以是仿拟的一句话、一首诗、也可以是一段词。如：

(1)世界上最遥远的距离不是生与死，而是我站在你面前你却不知道我穿了秋裤。

(2)生当作人杰，死要穿秋裤。至今思项羽，还不穿秋裤？

(3)秋裤几时有，抱腿问青天。不知去年秋裤，今年多少钱。

又如“赵本山体”，从形式来说，它本身格式的规约性就不强，只要求一句古典诗词＋一句赵本山小品的名句，并且大体押韵即可。如：

(1)南朝四百八十寺，此处省略一万字。

(2)两情若是久长时，凑合过呗，还能离咋地。

(3)少年不识愁滋味，抽烟不会，喝水自备。

(4)柳叶弯眉樱桃口，呼儿将出换美酒，蓦然回首，吴老二浑身发抖！

从上面的例子可以看出，句模中的变项部分是不受音节、语言单位层级等语言形式的制约，但我们前面也说过，以语模的方式造语不是随心所欲的，它也会受到一定的制约，那么制约句模框填的语言形式因素又是什么呢？与词语模不同，进入同一句模模槽位置上的语言单位往往会母版化。这里的语言单位母版化是指同一语模变项的结构、句式被同化为母版中同位置的言语格式。这是针对模标较为固定的语模而言的。如在由母版“今天，你离了吗”而仿拟的句子“今天，你瑜伽了吗”

① 曹春静. 当代汉语词语模研究[D]. 上海：上海师范大学，2007：12－13.

中，本身作为名词的“瑜伽”进入以上的句式，因为母版中的“离”是动词，使得仿拟句中的“瑜伽”也动词化了，指称的是“练瑜伽”。又如母版“都是月亮惹的祸”的仿拟句式中，形容词“温柔”、短语“改革开放”也都像“月亮”一样名词化了。如果变项位置上是句子，则所填入的语言单位也多为句式相同的句子。如宝黛体：

母版：

宝玉便走近黛玉身边坐下，又细细打量一番，因问：“妹妹可曾读书？”黛玉道：“不曾读，只上了一年学，些须认得几个字。“宝玉又道：“妹妹尊名是那两个字？”黛玉便说了名。又问黛玉：“可也有玉没有？”黛玉便忖度着因他有玉，故问我有也无，因答道：“我没有那个。想来那玉是一件罕物，岂能人人有的。”

微博版：

宝玉便走近黛玉身边坐下，又细细打量一番，因问：“妹妹可曾开微博？”黛玉道：“不曾开，只上过一年饭否，用了几日新浪微博。”宝玉又道：“妹妹ID是哪几个字？”黛玉便说了。又道：“可也有V没有？”黛玉便忖度着因他有V，故问我有也无，因答道：“我没有那个，想来加V是件罕事，岂能人人有V的。”

买房版：

宝玉便走近黛玉身边坐下，又细细打量一番，因问：“妹妹可曾有房？”黛玉道：“不曾有，母亲去世时结过一年草庐。”宝玉又道：“妹妹那时按揭了吗？”黛玉便说了。又道：“为什么不全额付清呢？”黛玉便忖度着因他一定是付清了，故问我有也无，因答道：“我没有，想来那是件罕事，岂能人人都能付清的。”

在宝黛体的微博版和买房版中，模仿版中框填的句式几乎与母版毫无二致，母版中是陈述式的，模仿版中就陈述，母版中是疑问句式的，模仿版中亦是疑问句式。

其次，无论是词语模还是句模，进入同一语模模槽位置上的语言单位都体现了深层语义上的一致性。不仅有固定模标的语模如此，无固定格式的语模亦如此。如宝黛体，尽管仿拟的版本关注的是“开微博”“有房”“过四级”“有车”等五花八门的话题，但它们都是我们当下关心的衣、食、住、行、用等各个方面的热点话题。而似乎天马行空的秋裤体，其变项也表达了共同的语义：寒冷季节，时尚达人也别“忘穿秋裤”。又如元芳体，有疑问可以质疑一声“元芳，你怎么看？”但更多的是无疑而问，以寻求大家的认同和共鸣。如：

(1)这里车多人多易堵，元芳，此事你怎么看？

(2)××公司××项目部拖欠农民工血汗钱，元芳，你怎么看？

(3)关于周杰伦求婚的传言很多，元芳，此事你怎么看？

(4)昨夜烟花爆竹扰得我彻夜未眠。元芳，你怎么看？

以上询问“元芳”的话题似乎风马牛不相及，但它们都体现了大家对社会上负面现象或不实传言的吐槽，表达他们的质疑、嘲讽或公开征询其他人的看法。

同一语模框填部分的深层语义之所以具有一致性，是因为模标部分的语言的语义产生了泛化，从而把更多的对象纳入了自己的指称范围。

语模是人的认知机制在造语和用语时的体现模式，是表达者用有限的规则，创造出无限的新奇语言的便捷而又卓有成效的方式。这种造语的过程是从“从直接使用开始，到语义泛化、格式框填”的一个完整过程①。

二、汉语语用的娱乐化现象突出的特点与语言能指的狂欢

“一切公众话语都日渐以娱乐的方式出现，并成为一种文化精神。我们的政治、宗教、新闻、体育、教育和商业都心甘情愿地成为娱乐的附庸，而且毫无怨言，甚至无声无息，其结果是我们成了一个娱乐至死的物种。”②一切公众话语娱乐化不仅已进入消费主义时代的美国的话语特点，也是 20 世纪 90 年代以来汉语语用的鲜明特征。随着现代传媒和高科技信息技术的发展，我国开始了大众传媒的市场化的运作，这种运作模式也导致了以受众为中心的消费时代的到来，我国大众传媒出现了一种娱乐化的浪潮，而且娱乐已穿透其本来的界限，渗透并肆意蔓延到我们社会生活的各个方面。娱乐无时不在，又无处不有，它已成为现代流行的时尚文化的必不可少的组成部分，我们真正进入了一个泛娱乐化的时代。但目前，娱乐并不是一种真实的生存状态，而只是一种叙事方式，一种泛滥于广告、电视、网络、小说之上的话语方式。

何谓娱乐？娱乐包括两层含义，一是“使人快乐或消遣”；一是“快乐有趣的活动”(《现代汉语词典》)。从概念可以看出，不管是通过休闲的方式还是趣味性的活动来娱人或自娱，快乐都是娱乐的核心目的。追求身心放松、精神愉悦是人的一种内在需求，它是人类在不断地向文明迈进的过程中，始终伴随着的一种重要因素。进入消费社会以来，大众传媒就逐渐步入了一个娱乐功能中心化的时代。

(一)汉语娱乐化的表现

作为 20 世纪 90 年代以来汉语一种非常突出的叙事方式，娱乐化在一些公共话语空间的表现最为显著，并且介质不同，娱乐化的表现不同。

1. 电视节目语言的软性化

在娱乐化时代，媒体的职能从传递信息向娱乐大众转化，而读图时代的宠儿——电视，因为可以声情并茂地进行叙事，从而成为媒体娱乐化的主战场。娱乐已经成为电视上所有话语的超意识形态。电视媒体语言的娱乐化主要表现为：信息故事化、表达描述化、语言大众化。这一点在播报新闻中体现得最明显。就新闻表达的内容而言，新闻人往往会选择吸引大家眼球的软新闻，这包括名人趣事、花

---

① 辛仪烨. 流行语的扩散：从泛化到框填[J]. 当代修辞学，2010(2)：33.

② 尼尔·波兹曼. 娱乐至死[M]. 桂林：广西师范大学出版社，2004：4.

边新闻、体育新闻或煽情性、刺激性较强的新闻等，然后用大家易于接受的语言，甚至是最新流行的网络语言，对其进行细节性、故事性、趣味性、戏剧性的描述，让新闻事件如故事般栩栩如生地呈现。即使是硬新闻，他们也会对其进行软化的处理，在严肃、庄重的事件中找寻故事元素加以凸显，以生动、鲜活的语言进行描述。李良荣指出，当下的传媒正在走向娱乐化，所谓传媒的娱乐化是“指报纸电台电视台娱乐性内容所占的比重越来越大，新闻节目（版面）受到挤压，而且新闻节目本身的娱乐性新闻越来越多，连严肃新闻也竭力用娱乐性来包装”[①]。《超级英雄》栏目的宣言“让知识拥抱财富，让英雄创造历史”是对娱乐平民化的号召；湖南娱乐频道“星气象”节目的片头语“是天气，还是流行，每晚七点一刻，等着你”则尽显天气预报节目的轻松活泼。

电视节目语言走向娱乐化的一个最典型的代表，就是《百家讲坛》从“阳春白雪”向“下里巴人”的蜕变，这种蜕变是大众文化对精英文化的一种解构。在节目开办之初，其确定的宗旨“文化品位、科学品质、教育品格”的定位不可谓不高，由杨振宁、丁肇中等科学泰斗组成的主讲人队伍不能说不精英，但节目的收视率却遭遇了大众口味的滑铁卢。面对激烈竞争的压力，出于经济利益的考虑，节目编导不得不及时调整节目的制作思路：以满足受众群体的口味为导向，在对节目内容和表达形式调整的基础上，刻意把学术的思想深度浅薄化、娱乐化，以迎合受众的审美能力和精神需求。在“把传统文化通俗化、历史人物故事化、故事情节传奇化”之后，《百家讲坛》完成了从“学术电视”到“电视娱乐”的转型[②]。正是在媒体这种理念的运作下，易中天先生实现了由学术型的学者向“学术超男”和“电视明星”的身份转身。张颐武先生认为《品三国》的成功一个重要原因在于“对知识巧妙的‘软’性处理，将知识变为有趣的叙述和具体可感的素材”[③]。这种‘软’性处理具体表现为“他不再重视正史、大事件和所谓的宏大叙事，而是将一些不起眼的逸闻轶事、零散插曲、偶然事件、奇异事物等作为研究对象，他总是将视野投入到一些为‘历史学家’不屑或难以发现的见惯不惊的小问题上，从而去修正、改写、打破在特定语境中居支配地位的主要文化代码，实现历史人物的重写。将王者写的充满谎言的大历史，变成小历史的具有力量的人性阐释。这种阐释是具有全新的生命的诠释”[④]。这种独具个性又切合《百家讲坛》栏目宗旨的阐释在《品三国》中体现得淋漓尽致。

修辞手法的巧妙运用是易中天先生把高深的学术通俗化的一大法宝，例如：

好在曹操是一个有理想无蓝图的人，他可以边干边摸索。曹操也是一个有办

① 李良荣．当代世界新闻事业[M]．中国人民大学出版社，2002：94.

② 罗坤瑾．对精英文化大众化的解读[J]．新闻爱好者，2010(8)：52－53.

③ 张颐武．易中天的走红是浅思维的成功[N]．黑龙江日报，2006－8－22.

④ 王苏生．从“阳春白雪”到“下里巴人”——“易中天现象”析[J]．河北省社会主义学院学报，2007(2)：51－55.

法的人,他的办法就是“搞装修”。或者说,用“搞装修”的办法,一点一点进行改造,最后再把别人的屋子变成自己的。这种办法好是好,却有一个条件,就是“老屋子”不能倒。哪怕里面烂透了,框架还得留着。东汉王朝这个“老屋子”的框架是什么样的呢?三根支柱,一个屋顶。支柱就是外戚、宦官、士族,屋顶就是大汉天子。曹操迎奉天子到许,屋顶就有了,但那支柱却三根倒了两根。外戚和宦官在董卓进京之前就已经自相残杀,两败俱伤,再也扶不起来。假如剩下的一根(士族)也不要,屋子就会塌下来。

曹操是一个希望通过“挟天子以令不臣”的办法来蚕食大汉天下的野心家,但他的这一远大理想怎么实现?当时的政治形势又如何?这都是需要用深奥而又晦涩的政治术语才易于阐释清楚的,至于普通大众能不能明白则就要另当别论了。易中天先生的高明之处在于,他用“老屋子”“搞装修”“框架”“支柱”“屋顶”之类妇孺皆知的日常建筑用语,对艰涩的政治术语进行了巧妙的置换,深入浅出地把政治术语生活化,从而消解了精英话语的学术性,建立了学者话语通向大众话语的桥梁,弥合了精英文化和大众文化之间坚深的鸿沟。

运用青春时尚的语言讲述历史人物、历史故事,一下子拉近了与中青年受众的心理距离,造就了大批的“乙醚”“易粉”。如:

诸葛亮这个人,至少从晋代开始就已经是很多人追捧的对象。可谓魅力四射、粉丝如云。当时有一个叫郭冲的人,郭冲这个人大概是诸葛亮的铁杆粉丝,觉得现在大家对诸葛亮的崇拜远远不够,于是写了一篇文章,叫做“条亮五事,隐没不闻于世者”,什么意思呢?就是说我这里还有五件事情是你们大家不知道的,第三件事情就是空城计。

易先生使用的“魅力四射”“粉丝如云”“铁杆粉丝”“崇拜”等新词语,散发着浓厚的时代气息,易于打破受众对历史的刻板印象,突破受众对历史的心理屏障,让讲授者和受众之间产生互动和共鸣。

欧阳修曰:“君子之所学也,言以载事而文以饰言;事信言文乃能表见于后世。”[①]“事信言文”是我们叙述追求的一种理想境界,易中天先生深谙此道,故其讲述确实做到了“历史其里,文学其表,既有历史真相,又有文学趣味”的妙说。这种妙说体现在,他作为一个学者从骨子里流溢出来的话语的幽默和俏皮,这种充满了睿智的幽默和俏皮的话语往往能点石成金,让人在会心一笑后回味无穷。如:

袁术自己也很清楚,自从他走了这步臭棋,已经成了过街老鼠,很难在江湖上混下去了。

在这句中,既有惯用语“过街老鼠”,又有形象的描绘性词语“臭棋”“混”等,栩栩如生地展现了袁术的窘态。又如:

---

① 欧阳修.欧阳文忠公全集·代人上王枢密求先集序书[M].北京:中华书局,1981:67.

按照《三国演义》的说法是孙坚母亲吴夫人的妹妹和吴夫人一起嫁给孙坚的，我认为在理论上也不大可能。难道说孙坚在求婚的时候对吴姑娘是这么说的：你要是嫁人，不要嫁给别人，一定要嫁给我，带着你的嫁妆，领着你的妹妹，赶着马车来？

这种聊天的心态和调侃的语气打通了古今，让受众通过对比和想象，在脑海中勾勒出一幅生动的图像来。此种叙述方式，使稚子村姑都会成为其忠实的听众。

当然，设置悬念是《百家讲坛》崇尚的叙事方式，易中天先生更是把它发挥得淋漓尽致。易中天先生通过摇曳多姿的叙述技巧把历史故事娱乐化，也把《百家讲坛》这一栏目推向收视率的高峰，达到了学术和传媒成功对接的双赢。

《百家讲坛》另一位当红主讲人是被誉为“史上最牛历史老师”的袁腾飞，他的语言风格也娱乐了受众，他讲述历史的语言风格与易中天先生迥异，他展示的是一种麻辣的、充满了周星驰的“无厘头”式的语言特色①。但不管采用哪一种语言风格阐释历史，把知识娱乐化、大众化却是他们的共同追求。

2. 网络中的语言狂欢

“防民之口”是中国专制社会统治者的普遍做法，中国普通大众的话语权被剥夺了，大家不得不噤若寒蝉。而互联网技术在我国的普及，给网民们提供了一个表达自我、关注别人的话语平台。在这个平台上，现实生活中人与人之间的身份、地位的差异被抹平，在“网络麦克风”面前人人可以平等、自由、尽情地畅所欲言，大家进入了一个语言狂欢的时代。网络语言狂欢的典型特征体现在网民言所欲言、大胆造言以及对一些社会事件的网络围观。而网络围观是最能体现网络语言狂欢的一种新兴的语言现象。网络围观是网民们对一些社会事件和热点的网络参与方式。当一些社会事件或热点出现时，网民们通过发帖、浏览、跟帖、转帖、发微博、写博客等方式来表达意见，参与讨论，这种话语焦点的集中造就了社会上的热点事件和热点人物，热点的形成又进一步加速了事件的传播，引来更多的网民的关注。当热点事件影响日益增大时，政府相关部门会介入其中。此后，随着时移境迁，热点事件渐趋冷却。在事件中网民们精彩的言论、自造的热词、热语以及他们提出的建设性意见都成为网络文化的一部分，进入了我们的日常生活②。网络围观之所以获得了语言狂欢的特质，是因为在网络这个虚拟的广场上，人与人之间的等级差异被取消，隐匿于电脑之后的人们可以自由、真实地展示自我，言语的禁忌被打破，言语的等级观念被取消，众声喧哗的言语狂欢和网络诙谐成为主要的言说方式，展现出独特的语言魅力。这些话语有批判现实的，如反映网民对“打酱油”“躲猫猫”和“俯卧撑”事件的质疑和嘲讽：

---

① 张颐武. 从袁腾飞说起：“国学热”需要深化和升级[J]. 中关村杂志，2009(11)：98－99.

② 张磊. 论网络围观[D]. 黄石：湖北师范学院，2013：5－6.

我上街打了18瓶酱油，酱油太重把我累趴下了，于是我顺势做了三个俯卧撑，谁知被CG看到，说我有碍城市环境，遂被请到PCS玩躲猫猫，由于玩游戏过程中太过投入，一头撞死，此乃我之过错，旁人勿疑。(天涯微博，2014-01-06)

而调侃后两个事件的一副对联也很鞭辟入里。上联：去年俯卧撑；下联：今年躲猫猫；横批：横竖一死[①]。

网民们不仅对国内事件发声，对一些国际事件同样也能听到他们的心声。当世界最老动物507岁的"明"被英国科学家"研究"致死后，遭到网民的一致批评。英国网民说："疯狂的科学家，他们得到了世界上最长寿的动物，而他们能做的就是杀了它！"中国网民说："为科学献身？你征得它同意了吗？""我不是科学家，但也知道撬开蛤蜊的壳，它必死无疑！"[②]不仅严肃的事件是网民们调侃的对象，明星们的一举一动都能掀起网民的娱乐风暴。最近成为娱乐八卦核心的人物是汪峰。网民们集体狂欢的是汪峰上新闻头条的事。因为在娱乐圈，当他每一次有点动作，总有比他更大的料爆出，这包括他长长的离婚声明被天后王菲几个字的离婚声明所消解；它在演唱会上向章子怡的真情告白被N年未见的中国足球盛事所化解；发布新歌《生来彷徨》又被一群"宫里"的女人围剿。有网友调侃："明星们是不是有个秘密的QQ群，就叫'汪峰一有动态我们就爆料'。"网友认为他是"杯盖命"(意即总被其他消息盖过)，所以网上掀起了"帮助汪峰上头条"的讨论。2013年11月13日，沉寂的微博再次活跃，娱乐圈呈现久违的欢乐，撒贝宁的微博下写满了"大仇已报"的评论，"教你怎么上头条"的神贴不断爆出，几乎所有的论坛都在谈论此话题，对"汪峰有了章子怡"，表达出"羡慕嫉妒恨"的心情。在11月14日，很多国内媒体都加入这场娱乐狂欢，被"调侃到死"的汪峰终于上了报纸的头版头条，网友们纷纷笑哭了：《汪峰闯情关，终于上头条》《汪峰，今天你是头条》《本版友情赠送峰哥专属头条》《关爱汪峰，从我做起》。故有网友调侃："汪峰这下要被玩坏了。"网友们把张震的婚讯、杨子珊的恋情、刘德华的未来二胎等风马牛不相及的事都和汪峰拉上关系，调侃说："你们来晚了，没赶上汪峰那趟车啊。"对于此次微博的喧哗，北京某娱乐公司的资深宣传人员认为"微博太需要集体吐槽了，这件事让微博从沉寂返回狂欢状态。微博依然是话题制造、传播的平台"。而华商报诊心室主持人一岩表示，这体现了大众对汪峰和章子怡恋情的好奇和围观心态[③]。网民们不仅围绕事件、人物进行集体的语言狂欢，网民们所创造的一些有趣的语言形式，也会播撒下娱乐的种子，让网民们在不断的戏仿中尽享狂欢的快乐。网上各种体形式就是在网民们不断快乐的模仿和愉悦的变异中迅速流行起来的。

---

① 喻国明.中国社会舆情年度报告2010[M].北京：人民日报出版社，2011：64.

② 袁金会.世界最老动物507岁被科学家"研究"死[N].华商报，2013-11-13.

③ 朱秦冀.终于上头条，汪峰肯定偷着乐[N].华商报，2013-11-15.

在网络上，语言自由得以充分展现。无论你是大师名家还是无名小卒，只要你的表达够精彩，能得到大多数网民的认可，那么你的话语就会成为脍炙人口的经典语录，你也成为了名副其实的造语英雄。微博似乎成了鉴定我们造语精彩等级的一个无形机构。

当你的粉丝超过一百，你就好像是本内刊，超过一千，你就是个布告栏，超过一万，你就好像是本杂志，超过十万，你就是本都市报，超过一百万，你就是本全国性报纸，超过一千万，你就是电视台，超过一亿，你就是 CCTV 了。（微语录，新周刊 2012 特刊）

网民们的狂欢不仅体现在众声喧哗，也反映在众语喧哗上。在网络上，规范标准的普通话不是网民唯一的用语形式，拼音缩写、数字、字母、英语、中英混杂、中式英语、方言，甚至晦涩难懂的火星文、远古难辨的甲骨文都成为了网民们传情达意的表意工具，网络给我们呈现了一个五彩缤纷又让人眼花缭乱的语言世界。

3. 广告语唤起人的自我幸福感和快乐感

娱乐追求的是人自身的幸福和快乐的最大化，借助于现代传媒而日臻唯美的广告也成为寻求娱乐、创造娱乐的一个重要场所。广告中的娱乐和电视节目、网络中的一般语言表达不同，它遵循的是现代性批判中的“碎片概念”，强调的是个体叙述模式。在这种理论中，个体感受被凸显，独立、自足、封闭的个人体验成为大家向往的一种生存体验，而广告文本的创作者就是通过感性的语言描绘，来唤起受众对个性存在的一种心理感觉，让受众在进入自我实现状态时能感受到一种极度兴奋的喜悦心情。受众的自我实现表现为对广告语所诉求之物的物化符号的占有。广告语的娱乐性在于：一方面它可以唤起受众对幸福和快乐的无尽的欲求，同时它又以娱乐的形式来表现这种欲求[①]。夸张、仿拟、拟人等修辞手法是广告语采用的主要娱乐形式。夸张的语言描述，既可以激发受众对诉求对象的向往，又可以体验拥有之后的满足感。如一泳装广告：“未曾回眸，百媚已生”，承诺着其泳装的你比杨贵妃还要妩媚；“除了你之外，它是最美妙的”是身穿西德莱维内衣带给人的极度自信。仿拟则通过诱使受众对“前摄”（巴甫洛夫语）产生溯前联想的办法，来建立仿体和原体之间的关系，让受众在联想和想象的基础上产生非同寻常的美妙感受，并把拥有的欲求付诸行动。如“某某电信，让您想说就说，‘聊无禁忌’”，这属于对惯用语“百无禁忌”的仿造，宣扬话费的低廉；食全食美（餐馆广告）是对成语“十全十美”的仿用，许诺食品品种齐全、物丰味美。“一剪钟情”（美发店广告）、“换然一新”（一美容换肤霜广告）等都是以仿拟成语的形式来给受众一种耳目一新的感觉，同时又展示了拥有诉求对象给消费者带来的乐趣。仿拟的对象既可以词语，也可以是歌曲和诗词。“太阳最红，长虹更新”是“太阳最红，毛主席最亲”这一句歌词的仿

① 唐英.消费时代电视广告审美特性研究[D].成都：四川大学，2007：149－155.

拟，“得利斯”广告则借用苏轼的词《水调歌头》中的“但愿人长久，千里共婵娟”，于是就有了“但愿人长久，相伴得利斯”，在美好祝愿中凸显“得利斯”的真诚①。拟人手法恰到好处的运用，也容易让受众产生一种亲切感和身临其境的快乐。如：“我们分手吧，你太乏味了。生活要有新感觉。再见了，红烧味。”画外音：白象老坛酸菜牛肉面，一口爽到底（白象方便面广告）。白象在做广告时，把消费者和康师傅红烧牛肉面的关系拟人化为情人间的关系，以此暗示消费者，如果不换口味，你就是一个乏味的“情人”，这种导引式的语言增添了广告的趣味性。因为一语双关有一种言在此而意可以彼此兼顾的效果，在广告中颇受青睐，所以频频出现在广告语中。如“精工牌手表”的广告词为“举世知名，人所爱戴”，“爱戴”一词就兼顾了通常义“推崇、尊奉”和词的表面义“喜欢戴”两种含义，确实起到了以表表里，表里兼顾的作用。“人生得一‘知音’足矣。”（《知音》杂志广告）人生能得一知心朋友乃人生幸事，而《知音》就是读者的知心朋友，妙语双关，令人折服。

广告语不仅通过多样的修辞手法吸引受众、愉悦受众、引导消费、刺激消费，而且给消费者灌输当代社会娱乐化的消费理念。20世纪90年代以来，消费成为娱乐的核心内容，广告也适逢其时地充当了受众的消费顾问，引领着时尚、享乐和消费的新潮流。“物语、爱欲、成功欲、完美欲、没有尽头的幸福欲。占有欲、出位欲、贪欲，欲壑难填……有多少种欲望女人就有多少种女人的欲望。”是时尚杂志《好主妇》之《欲望主妇》的导读文字，它把欲望和女人划上了等号，而消费就是满足这种欲望的最佳途径。而邦迪亚克牌汽车广告：“坐在里面是件美事，被人们看见坐在其中更是快事”，更强调消费之后炫耀的心理满足感。“我消费，所以我快乐”是当代人的消费理念，广告在与时俱进地打造着我们当代人的这种“消费型”人格②。

4. 大话的汉语文学

不仅口头表达或具有口语性质的语言表达娱乐化了，当代书面化的语言文字也加入了大众娱乐文化的行列。这里的书面化的语言文字包括搞笑的影视蓝本、娱乐小说、Q版语文和短信等，但不包括网络博客、微博等。二者的书写特质有很大的不同，前者主要是用“大话”的形式来贯彻娱乐的精神，而后者是用围观的方式来进行语言狂欢。“大话”带有夸饰、铺排、戏仿、篡改、反讽、颠倒、粉碎、拼贴、镶嵌等修辞印记，“大话”美学“丧失了传统文学的悲剧感，犹如狗丧失了对骨头的嗅觉。新享乐主义正在取代王朔式的痛苦的精神分裂，成为最时髦的生活方式”③。大话修辞已成为语言娱乐化的重要标志，强势地蔓延在汉语文学的许多角落。中国崭新的“大话”运动起源于香港的无厘头电影《大话西游》，影片对经典小说《西游记》

① 王雪梅.浅谈广告中语言变异的分布[J].语文学刊，1999(5)：38－40.

② 赵勇.大众媒介与文化变迁[M].北京：北京大学出版社，2010：36－38.

③ 朱大可.“0”年代：大话革命与小资复兴[J].二十一世纪，2001(12)：112.

进行各种戏仿，如把庄重的佛学神曲改造成搞笑的爱情话本、对其中所有人物进行游戏式篡改。周星驰扮演的情圣孙悟空的那段经典的爱情表白就初露大话时代嚣张面貌的端倪："曾经有一份真诚的爱情放在我面前，我没有珍惜，等我失去的时候我才后悔莫及，人世间最痛苦的事莫过于此。如果上天能够给我一个再来一次的机会，我会对那个女孩子说三个字：我爱你。如果非要在这份爱上加上一个期限，我希望是……一万年。"此后，各种文化经典被以大话的方式解构，这种大话革命的浪潮从文学经典波及流行文本，就连向来最严肃、正统的教科书，也难逃被解构的命运，摇身一变，化身为《Q版语文》而畅销书市[①]。这种搞笑的、游戏式的表达方式也在手机短信上茁壮成长："已经倾慕你好久好久了，从见到你的第一天起，我就决定非你不嫁。你知道吗？我在阴间好寂寞呀……祝你万圣节快乐！"短短的几句话语，有人物、有故事、有悬念、有惊喜、有阴阳错位，让人惊悚着又欢笑着。王文元先生的学生发给他的短信则更游戏化。短信如下："王老实：你号。在你的王爷上读到了你的打坐《会议于梦》，我很受气阀，以后请多执教。在建。"短信的内容需翻译才能理解："王老师：你好！在你的网页上读到了你的大作《回忆与梦》，我很受启发，以后请多指教。再见。"他这样表达的目的纯粹出于好玩。游戏、搞笑、颠覆、好玩都是"大话"的特质。当下，"大话"旋风正在瓦解代表着官方文化的正统的汉语体系。

(二)汉语娱乐化的实质是语言能指的狂欢

随着科学技术的进步和文化的发展，我们已经进入了鲍德里亚所认为的符号统治的时代。据索绪尔的理论，语言作为符号是由能指和所指两部分构成。能指是符号的语音形象，所指为符号的意义概念，此两者组成一个既相互对立又互相依赖的整体。索绪尔认为能指和所指之间的元初关系是任意的、武断的，它们的确定性关系是在约定俗成之后获得的。他的这种判断从某种程度上来说切断了能指和意义的稳定联系、切断了语言和世界的联系，使语言成为自我言说的符号世界[②]。

在目前的文化消费热潮中，能指和所指关系的剥离和分裂更为明显，语言的自我言说性更强。能指和所指原本应是一一对应的关系，但现在能指已"远远溢出所指之外，膨胀得愈来愈大，即所谓的能指的狂欢，而所指则一再被忽略、淡化甚至放逐"。而文化消费热潮主要的表征之一"正是能指的大量剩余、膨胀和狂欢"。从实质上来说，20 世纪 90 年代以来汉语的娱乐化就是语言能指的狂欢，这种狂欢体现在"能指无节制地扩张到以它本身为目的而与明确所指相脱离、并使说话人与听话人都产生超常的快感的程度"[③]。

---

① 袁瑾."大话"视野下的语言狂欢[J].株洲师范高等专科学校学报，2005(4)：37－40.

② 洪艳."能指狂欢"中的女性问题[J].徐州工程学院学报，2012(1)：19－23.

③ 王一川.能指盛宴年代的汉语文学[C]// 朱竞.汉语的危机[M].北京：文化艺术出版社，2005：160－166.

在电视节目中，娱乐化的一个重要特征就是把信息细节化，而细节化的手法就像把《春秋》中言简意赅的故事，在《左传》中尽可能详尽地展开的一种叙述方法。尽管二者细节呈现的程度不同，但它们阐述的主要信息是一样的，相比于前者，后者就出现了能指铺排扩张的现象。比如易中天先生在《百家讲坛》讲到曹操西征董卓失败后，带着一身的尘土和血污回到酸枣大营，看到大营中的各路诸侯“日置酒高会，不图进取”时，他用了既时尚又铺陈的语言来描绘，说这些诸侯“整天都在开Party，泡酒吧，打电子游戏”。易中天先生在对《三国》的个人解读中把能指扩张化了。因为他的博学和文化底蕴的深厚，他驾驭语言的能力非常强，所以在《品三国》中时时显示出语言能指的膨胀和剩余。他在描述曹操小时候家教不好，表现顽劣的时候，用了一系列密集、繁复的成语来形容：“飞鹰走狗，四处游荡，不务正业，游手好闲，和一群纨绔子弟胡作非为。”语言能指剩余的现象在《百家讲坛》的讲述人口中时时闪现。

广告语言的能指和所指之间也存在着不相匹配的状况。广告语言的能指反映的是它的字面含义，所指则是它所宣传的产品，产品一般是单一的、确定的，宣传要表义明确的话，能指与所指也应是准确匹配的，但广告商为了吸引受众的眼球、把产品顺利地推销出去，往往不余遗力地扩张能指，从而造成能指的极度剩余。其中有的能指已扩张到了虚化的程度，如果所指不明确出现，受众就会不知所云或产生误解。“分手了就别回来找我”，给出如此决绝警告的不是情人，而是某医院的广告。有的能指夸大了所指可以带给受众的利益和享受。如一家美容院广告：“请不要同刚刚走出本院的女人调情，她或许就是你的外祖母。”美容效果再好，也达不到如此夸张的程度。有的则利用语言能指模糊性的特点，故意造成受众理解上的歧义，以引发关注。如“玩美女人”（一内衣广告）既可以表示“玩—美女人”，这明显有玩弄女性的嫌疑，又可以表示“玩美—女人”，体现的是女人对美好的崇尚与追求。因为此广告语的模棱两可，还引发了一场官司。

网络语言的出现，更是把能指变成了一群欢乐的蟑螂，到处都汹涌着它们欢快的身影。且不说一些新词语就是在旧词语刻意曲解的基础上形成的，如原单一褒贬色彩的词出现了感情色彩的叠加，“可爱”增加了“可怜儿没人爱”的义项；“白骨精”可以表示“白领＋骨干＋精英”；“蛋白质”又可以代表“笨蛋＋白痴＋神经质”的含义。这种现象反映了人们对意义的重新解构，大家沉湎于“能指”的狂欢而放逐了“所指”的深度，使能指和所指的区分意义弱化。也不说网络中各种体对古今经典妙语佳句的戏仿，消解了能指和所指的单一匹配关系，让能指变得日益浮夸。更不说网络围观中事件细节化的描述本身已让能指狂欢乱舞。就网络围观中的“点赞”来说，语言的扩张就见一斑。如不管网友在微博、微信、QQ空间里所发的是美景照、美食图，还是表示郁闷心情，甚或是缠身疾病，一律“点赞”支持的网友就不在少数。一网友微博有“今天发烧，挂吊瓶中……”就收到17个“赞”。看到自己身处逆境，依然有人“点赞”，我们还敢擅自认为“赞”仅表“夸奖”的意思吗？因此就有网友抱怨“有些‘赞’纯属幸灾乐祸”，故发出“点赞族你的节操呢”的质问。之所以会出现“赞”这一能指的恣意扩张，有网友如是说：“我为什么甘愿做点赞狂魔？因为每次看微博都有一种批阅奏章的感觉，一个个奏章在朕的眼下流过，朕无法详细批注，点一个赞，代表朕已阅过，谢谢大家。”现在“赞”使用的扩张也使本来的意义在推迟出场。

在文化消费大潮汹涌的今天，文学文本的能指的扩张和剩余现象也在文坛恣意蔓延，能指从所指的束缚中脱离出来，化作翩翩起舞的碎屑在文坛翻飞、漂浮。

后现代作家王朔以嬉戏的态度和玩世不恭的精神而形成自己独特的语言风格，语言的繁丰是其小说鲜明的特征之一。如：

这是个阴霾的休息日。马林生一觉醒来仍哈欠连时。枉耗心血的彻夜苦思常常使他入睡后仍不能平静，各种奇思妙想以更荒唐更纷乱的形式百倍活跃地在他大脑中涌现，犹如一支支离弦之箭搞得他心力交瘁，每次醒来都像在手术台上感到全身麻痹嘴里苦涩干得一点唾沫都没有，心情像少女诗人一样忧郁。（王朔，《我是你爸爸》）

这里王朔用了铺张扬厉的词语和诡谲多样的比喻，形象而又细腻地写出身为作家的马林生在灵感到来时的独特感受。

而当代作家王蒙新时期小说最典型的风貌就在于他创造的绚烂、繁丰、疏放乃至带有自炫意味的狂欢式语言，他的“季节”四部曲是对言简意赅、含蓄蕴藉的中国传统小说语言的彻底颠覆。如：

临近婚期，他忽然觉得失去了自己的语言；一切的一切都有现成的话在那里等着他。“好事多磨”，“有情人终成眷属”，“不是冤家不聚头”，“一日夫妻百日恩”，“在天愿为比翼鸟，在地愿为连理枝”，“如鱼得水，如漆似胶”，“小妹妹似线郎似针，哎呀穿在一起不离分”，“哥哥呀走西口，小妹妹呀泪难流”，“定下的日子你不来，崖板上踏坏我三双鞋”，“花开堪折直须折，莫待无花空折枝”，“同床共枕，倒凤颠鸾”，“小小子儿，坐门墩儿。哭着嚷着要媳妇儿。要媳妇儿干什么？点灯上说话，熄了灯，就伴儿。”……所有的文雅的、粗俗的、露骨的、隐含的成语、俚语、歌词、童谣……这方面的话亲热、贴切、温柔、实在，花样翻新而又不离其宗，无穷奥妙而又都明晰是咋么回事。（王蒙，《恋爱的季节》）

这段汪洋恣肆、绚烂多姿、随心所欲驱词遣语的华丽篇章只是在描写区委干部祝正鸿在自己婚礼上的所思所想。这些如汩汩流水喷薄而出的能指其实所传达的所指是很单纯和简约的，即祝正鸿在婚礼上想到了很多关于婚姻的既定话语。这里，作者用碎片化的语言随意拼贴成了一段话，而这段话产生的意义并不重要，因意义本身已被解构，重要的是作者在尽力铺陈词语的过程中获得了一种自我炫示的超常快感。

在这样一个能指扩张的时代，能指也尽情地在我们的手机短信上狂欢。祝对方情人节快乐，可以是一连串废话的叠加，却只表达了“我爱你”这样的简单所指，如：

爱加爱等于非常的爱，爱减爱等于爱的起点，爱乘爱等于无限的爱，爱除爱等于爱的唯一。或许对于你来说，我的出现只是你生命中的100+1=101。但对于我来说，你的出现在我生命中却是0+1=1的算式。

能指也可以是富有哲理的话语，但此话语似乎与收发短信者的所指感情无直接关联。如：

在错的时间遇上对的人，是一场伤心；在对的时间遇上错的人，是一声叹息；在对的时间遇上对的人，是一生幸福。

祝你元旦快乐也要做无数虚辞的铺垫，否则好像接收短信的人就不会快乐似的。如：

给你点阳光你就灿烂，给你个笑容你就放电，给你件棉袄你就出汗，给你框饲料你就下蛋。下了个蛋蛋滚滚圆，我就祝你‘圆蛋’快乐！

而一些游戏性的短信，它的娱乐性强，其能指的扩张也更明显。如：

最近好吗？我只有你一个朋友了！国荣走了普京太忙拉登联系不上老萨被布什害了，只有比尔·盖茨给我打过几次电话但每次都是借钱。咳！

这里的“国荣”“普京”“拉登”等能指所指代的意义已被消解，呈现给大家的只是空洞的游戏符号，目的是博大家一笑。在每个节日里，大家既刻意地追求着能指的狂欢，也尽情地享受着能指的劲舞。

在以“语言”为中心的后现代时期，后现代主义“热衷于开发语言的符号和代码功能，醉心于探索新的语言艺术，并试图通过语言自治的方式使作品成为一个独立的‘自身指涉’和完全自足的语言体系。他们的意图不是表现世界，也不是抒发内心情感、揭示内心世界的隐秘而是要用语言来制造一个新的世界，从而极大地淡化，甚至取消了文学作品反映生活、描绘现实的基本功能”①。不独文学语言如此，这是我们现代语用的通则。语言中的所指已显得不那么重要，而能指被无限度扩大，这种能指的剩余又增加了能指的不确定性，因为其不确定性，进一步给“能指”提供了扩张的空间。

三、话语意义整体提取的特点与事件化词语的构式化

20世纪90年代以来，在我们的语用中，出现了如下的表述方式：

---

① 刘象愚，杨恒达，曾艳兵. 从现代主义到后现代主义[M]. 北京：高等教育出版社，2002：21.

一位在复旦大学参加语言学暑期高级讲习班的学员，因为自己本科是学经济专业出身，硕士跨度很大地转学方言学，当她面对一直在语言学这一专业道路上奋进到博士的同班学员，她不仅发出感慨："跟大家比，我就是来打酱油的。"（生活中的例子）

曾有人问一个男生青春是什么，男生说："长得好看的人才有青春，我只有大学。"此言一出，无数网友中枪，表示啊痛悟蜡。（百度百科）

写了一篇不明觉厉、男默女泪的扫盲科普帖，细思恐极。不服？来信砍！（网友@kevin 微博）

最后，我们不得不遗憾地说，"钓鱼执法"这种陷害好人的方式，透支了政府信用，戕害了社会良心。（北京晚报，2009-11-03）

上例中，面对实力超强的同期学员，自己怎么调侃是"打酱油"的？当问及青春的话题，戳到痛点的网友以"啊痛悟蜡"表示，那是什么感觉呀？什么叫"不明觉厉""男默女泪""细思恐极""来信砍"？"钓鱼"和"执法"之间又是怎样的关系，为什么会对政府信用和社会良心产生负面影响？这些云山雾罩的表述在我们的表述中悄然流行开来，不过大多数人对其中的很多表述纷纷大呼是"雾里看花"、似懂非懂。大家为什么会对这些新的表达有种暗语般的感觉？因为以上这些词语的含义，我们无法从该词语的组成部分的意义中获得，它们的意义往往和一些或大或小的事件或社会问题联系在一起。若不了解这些词语背后的故事，便无法理解它们的确切含义。这些词语的含义需要我们从词语的组合以及溢出词语组合的事件或社会关注的问题中来整体提取。

每一个词语背后都有它的历史。其实，在当代社会，几乎每一个新词语背后都有一个事件或社会问题与之紧密相连。这些新词语包括：词、成语、流行句。

（一）事件词语化

在今天"娱乐至死""全民八卦"的互联网氛围下，在当下这个自由的造语时代，当一个个颇具社会影响力的事件一出现，具有强烈社会责任感和高度娱乐精神的网友们就会用他们的聪明才智，将所见所感，凝缩成词语，在网络上呈现。几乎每一个社会热点的出现，就会导致一个网络流行词语的产生。语言是社会的缩影，透过这些词语，我们窥见的是那个曾经影响一时的社会事件。这些新出现的词语既有格式上的不同，也存在层次上的差异。

1. 事件词化

在当下社会，许多新产生的词都和某些事件有着千丝万缕的联系。这些词往往是把事件的主体和事件的最主要的特征反映在词语中。例如：被列为 2009 年"中国主流报纸十大流行语"的"范跑跑"就和 2008 年发生的重大事件密切相关。

“范跑跑”一词产生于2008年“5·12”汶川地震之后。身为老师的范美忠在地动山摇的那一刻，他弃自己学生的安危于不顾，率先跑到安全地带。震后他在天涯论坛的网页上发表了一篇博文为自己开脱，他说：“我是一个追求自由与公正的人，却不是先人后己勇于牺牲自我的人！在这种生死抉择的瞬间，只有为了我的女儿我才可能考虑牺牲自我，其他的人，哪怕是我的母亲，在这种情况下我也不会管的。”范美忠的言行挑战着我们中华民族教师职业道德的底线，所以，此语一出，一石激起千层浪，网民们纷纷对其口诛笔伐，并以独特的绰号——“范跑跑”对他进行谴责。“范跑跑”一词采用的是姓氏加上单音节动词重叠的组合形式，这种形式既有结构上的独特性，也具有语义上的高度概括性。“范”为姓氏，指范美忠，他是事件的当事人，“跑”体现的是当事人在危难时期的临场表现，突出的是当事人行为的典型特征，重叠的“跑”字体现的是范老师悠闲和洒脱的跑姿。而这种无情无义的悠闲的状态又和万分危急的时刻，学生急需老师的指挥和保护的情势形成强烈的反差，从而起到反讽的作用。“范跑跑”是对范老师不顾学生安危而只管自己逃命的自私做法的谴责，一声“范跑跑”，多少无奈、批判、嘲笑、宣泄等种种复杂感情杂糅期间，从而使“范跑跑”一词如花绽放。因为这种表述方式的形象、生动、准确、凝练，从此“范跑跑”就成了一种造词格式，仿拟“姓氏＋VV”格式造就的词如雨后春笋，此生彼长。如“郭跳跳”“朱抢抢”“谭踹踹”“何逛逛”“姚抄抄”“洪溜溜”“刘闪闪”等就是典型的代表。在以上每一个新词语的背后，往往都有一个热点事件与之相连。随着大家对这一类格式的认同、社会热点事件的不断涌现，“姓氏＋VV”格式出现了泛化。一是在姓氏的位置上也可以是中心事件，二是在“VV”的位置上亦可以为“AA”，故“姓氏＋VV”就演变成了代表社会热点事件的构词格式——“描述主体＋以单音节语素重叠形式体现的事件特征”格式[①]。这样的例子也随处可见，如“楼断断”“楼脆脆”“墙斑斑”“楼歪歪”“楼滚滚”等。

“被××”词语族近几年也很流行。“被××”格式和以前的“被＋VP”格式不同，“被××”格式中的“被”应该相当于一个类词缀，它与后面的表示事件的核心词语具有结构上的整体性、意义上的完整性，所以中间不能加入任何其他成分。“被××”表现的是人们在不知情抑或是不明真相的情况下，被动产生某种动作或显示了某种状态，体现的是人们对某些事件的怀疑和无奈。这种现象在当下社会具有普遍性，所以网民利用这一词语模创造出大量同类的词语来反映种种大大小小的社会事件和社会问题。于是“被就业”“被失踪”“被幸福”“被捐款”“被代表”“被自愿”“被结婚”“被小康”等词语就“忽如一夜春风来，千树万树梨花开”了。

① 郑尔宁，李素娟. 从“范跑跑”到“楼脆脆”[J]. 作家杂志，2010(5)：119－120.

通过与事件相关的构词格式而衍生出了系列词语，这是当下新词语产生的一种重要途径。这类格式还有“××门”“次××”“问题××”“××”事件等。

以上新词是以词语群的形式出现的，有的反映社会事件的词语则是以个体的形式出现，但它们的影响力和使用频率绝不亚于那些词语群。这样的新词有“打酱油”“俯卧撑”“钓鱼执法”等。“打酱油”一词的出现和“××门”之后广州电视台对某市民的采访有关，当记者问及这位市民对该事件的看法时，他说：“关我鸟事，我出来买酱油的。”后“打酱油”一词颇受网民青睐，成为网络流行语。起初，在网络上，它体现的是人们道义上强烈关注某事，行为上又明哲保身，似乎是冷漠的“路过”人，但又发出了受压抑的、轻微的呼喊的矛盾状态。这种语言和行为上的矛盾反映了网民对现实的无奈。后来该词的语义和使用语境都发生了泛化，它走出网络，走进了我们的日常生活，成为大家表达自嘲的惯用语。如在申报科研项目时，申报者觉得自己和那些科研能力强、科研成果丰硕的同行相比，拿到课题的可能性非常小，但觉得也不是没有可能，即便通过不了，也是积累经验的一个过程，所以还是需要尝试申报的，在这种情况下，他们就会自嘲说：“要申请到课题，我还不得先打打酱油”。

20 世纪 90 年代以来，这一类以个体形式出现的“事件词”[①]也日渐增多。如“躲猫猫”“叉腰肌”“三聚氰胺”“结石娃”“川震”“猪坚强”“不折腾”等。

当下，这些不断流行的事件词又为后现代成语的流行奠定了一定的基础。

2. 事件成语化

“何弃疗”“来信砍”“我伙呆”“不明觉厉”“秋雨含泪”“十动然拒”……看到这些三字、四字语，大家知道什么意思吗？可能许多人一下子有种“我伙呆”的迷茫。这些新成语，或称为后现代成语基本上采用传统成语的构成规则——缩略法创造而成。“成语是人们长期以来习用的、简洁精辟的定型的词组或短句”[②]，多采用四字格式，它往往是作为一个整体来使用的，大多数成语需知道其来源或者典故才能懂得它的含义。后现代成语沿袭了传统成语的这种格式，也多为四字一句，每一个成语背后都有一个相应的故事，因为这些后现代成语多采用的是网络流行语的压缩版形式，对成语含义的理解就更依赖于对故事的来龙去脉的了解。这些新成语有三字的、有四字的、还有四字以上的，当然以四字的居多。

三字的，如“何弃疗”是“为什么要放弃治疗”的简写形式，这一成语源于一个典故：为少年治疗网瘾的医生杨永信，因在治疗过程中使用电疗而受到指责，后电疗停止。“你为什么放弃网瘾治疗”是杨教授问话的原意，而现多被用于嘲讽或自黑，

---

① 赵越. 事件词：新词语家族中的重要成员[J]. 语文学刊，2009(9)：168－169.

② 狄蕊红. 这些词语为啥看不懂呢[N]. 华商报，2013－09－10.

如“楼主脑子有病需赶紧治疗”；“放弃治疗是为了更机智地活着”，这里跟“药别停”表达的是同一个意思。“我伙呆”是现在非常流行的“我和我的小伙伴们都惊呆了”的压缩版，这一三字语则和2011年网友“苏隐衡”发表的一篇微博有关，文中讲述了一位小学生用逆天的想象力虚构了端午节的由来，其故事惊心动魄，情节元素古今混搭，老师看后发出感慨：“风中凌乱了！！！学生发散起来地球人都阻止不了了！！！！我觉得我压根不配当这朵奇葩的老师！！！”“听了这个以后我和小伙伴们都惊呆了！”后面这一经典语句很快在网络热传，后被网友们减缩为三字成语“我伙呆”。“来信砍”是“来××（××是地名）信不信我砍死你”的缩略语。该成语典出百度李毅吧，吧友根据一黑龙江哥们说过的一句话—“来东北信不信我砍死你”总结出“来信砍”一语，遂风靡。其实，“来信砍”并非一定要到某地，重点在于强调说此话的人的霸气。类似的成语还有“经拿滚”“冷无缺”“请允悲”“细软跑”“醒工砖”“秀下限”“战五渣”“碎一地”等。

四字格形式向来是成语的主体格式，后现代成语也不例外，四字格式的成语也是后现代成语的主流。要理解和合理运用新四字成语，同样需了解其背后的点滴故事。如“不明觉厉”意为虽不明白是什么意思，但好像很厉害的样子。语出周星驰电影《食神》中的一段对白，周星驰给莫文蔚和李兆基讲解濑尿牛丸从开分店到上市的过程，李兆基说：“虽然不知道你在说什么，但感觉好厉害。”在网络上主要用于表达菜鸟对高手的崇拜，亦可调侃楼主言语行为夸张或不知楼主所云。“十动然拒”意思是“十分感动然后拒绝”，该成语的背景是华中科技大学文华学院的一大四男生写了16万字情书，在光棍节向自己心仪的女生表白，女生十分感动，然后拒绝了他。“秋雨含泪”典出2008年6月5日余秋雨先生发表的博文《含泪劝告请愿灾民》，文中他含泪劝告那些要求惩处豆腐渣校舍的学校领导和承包商的请愿灾民，说他们在地震中故去的孩子皆已成菩萨，已得到安宁，不要因为请愿之故而横生枝节，被某些反华媒体利用以进行反华宣传。大家指斥秋雨含泪的劝告是“腐败的政治帮闲和谄媚的文化口红”，故该成语也被形容为鳄鱼的眼泪。而“月球挖坑”则和中国探月工程首席科学家欧阳自远有关。2007年11月26日，我国航天局正式公布传自嫦娥一号卫星的第一幅月面图像。有人质疑该图有抄袭美国之嫌，欧阳院士澄清说，嫦娥一号卫星所摄月面图像与美国2005年最新确认的月面图像有区别，即同一个地方的图像，我国的比美国的多了一个小坑，以此表明图片的自主性。对于“多出来的小坑”，欧阳院士给出了几种可能性的解释，但网友倾向于认为两个坑是拼图人员的无心之失造成的。他们认为欧阳院士给出的可能性的结论与探月工程首席科学家的身份很不符合，所以调侃说“欧阳院士一不小心，坑挖到月球上去了”。后该成语多用来形容拥有一定身份的人说话不严谨，下结论极不负责任。

与此类似的成语有“男默女泪”“细思恐极”“谁死鹿手”“喜大普奔”“正龙拍虎”“兆山羡鬼”“聚打酱油”“林貌杨音”“范跑郭跳”“黔驴三撑”“猪涂口红”“跨省追捕”“开胸验肺”“杞人忧钴”“火钳刘明”等。

四字以上的，如“图样图森破”“注定孤独一生”等。“图样图森破”是“too young，too simple”的谐音。语出2000年某国家领导人对新闻记者说的话，意即太年轻，太天真，带有鄙视的意味，常和“拿衣服”(naive)、“闷声发大财”等词配合使用。“注定孤独一生”简称“注孤生”，用来形容独自一人生活。本成语原出自加西亚·马尔克斯的《百年孤独》，后出现在一副暴走漫画上，以形容不懂女孩子的心思、不解风情的人。注定孤独一生的典型事例：

电脑不会修不行，埋头专注修也不行：

从前，有个屌丝擅长修电脑，一次被个妹纸请去，那个破电脑怎么也修不好，这时妹纸趴在他的背上说：“这个很不好修吧，不如咱们聊会天吧。”那屌丝觉得自己的技术实力受到莫大的挑战与侮辱，咬着牙说：“我一定能修好！”

再有：

一人骑车去一美女家，聊到很晚，美女说：“天黑了，不如留在我家吧，晚上骑车不好。”那人觉得美女侮辱他的车技，于是气愤地骑车走了。

现在“注孤生”一词亦引申为调侃过于自立的女孩子完全不需要男人。

如以上“图样图森破”“注定孤独一生”这样四字以上的成语数目是极少的。

3. 事件流行语化

某些已经逝去的公众事件不仅依然活在一些词和短语中，朗朗上口的流行语句中也留有那事那人那看法的影子。“我爸是李刚”是官二代李启铭于2010年10月16日晚在河北大学校园飙车撞人后的强势叫嚣。“元芳，你怎么看？”能在2012年大红大紫，是因为搭上了一起网络事件的快车。“你幸福吗？”看似普通的问题，在2012年国庆节期间，由于央视的街边采访被点亮，其中最经典的回答莫过于“我姓曾”……诸如此类的流行语都书写着曾经在我们身边发生的让人难以忘记的或悲或喜、或冷或暖的故事。

(二)事件化词语背后的民意表达

在自媒体时代，作为草根阶层的众多网民获得了一定的话语权，当现实生活中诸多事件出现时，他们利用手中的鼠标创造出一个个另类的词语，在这些词语中包含着他们的喜怒哀乐和对种种社会现象的或批判或讽刺或规谏的复杂情怀。

毋庸置疑，几乎每一个事件词语背后都流溢着一段或让人惆怅或使人汗颜或令人悲愤的故事。它们不仅在网络上活色生香，而且在坊间也口耳相传。

仔细审视这些词语，在它们所表达的万千世情中，对世相的讽喻是其表达的主要情感。鲁迅先生曾经指出:“讽刺的生命是真实,不必是曾有的实事,但必须是会有的实情。”这些事件化词语之所以影从者众,一方面是因为这些词语根植于活生生的社会现实,是现实生活的缩影,另一方面,它们又让创造者和传播者在另类表达中体验到了对丑陋现象的鞭笞和嘲讽的快感①。在这些看似直白浅显的事件化词语背后,往往蕴藉着深刻的讽刺意味,既让人为网民的才思拍案叫绝,又为无奈的现实摇头苦笑。

比如,“叉腰肌”是对外行领导内行、领导越位指挥现象的讽刺。当面对6万多地震的死难者,山东省作协副主席王兆山竟作诗云“纵做鬼,也幸福”,引发网民们的反感,他们通过创造新词语“兆山羡鬼”以表达对漠视他人生命的冷血动物地贬斥。“范跑郭跳”揭示了“范××”和“郭××”两个人虽然对一些事情的行为表现不同,但其实质都是五十步笑百步的一丘之貉。“秋雨含泪”则形象化地呈现了御用文人的装腔作势。“范跑跑”类指摘的是人的不良言行,“楼××”格式词语揭示的是桥或楼等建筑物的低劣质量。同样,“被××”“××门”“××事件”也是这一类词语的典型代表。

讽刺之余,有的事件词语在指明事情真相的同时,也寄予了网民对弱势群体的同情。如“结石娃”是对因食用问题奶粉而导致肾结石的婴幼儿的关切与同情。“开胸验肺”则以刺痛人心的直观方式告诉我们现实的残酷和弱势群体的无奈。有的事件进一步反映了网民们对权利的深重呼吁。如“细软跑”“跨省追捕”是因言得咎的网络发帖者希望地方政府和官员能慎用手中权力,尊重公民言论自由,理性对待群众的诉求。“林貌杨音”是对公正和诚实的召唤,“三聚氰胺”“苏丹红”“谁死鹿手”是对食品安全的担忧和对安全食品的殷切希望。

事件化词语既是社会现象的反映,也是网民情感的载体。事件词语中隐含着网民怎样的态度和他们的爱恨情仇,都需要了解了事件的前因后果之后才能有所体会。

(三)事件化词语的构式义

事件化词语的意义不能从词语形式本身获得,也不是词语各个部分意义的简单相加,这就使得事件化词语具有了构式的特点。构式语法是20世纪80年代后期在格语法、框架语言学、认知语法的基础上逐渐发展起来的一种新的语言理论。何谓构式? Adele E. Goldberg的定义是:“当且仅当C是一个形式(Fi)和意义(Si)的结合体,而且其形式和意义的任何特征都不能完全从C这个构式的组成成分或

① 王石川.2008“网络成语”:另类表达背后的讽喻[N].工人日报,2008-12-31.

其他的构式中预测，就称之为构式。”①Adele E. Goldberg 提出的构式是一个相对宽泛的概念，语言中各种规约化的“形式—意义功能”的结构体都可称为构式，它包括实体构式（语素、词、复合词、全固定的习语及熟语）和图式构式（半固定习语、结构体和抽象句型）。实体构式在词汇上是固定的，即组成部分具有不可替代性，这决定了实体构式往往只有一个实例。图式构式则由部分或者全部开放的结构或抽象句型构成，一个构式下可以包含很多实例。构式语法的关键点在于：构式是一种独特的存在，其本身具有自己独立的意义，即构式义。它的整体意义或形式不能从其中的构件或其他（系统中相邻的）构式那里推导出来，它具有独立于其组成成分之外的意义②。

用构式理论的要点来衡量，事件化词语的构式性是非常明显的。这些词语的意义不是组成部分字面意义的简单相加，而是具有浓重的事件性和抽象的符号性，所以其意义远大于各组成部分之和。在这些词语构式当中，既有实体构式，又有图式构式。

1. 实体构式的事件化词语的构式义

某些事件化词语的出现是由一个独立的事件引发的，并且同类事件发生的几率很少，所以构式在词汇上就具有固定性和唯一性。这一类词语往往是抽取了事件中最关键、最核心的事物或事物的特征作为事件的代表，看到这个词，大家想到的就是那个特定的事件，所以词的意义负载着整个事件的内容以及事件带给人们的反思，这个内容从词的表面意义或原来的传统意义上难以获得的，它的意义是来自对整个事件意义的整体提取。部分新事件化词和全部的新事件化成语属于实体构式。如新成语“杞人忧钴”什么意思呢？大家都知道“杞人”忧的是“天”，干“钴”什么事？原来这个新成语和 2009 年河南杞县发生的钴 60 卡源故障有关，它表达的是在杞县利民辐照厂发生故障后，在信息缺乏的情况下，当地人所做出的本能反应，这个成语也在告诉大家，“钴”这种金属是不存在辐射的。只有清楚了事情的真相，这个成语的确切含义才能把握得比较准确。

2. 图式构式的事件化词语的构式义

一些事件化的词语在产生之后迅速走红，而社会上的同类或同性质的现象又随处可见，人们就会仿拟原形式造出一些同族群词语，把这些同族群词语提取变项，所留的常项就成为了语模。语模一旦产生，就会有更多的变项框填进来，促使了同形式语句的进一步传播和流行。不过，图式构式义和实体构式义不同，实体构式义是对个体事件的整体意义的提取，而图式构式义则是对同一构式中所产生的

---

① Adele E. Goldberg. 构式：论元结构的构式语法研究[M]. 吴海波，译. 北京：北京大学出版社，2007：4.

② 杜澄宇. 新兴“被××”构式研究[D]. 南京：南京林业大学，2012：14.

所有语言形式的实体构式义的整体概括和抽象。它实际上是整体意义基础上的整体意义，比实体构式义更为抽象。比如："N+XX"类构式中"范跑跑""楼断断"等这类事件词本身各自都具有实体构式意义，但是"N+XX"构式的整体意义无法从范跑跑、楼断断这类构词模式的构成成分中推知，亦不能从实体构式义中推知，"N+XX"格式在频繁使用中已形成自己特定的构式意义，即"都表达了否定性意义和贬义性情感评价色彩"。"而这样的整体意义，正是由它所反映的现实事件及其社会评价给予的。"[①]又如流行语构式"舌尖上的XX"，它的整体意义，即特定的构式义为"相关"，至于相关的对象，则由"舌尖"义来决定，但这种意义不是从进入构式的具体流行语句中获得："舌尖上的春运"是春运期间火车上的饮食问题；"舌尖上的浪费"指饮食消费形成的浪费问题；"舌尖上的腐败"反映的是因大吃大喝导致的腐败问题等。这里需要强调的是，虽然图式构式义不能从组成部分和其实体构式义中推知，但由图式构式产生的新的词语和原型词语有密切的联系，是其实体构式义的抽象概括，所以图式构式义是有一定理据的[②]。图式构式义是在实体构式义不断泛化的基础上产生的。

① 张成进."N+XX"构式分析[J].淮北师范大学学报，2011(4)：47-50.

② 曲丽玮，王冬梅.流行语模"舌尖上的X"构式描写及演变[J].渤海大学学报，2013(4)：70-73.

第四章 20世纪90年代以来汉语新变式演变的动态过程研究

语言是一个不断在时间长河中演化的动态系统，这早已是大家的共识。但在拉波夫变异理论诞生之前，对这样一个变化不居的动态系统，语言学家主要进行的是静态的共时研究。当语言变异理论把语言看作是一个充斥着形形色色而杂乱无序变异的系统，并把静态的共时研究与历时的动态研究相结合时，就打通了二者的隔阂，实现了语言演变研究的“泛时性”。语言变异理论是通过寻求变异规则的方式来研究变异，故“可以从语言共时状态的变异中看到语言演变的机制和萌芽，看到语言的发展如何从量变走向质变的发展过程，即演变成分如何通过渐进的变化变成语言中不变的、稳定的成分，完成它的演变过程”①。在这种理论指导下，语言学家把活的正在进行变异的语言现象作为考察对象，从中探索语言变异的方式、线索、规律以及原因，希望从共时的语言研究中找到语言历时的发展线索和发展层次。

第一节 20世纪90年代以来汉语新变式的扩散模式

拉波夫之前的语言学家对语言变异模式进行过探索，如青年语法学派、方言地理学派、汉语音韵学家等，但他们研究的都是历史上已完成的历时音变，即语言的变化，而非现实语言的共时变异。拉波夫是真正进行语言共时变异研究的开创者，他通过对马萨葡萄园岛、纽约市、费城等居民的音变调查和研究探索出语言变异的社会轨迹模型：A群体中的人创造模仿新语言形式→B群体居民接受并扩大其特征→扩散到另一新的社会集团。他指出当语言变异成分与阶层、年龄、性别等社会因素存在共变关系时，语言就由无序变异进入有序变异的阶段②。徐通锵强调变异研究的重要意义在于明了无序的变异是如何转化为有序的结构的③。陈保亚先

---

① 徐通锵.历史语言学[M].北京：商务印书馆，1991：312.

② 孙金花，何星.试论拉波夫语言观的发展[J].外语研究，2008(6)：23-27.

③ 徐通锵.历史语言学[M].北京：商务印书馆，2008：320-321.

生把语言演变看作是新结构经过无序变异和有序变异之间的转化最后取代旧结构的自组织过程[①]。丁崇明先生详尽地总结出语言变异形式演变的类型以及两种演变过程模式[②]。马楠则以现代汉语方言语音变异事实为依据,从新旧成分之间关系变动的角度来细化变异的过程类型[③]。

以上这些变异模式或从语言外部因素、或从语言内部结构对语言变异过程进行了探索,基本上给出了一个明晰的语言变异思路,但这些变异模式有的讨论的只是语言不同变式之间的此消彼长,如徐通锵、马楠等。有的虽研究了变异形式在社会人群中的扩散,但不一定适用于近年来的汉语变异状况,如拉波夫的研究带有20世纪60年代的浓厚的美国语言变异特色,而徐通锵、陈保亚、丁崇明等先生的研究均在2000年之前,那时的网络、通讯工具等传媒还远没有现在这么发达,故语言变异成分的扩散过程也与近年来有相异之处。在现代社会,随着传媒的发达、人们观念的改变,汉语变异模式呈现出多样化的态势,打上了鲜明的时代烙印。

一种语言新变式的扩散方式不外乎两种:向内,扩散到整个语言;向外,扩散到整个语言社区。

一、汉语新变式的词汇扩散模式和扩散机制

语言新变式的词汇扩散过程就是语言新变式在一种语言的词汇间的传播过程。对汉语系统内部变化动态过程的研究始于王士元先生,他就语音方面的演变提出了"词汇扩散理论",该理论秉承语言变异理论的观念,以共时语料为基础,关注的是语音演变中"未变"和"已变"两个静止阶段之间的动态演化过程。所谓的"词汇扩散",是指以词和说话者为载体的语音演变过程。王士元先生认为:语音是有关词汇的变化,也是有关说话者的发音的变化[④]。语音的变化是突然的、离散的,从此音演变为彼音是瞬间完成的,但这种变化在个人的语汇中却呈现出从一个词到另一个词逐渐、连续的扩散。用王先生自己的话说就是:"语音的变化一定是以逐渐变化的方式实现的,在一个时期内,变化由若干个词开始,在词汇之间进行扩散。"而非新语法学派所谓的"所有在相同关系中发生了语音变化的词"皆无一例外地同时受到此变化的影响[⑤]。可以看出,词汇扩散是一个新的语言形式在时间的维度上、在词汇的层面上进行的动态性的过程展示。虽然语言在变我们不易看到,但无论何时,语言都存在共时变异现象却是易于观察的,这种共时变异的现象

① 陈保亚.语言文化论[M].昆明:云南大学出版社,1993:181.
② 丁崇明.语言演变的过程模式[J].北京师范大学学报,2001(6):128-132.
③ 马楠.汉语方言语音变异过程的类型[J].汉语学报,2013(1):93.
④ 王士元,沈钟伟.词汇扩散的动态描写[J].语言研究,1991(1):15-33.
⑤ Wang,William S.-Y.1969 Competing sound change as a cause of residue. Language45:9-25.

就通过年龄的差异体现出来，因为“语言的年龄差异是语言时间差异的反映”①。

徐通锵先生认为，语言变异的研究应服从于“语言研究是要弄清楚在时间和空间中运转着的语言的结构”这一主要任务。语言是一个异质有序的系统，在其中充斥着各种各样杂乱无章的变异，“只有那些和某种控制因素发生共变关系的变异才能进入有序的行列”②，那么汉语中的一个新变式和哪些控制因素有共变关系，变异由无序进入有序的条件是什么？有序状态的变异如何转化为结构，这是语言变异研究要着重解决的问题。

语音演变的词汇扩散仅仅还只是词汇扩散的一个层面，其实，词汇扩散理论同样适用于词汇和语法的演变过程。只是大家对语音演变的词汇扩散这一方面的研究比较深入，而对词汇和语法演变的词汇扩散研究还较为薄弱罢了。本书试图在讨论 20 世纪 90 年代以来汉语语音演变的词汇扩散这一问题的基础上，进而讨论这一时期汉语词汇和语法的词汇扩散问题。

(一)汉语新变式在词汇中的扩散及扩散的条件

当下，汉语在语音、词汇和语法三个不同语言层面上的变异都是非常突出的，但在演变过程中，在语言的各个层面，新变式的词汇扩散的特点和扩散的条件是有很大的区别的。

1. 汉语语音新变式的词汇扩散

20 世纪 90 年代以来，汉语语音的变异也很显著。在普通话中，往往表现为一些个别的词汇的读音发生了变化，如“呆板”的“呆”、“确凿”的“凿”、“亚洲”的“亚”等，这些词读音的改变具有偶发性、个别性，没有对普通话语音系统产生影响。在许多方言中，语音的变化却是牵一发而动全身的，一个音发生了变化，影响的是一批词汇，而且单个语音的变异在词汇的扩散中体现了渐变性的特点。如在广东海丰三十年的语言演变中，海丰方言出现了山摄和臻摄字韵尾读音的变异，即原来的入声韵尾[-t]变成了现在的[-k]、鼻音韵尾[-n]变为[-ŋ]。这种语音的演变在词汇中的渐变性体现得非常明显，其演变的时间先后既和说话者的年龄有关，又和空间地域有关③。如表 4-1 所示。

由广东海丰山、臻摄字韵尾读音的变化我们可以看到如下的规律：一是山、臻摄字韵尾读音的年龄的共时差异确实能够反映出其历时的演变趋势：[-n/-t]→[-n/-ŋ]、[-t/-k]→[-ŋ/-k]，从地域空间上也可以看出这种方向性变异的状态，相对而言，南片变化较快，其次中片，最慢的是北片；一是新派永远走在变化的最前列；一是山、臻摄字韵尾读音演变在词汇中的扩散是渐变的：山摄字先受影响，其次

① 王士元，沈钟伟. 词汇扩散的动态描写[J]. 语言研究，1991(1)：15-33.

② 徐通锵. 语言变异的研究和语言方法论的转折(上)[J]. 语言研究，1984(4)：1-9.

③ 潘家懿. 海丰方言三十年来的演变[J]. 方言，1996(4)：264-271.

是[i]的臻摄韵尾读音,[u]后的韵尾读音变化最慢。

表 4－1　广东海丰山、臻摄字韵尾读音 1960—1990 年演变过程

	山摄字韵尾读音				臻摄字韵尾读音			
	老派		新派		老派		新派	
	60 年代	90 年代	60 年代	90 年代	60 年代	90 年代	60 年代	90 年代
北片	[－n] [－t]	[－ŋ] [－k]	[n/ŋ]、[t/k] 混读	[－ŋ] [－k]	[－n] [－t]	[－n] [－t]	[－n] [－t]	[－n] [－t]
中片	[n/ŋ]、[t/k] 混读	[－ŋ] [－k]	[－ŋ] [－k]	[－ŋ] [－k]	[－n] [－t]	[－n] [－t]	[－n] [－t]	[－ŋ] [－k]
南片	[n/ŋ]、[t/k] 混读	[－ŋ] [－k]	[－ŋ] [－k]	[－ŋ] [－k]	[i]后 [n/ŋ]、[t/k] 混读;[u] 后为 [－n/－t]	[i]后 为[－ŋ /－k];[u]后 多为 [－n/－t]	[i]后 [n/ŋ]、[t/k] 混读;[u] 后为 [－n/－t]	[－ŋ] [－k]

表格说明:

(1)广东海丰北片的山摄字韵尾读音完成了[－t/－n]向[－k/－ŋ]的变化,新派出现了新、旧读音的混用阶段。臻摄字韵尾读音还未变化。

(2)广东海丰中片山摄字韵尾读音变化已完成,只是新派走在变异形式使用的前列,臻摄字韵尾读音的变异在新派的身上已经开始。

(3)南片山摄字韵尾读音变化与中片相同,元音[i]后的臻摄字韵尾读音变异基本完成,[u]后的韵尾读音变化正在进行中,新派大致完成。

广东海丰山、臻摄字韵尾的读音为什么没有整齐划一地同时在这两摄字中发生变异,而是有快有慢?控制其读音演变先后的条件是什么?经过对比分析我们可以看出,广东海丰山、臻摄字韵尾的读音演变顺序的决定因素在于韵尾前的元音的高低和前后。前低元音[－a]后的[－n/－t]易被取代,其次是前高元音[－i]后的[－n/－t]韵尾,而后高元音[u]后的[－n/－t]最为稳定。这不仅是广东海丰山、臻摄字韵尾的读音的变化趋势,这也是闽方言的共同变化规律。

徐通锵先生对山西祁县方言的高元音[－y]的变异分析结果(见表 4－2),更进一步明晰地展示了语音在词汇中演变的渐进性和连续性,而这种渐进性和连续性在说话者年龄和说话人所居住的空间地域上体现得更清楚。

表 4－2　山西祁县方言的高元音[-y]有序变异的分布状态

发音人		语音变异形式	语音变异的描述
地区	年龄段		
太谷(临县)人		[-y]	未变异
古县(范)		[-$y^{(u)}$]	带出轻微的[-u]音
城关(阎)	老年人	[-y^{u}]	[-u]音渐明显，但短而弱
城关(段)	中老年	[-^{i}yu]	[-y]音分裂为[iu]；[-yu]异化滋生[i]；[-u]已为独立元音
城关(彭)	中年	[-i^{y}u]	[-iu]音色渐明晰；[-y]在退隐
城关(王)	中青年	[-$iu^{β}$]	[i]成为介音；[y]退出发音；[-u]为主要元音；增生[-β]韵尾音色
城关(某)	青少年		
来远人		[-iuβ]	[β]已变为独立的音

从表 4－2 可以看出：语音[-y]的变异是一个[-y]这一音位音值渐变变移的连续统。和这一变异形式产生共变关系的是时间和空间因素。[-y]在时间上的变异在发音人年龄的差异上得以明晰的展现。城关不同年龄段的发音人，[-y]发音不同，随着年龄的递减，我们可以看到[-y]音值渐次变异的趋势为：[-y^{u}]→[-^{i}yu]→[-i^{y}u]→[-$iu^{β}$]。[-y]音在年龄差异上的有序分布也反映在空间的差异上：祁县的临县太谷[-y]音还未变异，祁县的古县[-y]音的变异刚刚起步，而城关的[-y]音是正在进行的变异，祁县南边的来远乡[-y]音的变异已经完成。语音空间的差异确实反映了时间的发展序列。

要深入地研究语言变异，仅了解语言变异形式和哪些因素存在共变关系是远远不够的，因为语言变异成分和发音人的年龄、所处地域等社会因素的共变关系是受到语言结构因素的制约的，所以进一步研究语言变异成分和语言结构间的关系，才能揭示看似无序的变异背后深藏的有序性，找到发生语言变异的原因，合理预测出语言变异的走向，从而真正为语言的规范起到引导作用。

据表 4－2，[-y]音在祁县完整的音变趋势为：[-y]→[-$y^{(u)}$]→[-y^{u}]→[-^{i}yu]→[-i^{y}u]→[-$iu^{β}$]→[-iuβ]。那么祁县的[-y]为什么会发生变异？它的变异会呈现怎样的趋势呢？这和高元音[i]、[u]的变异密切相关。在元音的高化过程中，高元音[u]因无法继续高化而向[-$^{ə}u^{β}$]变移，在变移过程中，又增生了一个带有[-β]音色的韵尾，后[-β]韵尾音色发展为独立的音。在[-u]的变移过程中，大家可能有这样一个疑问：[-i]既然前化为[-ɿ]，和[-i]同处平行的共变关系中的[-y]应前化为[-ʮ]更符合音理一些，为什么[-y]反而会变成[-iuβ]，而不是和祁县的邻县的方言一样变成[-ɥ]呢？祁县方言发生这样的变异跟该方言音类的一个有序变异的趋势有关。在祁县方言中，撮口韵是与齐齿韵相互转化的，开口韵是与合口韵相互转化的，所以作为撮口韵的[-y]只会向齐齿韵[-iuβ]转化，而不会转化为合口韵的[-ɥ][①]。

2. 汉语词汇新变式的词汇扩散

20世纪90年代以来，汉语的新词语不断涌现，这些新词语包括新产生的词语、新造的词语和旧词新义。在语言中的使用中，新词语也体现了在词汇中渐次扩散的特点，但这种扩散和语言结构建立的关系显然和语音不同。那么词汇的词汇扩散是怎样由无序转为有序的？这种转化与语言结构间又是怎样的共变关系呢？

关于新词语在词汇中是怎样扩散的这一问题，在旧词新义的新词语的扩散中体现得是比较明显的，所以下面我们主要以这一类词语为例来讨论词语新变式的词汇扩散问题。词语新变式在词汇中的扩散与词语意义的消长关系最为密切。如像“哥”“姐”“嫂”“弟”“妹”等亲属称谓语在现代社会都已经明显泛化和社会化了，这些称谓泛化和社会化的过程也是它们在词汇中的扩散过程。我们就以“哥”为例来研究这个具体的过程以及它扩散的规律。

图4-1反映出“哥”一词在词汇中的扩散过程：亲属称谓词“哥”首先可以用于对非亲属的称呼，如大/姓/名＋哥，这时“哥”的使用开始泛化，它的基本义素中的“血亲”已脱落。当“哥”可以作为对职业男性的称呼，如“的哥、空哥”等，或作为隐含有抬高被称呼者的“帅哥、一哥”等称呼形式时，因为这些称呼往往指称的是具有某种特征的个人或者是一类人，“哥”的称呼就具有类化的特点，这时被称呼者是不是年长的同辈已无关紧要了，所以[＋同辈][＋年长]这两个义素也就弱化了。春哥、曾哥分别是对某选秀节目中脱颖而出的两位具有中性风格的女性李宇春和曾轶可的称呼，其调侃意味浓厚，这种称呼的出现，使得“哥”的最本质的语义特征

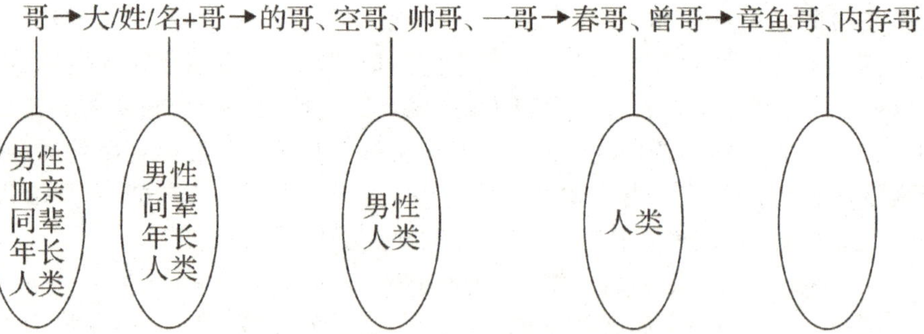

图4-1　“哥”一词在当代的词汇扩散过程

① 徐通锵. 语言变异的研究和语言方法论的转折(下)[J]. 语言研究, 1988(1): 27-49.

[十男性]这一义素也被消解掉了，作为亲属称谓语的“哥”的区别性语义特征已经消解殆尽。在网络时代，当像“章鱼”这样的动物也可以以“哥”呼之，无生命的“内存”也能够用“哥”来称呼的时候，“哥”连最基本的义素[十人类]都已消失了。

由图 4-1 可以看出，“哥”一词在词汇中的扩散过程，既是“哥”一词的使用不断泛化的过程，也是“哥”的基本义素逐渐脱落的过程。“哥”一词在词汇中迅速扩散的理据在于，它符合概念的内涵和外延的相互制约的反比关系：一个概念的内涵越多，则此概念的外延越小；反之，一个概念的内涵越少，则此概念的外延越大。先进入“哥”新变式的词汇，其“哥”的基本义素脱落的少，即其具有的“哥”的内涵比较多，故其外延较小，和“哥”的关系比较紧密，在使用上受“哥”本义的制约比较多，所以其使用的局限性比较强。在“哥”的义素逐渐剥落的过程中，“哥”这一概念的内涵越来越小，外延越来越宽泛，因为受“哥”的基本义素的制约小，所以其使用的范围就日渐扩张，把许多以前不曾和“哥”组合的词语都纳入了它的使用范围。当“哥”的所有的义素都脱落以后，它的使用就获得了最大的自由度，似乎可以无处不用了。“哥”一词语义特征的弱化和脱落直接导致了指称对象范围的扩大，其使用的场合和语域不断得以扩展①。

“哥”一词在词汇中的扩散顺序是首先用在自己熟悉、距离近的人，依次过渡到适用于陌生、距离感比较强的人，最后甚至可以用于和自己毫无关联的动物或其他物品上。那么“哥”一词的扩散为什么呈现这样的顺序而不是相反的顺序呢？其原因在于此顺序符合人们认识新事物的顺序，即由近及远、由亲到疏的顺序。许多新词在词汇中的扩散都遵循此规律。

钱钟书先生曾说过：“字有愈用愈宽者，亦复有愈用愈狭者，不可株守初意也。”愈用愈宽，即词的内涵越来越小，外延则不断扩大；愈用愈狭，就是词的内涵越来越丰富，外延则不断缩小。新词语中既有像“哥”一样在词汇中的扩散过程其内涵越来越小的词语，同时也有新义不断被赋予的内涵增值的词语。如“幼齿”一词在网络中颇为流行，它现在的意义与本义已有一定的距离。随着语言的发展，在它的部分语义丧失的同时，又增添了新的语义内容。《汉语大词典》中的“齿”有两个义项：一是指牛马的年岁；一是指人的年龄。“幼齿”大约是中古时期产生的词，指“幼年或小孩子”。在现代网络语言中，“幼齿”已经发生了变异，几乎很少用来指幼年的马了，而且其意义较之以前更丰富，句法功能更多样。它的内涵是怎样丰富起来的呢？变异又是怎样发生的呢？“幼齿”一词从中古时期产生，一直到出现在网络语言之前，它在典籍中的用例都极少，仅有 9 例。但是，这一古词语一直存活在台湾闽语中，不同的是，它已经是一个表示贬义色彩的词，指雏妓。这一词是在网络中翻译日本动漫游戏时被重新启用的，因为人物设计和内容都很具诱惑性，就如雏妓

① 张鸿艳．网络时代“哥”的称谓语的变异研究[D]．沈阳：沈阳师范大学，2013：23-32．

中颇受欢迎的“未成年少女”，所以为了吸引网民的眼球，翻译者就借用这一词来表达“未成年少女”的含义。这时它的词义色彩已向中性过渡。随着该词使用频率的提高，在此意义的基础上又增加了“年少的、稚气的”的含义，之后又进一步引申出“幼稚的、不成熟的或缺乏经验的”的含义，这时，“幼齿”又明显附带上了一些贬义的色彩。“幼齿”一词语义不断丰富的过程，也是其在词汇中使用范围和场合不断扩张的过程。“幼齿”一词语义的赋予过程可以简化为：幼齿→幼年或小孩→雏妓→未成年少女→年少、稚嫩、稚气→幼稚的、不成熟的。在“幼齿”的义域不断扩大的过程中，我们可以看到它的语义的发展趋势、词性的变化趋向以及在词汇中的扩散条件。“幼齿”一词在名词词性的基础上又兼具了形容词的特点。起初，“幼齿”只出现在名词的位置上，后来又发展出形容词词性，出现在修饰语的位置上，如有这样的表述：“这是个幼齿问题”或“幼齿有余，沧桑不足”，显然这里的“幼齿”为形容词。“幼齿”一词为什么会呈现这样的演化趋势？这可能跟两方面的因素有关。一是从语义上来看，幼年或未成年就意味着心智的不成熟，由此顺理成章地引申出“幼稚的、不成熟的”的语义。二是从语音上来考虑，大家在网络上基本都用的是普通话，普通话中“幼齿”（[iəu tʂʰʅ]）和“幼稚”（[iəu tʂʅ]）的音很近似，易引起联想，用“幼齿”来表达“幼稚”等含义时显得较委婉，也很调皮，对方易于接受，交际效果会更好①。

在20世纪90年代以来增加义项的新词语中，许多词语在词汇扩散中的共同趋势是把原用来指称动植物的词，现用来指称比较亲近的人，这一类词语和“哥”类不断去义的词语的变异趋势是截然相反的。如“油菜花”本是一种草本植物，在网络上通常借其谐音“有才华”来形容一个人才华横溢，创意无穷。而“猪头”则由动物身体的一部分先引申为表达咒骂和憎恨的含义，现在年轻人的口语中则表示亲昵的称呼。这一类词语语域的变异倾向为：动植物→关系疏远的人→关系亲近的人。

3. 汉语语法新变式的词汇扩散

语法虽然是语言中相对比较稳定的语言要素，但稳定并不代表不变化，在汉语词汇激流勇进的变化浪潮中，语法也加入了进来，成为语言成分变异的一份子。汉语语法新变式在与旧式的竞争中也是沿词汇扩散的道路进行的。

近年来，随着汉语普通话在全国的不断普及，各地方言与普通话在相互接触的过程中都产生了一些变异形式。如普通话中表示复数标记的“们”在渗透进方言以后，和方言中的复数标记形成一种共存、竞争的关系。这种竞争性的演变也是汉语复数标记“们”在词汇中的扩散的过程。在存在文白异读的方言中，来自强势语言的“们”先在方言的文读层逐渐扩散，然后进入白读层。它的改变是从个人词汇的

---

① 杨荣华.从“幼齿”看新词新语的产生和扩散的途径[J].现代语文，2008(7)：136－137.

改变开始的，方言变异始于那些在学校受到系统教育的学生和知识分子等新派人物的文读形式中，后在口语和老派中逐渐扩散。方言中复数标记的复杂程度不同，则它们扩散的具体过程也不太一样。如湖南衡山固有的复数标记为“人[ȵen̥ ˩]”，受普通话的影响，其文读层的复数标记已变成了“们[mien̥ ˩]”，并且文读层的“们”正在向白读层的“人”渗透。福建长汀话的复数标记比湖南衡山的要复杂，它有三套复数标记：侪[tsʰi³³]、们[məŋ²⁴]、侪们[tsʰi² məŋ ˩⁰]。老派使用的“侪”为其方言固有标记，新派引入的“们”是普通话渗透的结果，新复数标记“侪们”是二者的合璧，其演变的顺序是：侪→们→侪们。这样的演变顺序既是普通话的强势渗入对方言影响的反映，同时不同历史层次的复数标记“侪”和“们”的叠置也体现了“当地人既想保留特色，又渴望同外界交流的矛盾心理”①。这里我们也要注意，在方言复数标记的演变过程中，有直线的发展过程，但更多的是回环往复的螺旋式发展过程。如山西交城话的复数标记，老派常用“们些”，新派用“们”，显然“们”比叠加式的复数标记“们些”产生要早，但现在大家常用的不是“们些”而是“们”。鉴于语言发展演变的种种复杂的情况，我们在作语言发展趋势的预测时，要综合考虑各种因素，以找到语言发展的真正方向。

不仅一些后附的语法形式在变异，汉语中的一些组合结构的变异也很明显。它们在词汇中的扩散是否有规律可言呢？我们以近年来扩散较为迅速的“程度副词＋名词”结构来探讨这一问题。在汉语中，程度副词修饰形容词是常规结构，“程度副词＋名词”是异常结构，但随着越来越多的名词进入这一结构，这一新奇的语言现象已经作为一种独立的结构而存在了。“程度副词＋名词”这一语言变异形式在词汇中的扩散过程，其实也就是名词渐次进入这一结构的过程。哪些名词可以进入这一结构？这些名词进入这一结构的机制是什么？搞清楚了这些问题，我们也就找到了这一语言变异形式和语言结构间的关系，找到语言变异有序化的条件。不是所有的名词都可以进入“程度副词＋名词”结构的，形容词能够接受程度副词的修饰是因为形容词是表性状的，性状在程度上是存在差别的，而程度副词本身就存在“度量义”②，形容词受到程度副词修饰后，就标示了形容词的性状的程度。名词表示事物的名称，是具有指称功能的，它要受到程度副词的修饰，就要具有性状义。那么名词具有性状义吗？名词虽然没有把性状义显化，但它隐含有一定的性状义③。名词中隐含的性状义的不同，决定了它们进入“程度副词＋名词”结构的可能性就不一样。和其他类别的名词相较，抽象名词是对事物的属性、特征的抽象概括，其性状义是比较丰富的，所以抽象名词进入“程度副词＋名词”结构的可能性

① 彭晓辉.“们”的竞争演变过程[J].南开语言学刊，2010(2)：121-189.

② 王静.绝对程度副词的发展演变概述[J].沈阳大学学报，2008(2)：86-88.

③ 仇旭.“副名结构”之名词研究[J].沈阳大学学报，2013(2)：266-269.

就比较大。这类名词如“知性、诗意，青春、朝气”等。具体名词虽然表可视、可触的实体，不表性状义，但并不代表“程度副词＋名词”结构就不会在这一类名词中扩散。具体名词中的指人名词，是以某种类属特征来对人群进行范畴化后而命之的，其中也就隐含着该类人群所共有的性状特征[①]，故部分指人名词可以进入“程度副词＋名词”结构。该类名词如“绅士、女人、淑女、农民、市民”等。指物名词因为它的有形性更强，其性状义更弱，不易进入“程度副词＋名词”结构，但用来指称那些常见且特征鲜明的事物的指物名词，它们通过比喻的方式也获得了性状义，所以也有机会进入“程度副词＋名词”结构。“奶油、阳光、铁、面、桃花”等就属此类名词。专有名词是对特定的人、事、物等的称呼，它的独一无二性也使得它的名称和特点一体化，大家往往见名而知其性状，所以它自然也有了进入“程度副词＋名词”结构的前提条件。不过专有名词较少，所以进入“程度副词＋名词”结构的该类名词在所有名词中的数目并不多。相比较而言，抽象名词更易受程度副词的修饰，如果具体名词要更易于进入“程度副词＋名词”结构，就可以通过增加抽象性的方式来实现。具体名词怎样增加抽象性呢？具体名词和抽象名词组合以后，就具有了抽象名词的特性，很容易受程度副词的修饰。如具体名词“官僚、山东”分别和抽象名词“气概、特色”组合，就构成了含有抽象意味的名词词组“官僚气概、山东特色”；而具体名词附加上“气、腔、味”等后缀后，转化为抽象名词，也易于进入“程度副词＋名词”结构[②]。

综上所述，我们把名词按照进入“程度副词＋名词”这一结构的可能性的大小，从大到小依次排列为：抽象名词＞抽象名词＞具体名词＞指人名词＞指物名词＞专有名词。越排在前面的名词抽象性越强、性状义越明显，然后依次递减。

通过分析可以看出，部分满足条件的名词是可以进入“程度副词＋名词”结构的，那么进入这一结构的名词的语言机制是什么？当具有隐性性状义的名词进入“程度副词＋名词”构式之后，名词就受到程度副词和“程度副词＋名词”构式框架的双重制约。“程度副词＋名词”构式是对构式范型“很＋×”中的典型成员“副＋形”结构的仿拟。构式语法认为，构式本身具有意义，构式范型对其组成成分具有意义规约力量，当其组成成分的常规意义合乎构式范型的意义要求时，二者之间是例示关系，当后者与前者的意义要求冲突时，构式范型会对其进行语义压制，以求语义间的和谐与统一。构式范型“很＋×”要求“×”表达性状义，而进入此结构的名词表达的是指称义，这与构式范型的意义不相符合，故受到压制，受到压制后的名词的语义产生游移，以俯就构式范型的语义要求[③]，在这种情况下，名词隐性的

① 张娟．从性状强化看“程度副词＋名词”组合[J]．西北成人教育学报，2007(1)：21－23．

② 王云昀．副名现象中副词、名词的性质及其组合规律[D]．长春：东北师范大学，2006：12－13．

③ 仇旭．“副名结构”之名词研究[J]．沈阳大学学报，2013(2)：266－269．

性状义凸显，而指称义潜化。

在语用方面变异比较大的是当下网络中各种体的仿写和框填。这些体形式是在网民不断地仿写中得到扩散的。这种扩散不仅仅表现在词汇的扩散上，而且表现在词汇扩散基础上的体格式的扩散上。体格式的扩散特点为：个人随意、偶尔创造了或使用了一种体形式（后者已原有一种母体）→形成高度形似的模板框架（变更个别字、词、语）→模板框架发生改变→模板框架神似化。这种框填式的语言仿写一定是先有话语母版的流行，然后才有体格式框架的提取。如2013年9月流行的“长发及腰体”，该体源自小说《十里红妆》：“待我长发及腰，少年娶我可好。待你青丝绾正，铺十里红妆可愿。”它的窜红是因为一对留学剑桥大学的情侣，他俩在中国品牌“众鑫丝”被欧盟提出反倾销调查时，义务为“众鑫丝”提供法律援助。当他们的照片在当地华人论坛出现时，因其行为和形象极美而受网友热捧，为其照片配诗兼评论，其评论运用了《十里红妆》的前两句，网友们被美文美行所感动，以此为契机，开始了造语狂潮。起初大家形成的造语框架是“待我长发及腰，……可好？”如“待我长发及腰，送我沙宣可好？”“待我长发及腰，从你家电视里爬出来可好？”后有人对前一框架有所突破，造出了充满诗情画意的语句：“待我长发及腰，桃花依旧妖娆。去年燕子早还巢，少年娶我可好。”还有的“长发及腰体”与原模板的“长发及腰”已关系不大，只是表达的语气上与模板比较相近，即与模板的框架是比较神似的，“待我别墅盖好，美女嫁我可好。待你出嫁当天，名车相迎可愿。却怕发财之时，美女投怀他人。待你儿女满堂，哭看哥怀她人。”一旦有人仿拟，体格式就开始扩散，这个扩散过程也是该格式的泛化过程，格式的泛化与新词语的语义泛化不同，格式泛化其实是流行体形式使用的语言场景的意义抽象化。流行体中的话语母版都是有具体的话语场景意义的，但当它流行起来，话语框架被提取出来以后，原来的场景意义就模糊化、抽象化，组成框架的话语关系也抽象化了，话语关系各个要素的内涵就会缩小，话语关系的使用范围就会扩大，这使得一种体形式就可以适用在不同的语言场景之中。而框填空位的增多和框架成分的增加也都在消弱原初的场景意义，使框架的使用范围不断扩大①。

（二）汉语新变式在词汇扩散中的共性

从上面的讨论可以看出，语言各个层面的变异要素在语言中的传播，都是通过个人的运用在词汇中逐渐扩散开来的。它们在词汇中的扩散都有各自的规律，比如语音、词汇和语法的变异形式在词汇扩散中的主要机制是各不相同的。语音的系统性最强，音变的结构性也特别明显，往往一个音变会造成“牵一发而动全身”的

① 俞燕，仇立颖．框填式流行语何以如此流行？[J]．修辞学习，2009(6)：71－80.

效果，所以，语音变式的扩散大多是通过符合语音变化条件的词汇以类推的方式完成。而词汇和语法变式的扩散大都和语义泛化有关，不过二者语义泛化的方式不同：词汇变式的语义泛化，大都会经历语义的隐喻、抽象和含混三个语义泛化的等级①，即通过词义内涵的缩小，外延的扩大进而使得词语的使用范围扩大的方式来实现，语法变式的语义泛化，主要是通过语法构式义对内部各组成要素的语义压制与协调来使新变式向构式范型靠拢，从而使该构式也能够在构式范型的语言环境下使用。

尽管语音、词汇和语法新变式在词汇扩散中都有各自的规律性，但它们在传播中也表现出一些共同的特点：

第一，从表面上看，它们似乎都是一些杂乱无章的变异，但如果深究，在特定的条件下，它们都体现出整齐的规律性和明晰的倾向性，这种倾向性也就是萨丕尔所谓的“语言的沿流”，找到语言发展的“沿流”以及保证语言沿着此“沿流”发展的条件，是我们对语言进行科学规划的前提。

第二，语言新变式在说话者的扩散中存在共同的倾向：一种新变式先在受过学校系统教育的青年人群中传播，然后逐渐扩散到中、老年人群。从[y]的语音变化，“哥”等词汇以及“程度副词＋名词”等语法变异形式目前在人群的使用状况都证明了这一点。使用语言新变式的说话者的年龄差异，反映的是语言新变式在语言的词汇中扩散的序列。

第三，语言变异形式在词汇中扩散的渐变性，决定了有的词汇早变，有的晚变。词汇的使用频率和变化的次序之间，存在一定的相互关系，这种关系比较复杂，不是简单、单一的同向关系。Hooper 和 Phillips 认为由语音因素造成的音变，先影响的是频率高的词，而由概念因素造成的音变，则先影响的是频率低的词。王士元先生在研究上海话中[a]和[ɑ]音的合并在词汇中的扩散时，发现了和前两位结论相左的现象：先发生[a]和[ɑ]音合并的，是频率低的词，后合并的是频率高的词②。语音音变中，词的使用频率和变化的先后之间的关系，在词汇和语法中也存在。如变异的“哥”一词，先是用在名/姓＋“哥”的称呼中，最后才扩散到极少见的章鱼哥、内存哥等词语中，是由高频词汇向低频词汇扩散。人称复数标记“们”，也是先在人们最熟悉和常用的人称代词这样的高频词汇中使用，然后再同一语言系统中进行有规律的扩散③。

语言在演变过程中往往是渐变的，这也包括王士元先生所认为的突变的语音

---

① 李明洁.从语录流行语到词语流行语[J].修辞学习，2009(3)：70－78.

② 王士元，沈钟伟.词汇扩散的动态描写[J].语言研究，1991(1)：15－33.

③ 彭晓辉.“们”的竞争演变过程[J].南开语言学刊，2010(2)：121－189.

演变,其实有时也是渐变的。山西祁县方言的高元音[-y]的演变过程就是一个典型的例子。在语言演变过程中,也经常存在新、旧形式并存的局面,但这种状况是暂时的,最终只有一种语言形式成为幸存者。这符合语言竞争演变的两个"维":胜利的新模式通过词汇沿着自己的路线进来的维和失败的旧模式通过词汇沿着自己的路线退出的维。这两条线路可能汇合在一起,在演变过程中我们看到的是逐步的替代"①。

二、汉语新变式的社会扩散轨迹和曲线模型

汉语新变式的社会扩散过程是语言新变式在不同人群中的传播过程。罗杰斯在《创新的扩散》(Diffusion of Innovations)中把创新扩散的传播渠道大致上分为两种:大众媒体和人际关系网络。这其实是比较笼统的划分方法,语言变式的传播渠道还应进一步细分②,比如大众媒体又包括影视、报刊、网络媒体等。20 世纪 90 年代以来汉语变异形式因创造者、传播媒介、创造目的不同,在社会中也呈现出不同的扩散历程。主要包括以下几个方面:

(一)语言新变式的传统扩散轨迹

改革开放以前,最常见的语言变异形式,往往产生于个人的口语或纸质的媒体,这种传统的语言变式起变的介质,也是 20 世纪 90 年代以来语言更新的很重要的源泉之一,但不同的是,20 世纪 90 年代以来,因为媒体的发展和网络的发达,当新形式受到注意以后,其扩散速度要比原来迅速很多。它们的扩散过程大致会经历以下几个阶段:

一个体偶尔使用了区别于本群体语言形式的变异形式 A→本群体内小部分人模仿→本群体内大部分人模仿→另一群体的部分人模仿→成为使用这一变异形式的人群的标准形式→在不同群体中进一步扩散→被全社会接纳而成为标准形式 A′。如图 4-2 所示。

个体有意/无意地创造了一个新语言形式 A,或移用其他群体某一语言形式 A,群体内小部分人在与个体进行话语交流过程中,有意或无意地兼容了对方话语中的 A,后 A 逐渐引起了本群体内的人的关注,故本群体内更多的人有意识地模仿。这时 A 和这一群体的年龄、性别、社会阶层等社会因素产生了共变关系,A 成为本群体内的显威望形式和群体的社会标识。A 这一新异的形式受到其他群体

① 余霭芹. 语法演变中的词汇——汉语语法的词汇扩散[C]// 黄家教. 汉语方言论集[M]. 北京:北京语言文化大学出版社,1997:259.

② 陈绍富. 基于新闻事件的网络流行语研究[D]. 重庆:重庆工商大学,2011:31.

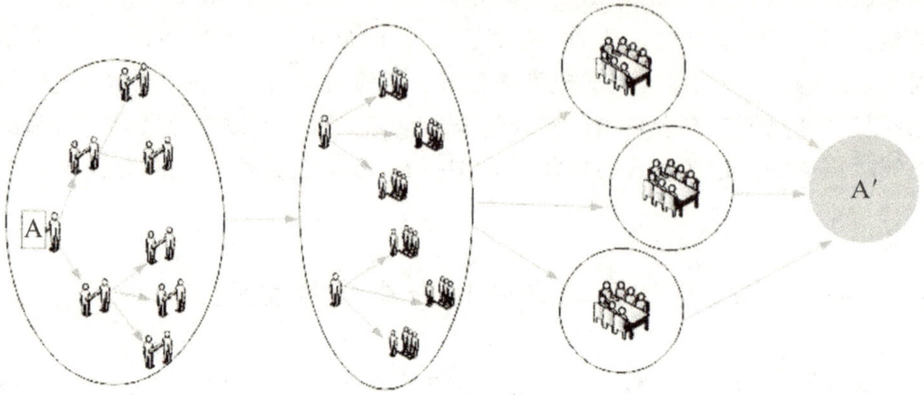

图 4-2 语言新变式的传统扩散轨迹

说明:图中的 A 代表语言新变式,A′代表标准形式。一个有人的圆或椭圆代表一个群体。

非核心成员的青睐,成为其模仿的对象。因为约定俗成是语言的特性,大家对 A 形式的普遍使用,使得它易于得到语言规划部门的认可,成为规范的语言形式。A 作为主流社会的高威望的标准语言形式,逐渐扩散到各群体的核心社会成员,最终被全社会接纳。当然,这是比较完整的语言新变式的传播过程。不过并非所有的语言变式都会一个阶段不落地走完整个过程,有的语言新变式往往就只在特定的社会群体内扩散,有的则如昙花一现,很快就被淘汰了。

遵循这类传统扩散模式的语言变式,有普通话向方言的渗透,也有一些新的语言成分进入普通话的语言体系。

20 世纪 90 年代以来,由于普通话的不断推广和普及,普通话对方言的影响与日俱增,因此许多方言体系中出现了很多的变异成分。如在陕西省渭南地区富平县老庙乡的老庙话中,心、邪二母是逢洪音读作舌尖中边擦音[ɬ]。在 20 世纪 90 年代以前,村民普遍发方言音,当地在校师生读书时发普通话读音舌尖前[S]音,但日常口语中依然用方言音。20 世纪 90 年代以来,外出求学、工作和打工的年轻人越来越多,为了更好地融入城市生活,他们的心、邪二母逢洪音的读音开始向强势语言——普通话读音[S]靠拢,这使得老庙话出现了老、中、青年人在心、邪二母逢洪音的读音上的变异。[S]音在社会扩散过程中,始终伴随着与[ɬ]音的激烈竞争,村民是如何选择的呢?青年人熟悉老年人的读音[ɬ],但他们只说普通话的[S];中年人在使用时一般则会出现顺应倾向,与说[S]音的人交流时用[S]音,与说[ɬ]音的人交流时用[ɬ]音;部分老年人在与中、青年人交流时,也慢慢兼容了普通话读音[S],这一语音变异成分正缓慢地在老年人中扩散。在老庙话中,心、邪二母逢洪音读作[S],是一种正在进行的变化,它正不断地在老庙乡村民群体中渗透，但最终可能不会波及这一群体中的每个成员，因为[ɬ]音在世居当地的老年人那里毕竟是根深蒂固、难以改变的。

近年来，普通话中的变异成分也是层出不穷，它们有来自汉语语言体系内部的，也有借自外语的。如在“××门”这一结构中，“门”已由原来的实义词演化成一种后缀用法，在近年来流行甚广。作为当下一种新的后缀形式，它的演变过程基本和以上过程相吻合。

“××门”事件起源于1972年6月18日美国前总统尼克松的政治丑闻“Watergate”（水门事件）。后来“Watergate”由专名演化为通名，“-gate”也从中抽离出来虚化为一个用来指“丑闻或不光彩事件”的后缀成分。随着中外政治、经济、文化的多元交流，“-gate”系列事件悄然引进国内，被意译为“××门”事件，汉语词汇“门”也就被赋予了“丑闻”这一新的意义，而且很快就在一定程度上汉化和泛化了，被赋予了“失误或差错、困境或窘境、疑点或爆料”等更丰富的内容。国内首次移用“××门”结构，始于2005年1月在杭州上塘高架桥北段发生的一起三死两伤的恶性事故，涉事车辆为婚车，故记者报道时仿制“-gate”称其为“婚礼门”事件。2006年1月胡戈“馒头门”的出现是对“婚礼门”的仿用。“××门”的迅速扩散，是从2006年4月发生在魔兽世界的“铜须门”事件开始的，此后“××门”的事件就遍地开花。2006年1月至8月短短几个月，媒体上爆出的中国式的“门”事件就不下30个，如“解说门”“电话门”“脏话门”“错字门”“露背门”“抄袭门”等。但这时候这一语言形式还只是被网民和记者群体中的小部分人模仿，而2008年闹得沸沸扬扬的“艳照门”更是给“门”事件插上了飞翔的翅膀。“××门”以前所未有的速度在网络和媒体上蔓延，进入了本群体内大部分人模仿的阶段，涌现出了一批以“门”为词尾的新词语：白字门、广告门、口误门、人妖门、捐赠门、走光门、间谍门、返航门、阳台门、泼墨门、诈捐门、棱镜门等。最近两三年来，越来越多的人已接受和使用“××门”这一附缀式结构。下面我们来看一组对比数据：2006年8月29日2:40，在百度网页上可以搜索到符合“××门”事件要求的语料有3080篇，Google上约有1600项[①]；而在2013年7月9日2:11，百度文库搜索的结果激增到35853627篇，Google则出现了13500000条相关语料。这些数据说明“××门”已扩散到了更广泛的人群。因为“××门”的接受度和使用频率越来越高，它已经由变异形式摇身一变成为规范的语言形式，在2012年6月由商务印书馆出版的第六版《现代汉语词典》中，“门”新增加了一个义项，是借指引起公众关注的消极事件：贿赂～｜考试～。今后如果不加限制，作为规范形式的“××门”就会进一步扩散，最终各群体内的人都会接受这一表达形式。

① 刘晓波，战菊.“传染病”视角下“××门”扩散的模型研究[J].求是学刊，2012(4)：133-137.

(二)诞生于影视媒体的语言新变式的扩散轨迹

当下,除了传统的语言扩散方式之外,影视媒体也是新语言变异形式滋生和传播的重要平台,因为受众的广泛,诞生于此的语言变式的传播,较之传统的扩散方式要迅速得多。

个人或小部分人有意识创造新形式A(有声望的形式)→来自不同群体的部分人模仿→在各自群体中进一步扩散→很可能发展为标准形式A′。如图4-3所示。

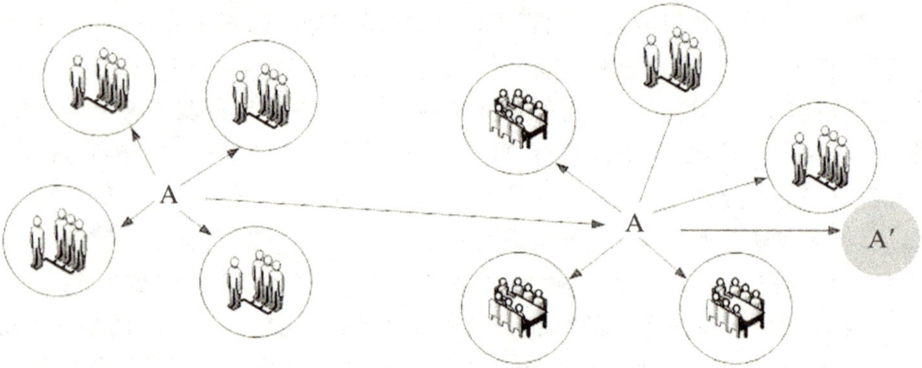

图4-3　诞生于影视媒体的语言新变式的扩散轨迹

在新语言形式的产生过程中,有的语言变体是个体或一小部分人有意识地创造的结果,这些人往往是有身份、有地位、有一定影响力的强势人群,他们创造的语言形式A,大多一开始就是一种显威望的语言形式。标新立异的语言形式、造语者的广泛影响力、大众传媒迅速发展和互联网的普及等各个因素的合力,促使一种新的语言形式高速在各个群体中流布。最先模仿新形式的是各群体中易于接受新事物的人,尤其是有知识的年轻人,他们是新形式扩散的强有力的推动者,在他们的带动和影响下,新形式在各个群体中迅速蔓延。这些产生之初就具有显威望的语言形式,比较容易发展成为社会认可的规范形式A′。

如在每年的春节联欢晚会上,一些新颖的、大家比较感兴趣的语言形式,借助电视这一平台,突破了时空的限制,无界而又瞬时地让几乎所有的中国民众甚至全球华人知晓。而这些新形式的造语者,基本上都是著名的表演艺术家,他们身份和话语的优势,使各个阶层的人群,乐于争相模仿出自他们之口的语言新变式,因此,春晚上出现的清新别致的新语言形式,在人群中流传是最快和最广的。以流行语"不差钱"为例,其主要含义是"不缺钱",这一流行语能迅速走红,是得益于小品《不差钱》的大获成功。《不差钱》是在2009年春节联欢晚会上,主要由著名表演艺术家赵本山及其弟子表演的小品，它反映了商品经济社会，人们办事需要请客吃饭和拉关系这一广泛存在的社会现象，这种现象使得“差钱”的人也盲目地讲排场、花尽心思撑面子，以显示自己“不差钱”的经济实力。这是自古以来“好面子”的中国人的共同的心理，这种心理在20世纪90年代以来表现更甚。小品在幽默和笑声中深刻地揭示了这一主题，辛辣地讽刺了这种普遍存在的不良社会现象，深得全国观众的喜爱。《不差钱》获该年度最受观众欢迎小品。“不差钱”这一短语也深入人心，得以广为流传。在2009年春晚之前，这一短语的使用频率非常低，2009年春晚以后，这一东北方言在各种媒体、网络和人们的日常生活中频现，红遍全国。能吸引老百姓的眼球是新闻最大的成功，当“不差钱”这一新颖的短语在春晚一出现，记者们就争相模仿，故“不差钱”就屡见报端和网络。如：

(1)艺术品拍卖：内地富豪“不差钱”(上海金融报，2009-12-08)

(2)或许足协忽视了一个重要的因素，那就是中超其实不差钱(鲁中晨报，2009-07-05)

(3)不差钱不整事就等赢球了(沈阳晚报，2010-04-11)

(4)贵阳：无人报摊六年“不差钱”上央视《新闻联播》头条(人民网，2011-11-22)

(5)其实，拜金现实里不过是小众，就像活动结束后，一从事市场营销的女孩子跟记者说的：“武汉女孩子结婚不差钱。房子我有，工资也不错，差的只是个懂得知冷暖的男人。”(长江日报，2012-05-18)

(6)从坚决不收到不好意思不收，再到心安理得地收，自称“不差钱”的局长收起钱来已经轻车熟路了(芝麻网，2012-11-26)

(7)中国足球到底差不差钱？(新民晚报，2013-02-24)

不仅记者和网民这些特殊群体在使用“不差钱”这一流行语，而且它也成为普通老百姓的日常口语。如：

(1)A：小凡，这是上次你借我的35块，给你。

B：我记得是33.5吧，怎么四舍五入得这么多？

A：哈哈，不差钱儿。

(2)A：哎，快看，那女的身上穿的那件衣服，两万多呢！

B：嗨，人家不差钱儿。(耿翠翠例①)

“不差钱”已进入了2009年春夏季中国主流报纸体育娱乐类十大流行语。十大流行语是由语言权威部门——国家语言资源监测与研究中心平面媒体分中心、北京语言大学中国新闻技术工作者联合会、中国中文信息学会于2009年7月10

① 耿翠翠.“不差钱”的语用分析[J].语文学刊，2010(3)：72-74.

日联合发布的。

因为“不差钱”的频繁使用，对这一短语进行研究的人也为数不少。据笔者借助中国知网进行的调查，发现从1995—2008年，“不差钱”出现的语料条目都是个位数，2008年最多也只有8条，但2009年一下子就增加到2938条。2010年大家对“不差钱”的关注度有增无减，相关的语料高达3242条，2011年和2012年，对“不差钱”的讨论也为数不少，分别为2084条和2052条。2013年截至7月20日，在中国知网上出现的语料也有819条。这些数据表明这一流行语继续在人群中扩散。郭玉婷根据中国知网的调查认为“不差钱”在2012年以后已归于沉寂①，这种断言还是有点为时过早，因为2012年笔者在中国知网上检索到的相关语料有2048条，2013年前半年为819条，在360度搜索到大约101条新闻语料。这说明“不差钱”这一短语并未退出我们当前的语言生活，只不过它已过了使用的黄金期，其使用率在逐渐萎缩。也许不久的将来，它会被人们遗忘，那时可能也就彻底沉寂了。

（三）来源于互联网上的语言新变式的扩散轨迹

不仅影视这种受众广泛的媒体促成了新的语言形式的急剧流行，拥有6.68亿庞大网民群体的互联网，更是造就了网民的集体狂欢，许多语言新变式都是在网民的创造和推动下成为日益流行的语言形式。

个别网民有意识/无意识地创造新形式A→诸多网民模仿→媒体报道及模仿→普通大众模仿→部分发展为标准形式A′。如图4-4所示。

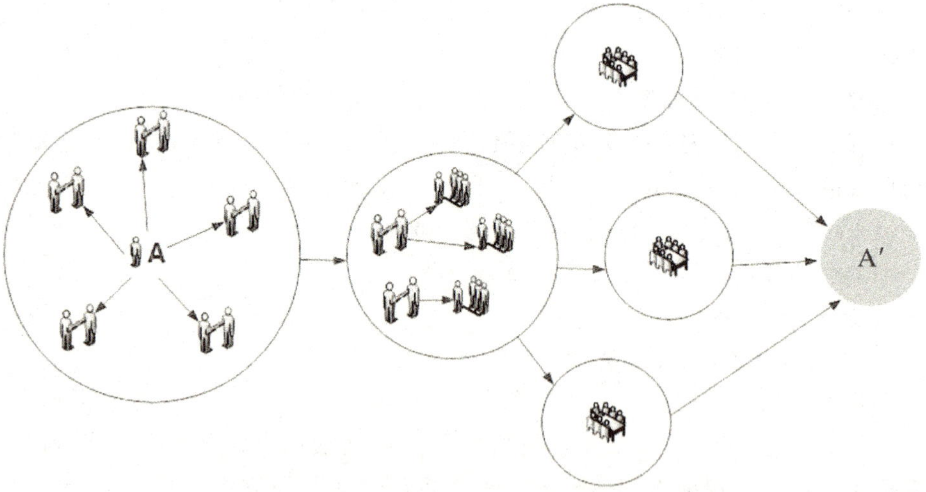

图4-4　来源于互联网上的语言新变式的扩散轨迹

① 郭玉婷.昔日流行语“不差钱”的社会语言学研究[J].海外英语，2013(3):228-230.

个别的网民有意识或无意识地创造了一种新的语言形式A，这一形式首先引起了网民的关注和响应，网民纷纷仿效，从而造就了新的网络语言形式。网络语言是一种时下非常时髦的媒体语言，其他媒体也对其非常关注，它们及时捕捉到网络媒体的一些新的动态，并适时地进行报道和模仿。按照美国传播学家M.E.麦库姆斯和D.L.肖的“议程设置功能”理论，大众传媒对一些“议程”进行凸显或淡化的处理，会影响受众对“议程”的态度和接受程度①。这种理论应用在语言变异形式上就表现为：当一种语言新变式被媒体凸显时，此语言形式就会被受众所模仿，它就会在网络和其他媒体的共同作用下，迅速在普通民众中流行起来，有的甚至发展成为标准的语言形式A′。

如2009年7月16日10时58分，在百度魔兽贴吧一个只有标题“贾君鹏，你妈妈喊你回家吃饭”的空贴迅速蹿红，在短短一天之内竟然创造了710万的点击量和30万的回帖数，成为网络第一神贴。“贾君鹏，你妈妈喊你回家吃饭”也成为当年的网络流行语。自发帖后的每天，网民们都不断点击、围观、跟帖，截至2011年11月21日15:50，该贴达到35761页，回复1082060条，1074223楼，点击量47606714。四千万的巨大点击量创造了一个网络神话！截至2012年8月28日9:38则达到1217476楼。“贾君鹏”事件成为网民集体狂欢的典型代表。新浪、网易、猫扑、QQ新闻、凤凰、多家网站和论坛以及其他各类媒体，也纷纷发表了关于此帖的新闻，“这个事件的曝光率很高，美国方面都有报道和评论”——创造这一奇迹的“贾爸爸”黄亮华说。媒体作为语言变异形式扩散的巨大助推器，其强有力的宣传和频繁使用，使得这一神贴也快速走入我们的日常生活。在T恤衫、歌曲和我们的口语中，“贾君鹏”都很忙碌，商家更是不失时机地把“贾君鹏”植入广告，让“他”为他们捞金。如：

(1)贾君鹏你妈妈叫你把荣威550开回家。——四川一汽车广告标语

(2)贾君鹏——你妈妈叫你来献血。——宁波一献血点宣传语

(3)贾君鹏你妈妈喊你吃燕京火锅。——一家餐馆横幅

(4)贾君鹏，你妈给你买手机了。——某网店一知名品牌手机广告语

“贾君鹏，你妈妈喊你回家吃饭”是一种能产性非常强的流行语，此流行语不仅促成了贾式语言的流行，而且“××，回家吃饭”的格式也开始被冠以各种版本，如“易中天，校长叫你回家吃饭”“钱文忠，季羡林喊你回校上课”等。而名人们亦开始用这种语言格式对别人进行调侃。现在假如你不知道这句话，你就会被认为跟不上时代了，足见这句流行语的扩散之快和散布之广。

网络上产生的一些新变式由于受制于网络，也可能只局限在网民中使用。网

① 郭庆光.传播学教程[M].北京：中国人民大学出版社，2002：214.

络上一些特殊的语言形式，如数字谐音8147（不要生气）、886（拜拜喽）、8错（不错）、5555……（呜呜呜呜……）等；汉字谐音斑竹（版主）、青筋（请进）、果酱（过奖）、幽香（邮箱）等；充满“童言”色彩的汉字谐音稀饭（喜欢）、芥么（这么）、木油（没有）、粉（很）等；缩写类的词语MM（妹妹）、LG（老公）、Bf（boy friend 男朋友）、b4（before）、3q（thank you）等；别解类的情圣（情场上剩下来的人）、耐看（形容人长得有些惨不忍睹，要忍耐才能看下去）、讨厌（讨人喜欢，百看不厌）等。这些由个别网民有意或无意地创造的语言形式，起先是一小部分网民模仿，之后人数由少到多，使用频率也在不断增加，一些新变式就成为网络语言中的一份子。这些对互联网或网民具有超强依赖性的语言变式，一旦脱离了互联网或听话人为网民这样的特殊语境，往往会使听话人不知所云。如：

近日我从一家媒体上读到一位初一学生写的一段作文。这个学生写道：“那个星期天，妈妈带我去逛200。我的GG带着他的‘恐龙’GF也在200玩，GG的GF一个劲地对我PMP，那‘酱紫’就像我们认识很久了。后来，我和同学到网吧‘打铁’去了……7456！大虾、菜鸟一块儿到我的烘焙机上乱灌水？”媒体说这是用网络语言写的作文。我真不知道有几个人能看懂这不伦不类的“网络语言”。（人民日报，2004-09-21）

这些小网民不仅把网语用在作文这样的书面语中，口语中也很常用。如：

记者随后采访了市内几所中小学的老师。接受采访的老师都表示，这种语言在中小学生的口头表达中很常见，部分学生还以会用这种“网络语言”为荣。

一位学生家长说，上高二的儿子整天上网，他和同学打电话时，家长根本就听不懂他们在说什么。“我觉得这些语言本身没有什么不好，只当娱乐就行，不过如果所有人都这样说话，那肯定会乱套。”（重庆时报，2006-09-18）

以上例子说明除了这些学生网民之外，许多网络语言在网络之外的扩散能力很弱，而且一旦网络语言在日常生活中泛滥，那对我们优美的汉语和日常交流来说都是一种灾难。

（四）来源于语言权威机构的语言新变式的扩散轨迹

20世纪90年代以来新现象、新事物、新概念不断涌现，其中没有名称的需要确定名称、舶来的需要汉化、超规范的需要规范，这都需要语言权威部门发挥积极的作用。这种来源的语言新变式的扩散轨迹和前面的几种很不相同。

来自权威部门创造、借用或认可的语言变式（标准形式）→在部分群体中推广→全民使用。如图4-5所示。

与上面讨论的三种来源的语言新变式的扩散不同，它们大多是由变异形式向标准形式转化，而出自权威部门的语言变式在使用伊始，就是以语言标准形式的身

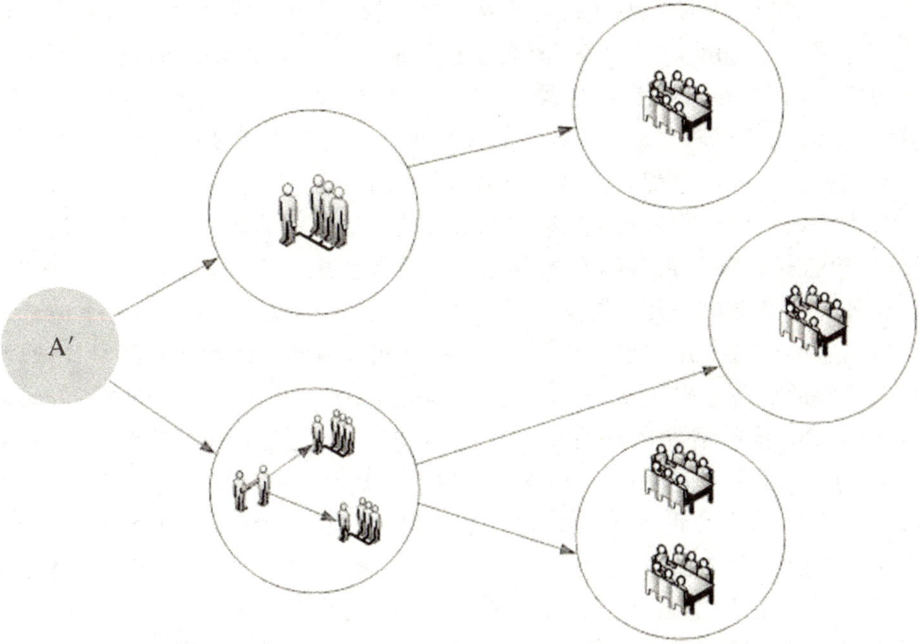

图 4-5　来源于语言权威机构的语言新变式的扩散轨迹

份出现的。当权威部门公布了一种新变式以后,它首先在一些特定的群体中扩散,比如学校的师生、使用新专业术语的工作人员等。因为这一类的新变式一开始就是标准形式,是特定群体需要掌握的语言形式,所以在这些群体中的扩散就比较迅速。在他们的带动下,新变式会逐渐扩散到其他群体,成为全民使用的语言形式。

这一类来源的语言变项主要包括两种情况:一是专家创造或借用的语言形式;二是语言部门在两个甚至更多的变体中,确定一个为标准形式或变更原来的标准形式。这类来源的语言形式虽然都经权威部门的发布,以标准面目示人,但前一种情况往往只有一种变体,而后者则是几种变体中的一种,所以它们在具体的扩散过程也有区别。出自专家之手的语言形式,因为只有一种变体,不存在受众使用的分歧,所以这一变体就能很快在特定人群中流行,然后逐渐被全民所使用(见图 4-5 下一行的扩散模式)。如随着互联网的飞速发展,2006 年出现了一个新的名词“云计算”,它是指“一种基于互联网的计算方式,通过这种方式,共享的软硬件资源和信息可以按需提供给计算机和其他设备”。(360 度百科)“云计算”源于 Google 工程师克里斯托弗·比希利亚所做的“Google 101”项目,并由 Google 首席执行官埃里克·施密特(Eric Schmidt)首次提出,2007 年 10 月,Google 与 IBM 开始在美国大学校园推广云计算的计划,2008 年 1 月 30 日,Google 宣布在台湾启动“云计算学术计划”,2008 年 2 月,IBM 成功地在中国无锡太湖新城科教产业园建立全球第一个云计算中心。由于“云计算”改变了运算能力以及软件使用的模式,所以也吸引了很多其他 IT 企业来租用金蝶、CRM、ERP 等软件提供商提供的产品,而“云计算”也在大学的科研项目、IT 行业的人员培训中扮演着重要的角色[①]。“云计算”这一高端技术的推广过程,也是“云计算”这一新兴名词在人群中的扩散过程。它首先被专业人士所认识和使用,现在也逐渐进入普通民众的使用范围。后一种情况则是,语言规划部门在几种变体中选择一种作为规范形式,然后在民众中推广。因为这种形式是在原来几种同义同功能的语言形式中做出的选择,原来的语言形式在使用者的语言使用中已成为习惯,所以权威部门确认的形式虽然是显威望的,但在人群中的扩散比较缓慢(见图 4-5 上一行的扩散模式)。如“呆板”一词的读音,1963 年的《普通话异读词三次审音总表初稿》中规定,“呆板”读 áibǎn。但是 1985 年的《普通话异读词审音表》对上述规定做了调整,规定“呆”统读 dāi,这样 dāibǎn 就为“呆板”的正确读音。现在的工具书跟过去的工具书便出现了差异。我们应当按照现在的注音读为 dāibǎn。不过了解这种读音变迁的主要是在校的学生,其他人是依然遵照自己原来的读法。

语言变式的扩散不仅仅借助一种渠道,往往是几种渠道共同发挥作用。不过,并不是每个变异形式都会顺利地经历扩散的每个步骤。某些变异形式因为和一定的社会因素联系紧密,故其在扩散过程中受到这些社会因素的制约,只被特定的社会阶层或人群所接纳和使用。如北京“女国音”追求娇美的特性决定了它主要在年轻女性这个阶层扩展。年龄、知识层次以及校园生活的相对独立性,使得校园流行语的使用人群局限在中学生和大学生群体。而有的变异形式也仅在一些人群中使用了一段时间,还没有等到被全民所接纳就已杳无音信了。如有 34%的像“晒黑族、撞峰、楼断断、有碗族、俗贿”一样的新词语,在三五年的时间就被淘汰了。它们的使用人群是青少年和部分中年人,它们还未来得及扩散到其他人群就中途夭折了。

(五)语言新变式扩散的曲线模型

关于语言变异形式的扩散,起初只有定性的说明,拉波夫开始了对语言变异形式进行定量的统计,建立了 S 型的语言变异形式扩散模型,这是对语言变异更为科学地描写。语言变异形式在人群中的扩散,实际上表现为语言变异形式的使用人群数量的增加。从语言变异形式在人群中的扩散来说,S 型模型反映的是新变式的使用者少—多—少的常规的、必然的变异发展过程。但由于新变式的来源不同,语言变异形式扩散的快慢就有所不同,它们的 S 型曲度也就有了一定的差异。下

---

① 软通动力.浅谈“云计算”[J].中国外资,2009(8):34-36.

面我们分别以“××门”“不差钱”“贾君鹏”“云计算”四种不同来源的语言变异模式为代表，观察它们在人群中的扩散曲线。如图 4 - 6 所示。

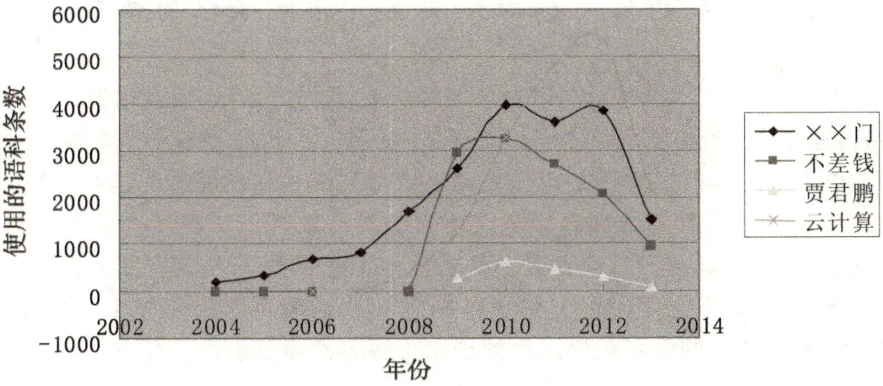

图 4 - 6　语言变异形式在人群中的扩散模式曲线

图 4 - 6 中的数据反映的是从 2004—2013 年之间这四种变式在人群中的使用情况调查。这些数据源于 CNKI(中国知网)中国学术文献网络出版总库。

从以上的曲线可以看出，语言变异形式在人群中的扩散确实体现的是慢—快—快—慢的趋势，而且在大约 20%的时候会突然增加。由于它们来源不同，主要的传播媒介不同，它们在人群中的扩散就有了一定的差别，具体表现在：

(1)“××门”曲线代表了语言新变式在人群中扩散的传统模式的特征：新变式在人群中的扩散相对较慢且持续时间较长。

(2)“不差钱”曲线代表了一种新变式通过影视媒体在人群中传播的速度曲线：因为影视媒体的受众面比较广，许多新变式借助影视媒体很快在不同阶层的人群中扩散，相对而言，语言新变式在影视媒体中的使用人数是不断地、稳定地在增加。

(3)“贾君鹏”曲线代表了产生于网络的新变式的扩散特点：大多数来源于网络的语言形式，即使在网上流行甚盛，但社会生活中的使用人数还是比较少的，而且有的很快就会走向消亡。

(4)“云计算”曲线代表了一种高威望的语言形式在人群中的扩散特点：具有高威望的语言变异形式，一般是易于被大家接受的，所以它在人群中的扩散通常是比较迅速的，又因为它是规范的语言形式，所以短时期内不会在我们的社会生活中销声匿迹。

总之，在现代社会，各种媒体的发达、新旧媒体的结合使得不同来源的语言新变式在人群中得以更快、更广地在社会人群中扩散。

三、汉语新变式扩散的模因论视角和语言演化的秘密

20世纪90年代以来，新的语言形式蜂拥而至，它们的传播通过词汇扩散到整个语言，通过人际交流扩散到该语言人群。那么这些新的语言形式在词汇中的具体扩散过程是怎样的？它们是怎样在词汇中得到继承和发展的？它们又是怎样由一个人的创造变成大众语言的？这些新的变异形式将怎样推动汉语的进一步发展？关于语言形式的扩散，学者更多的是从词汇扩散理论和语言变异理论的角度进行解读，前者如王士元先生①、徐通锵先生②等，后者以丁崇明先生为代表③。以上这些语言学方面的谜团在模因论的视角下更容易得到破解。

（一）模因论

模因论（memetics）是用达尔文的进化论观点来阐释文化进化规律的一种新兴的理论。该理论的核心概念是 meme，意思是“被模仿的东西”，这一概念是由英国著名的动物学家 Richard Dawkins 在 1976 年所出版的《自私的基因》（The Selfish Gene）中第一次提到的。模因是对基因（gene）一词的仿造，因为这两个词从形式看比较相似，读音相近，在意义上又有关联，所以何自然教授把它翻译为“模因”，意图就在于让大家由这个概念就能想到与基因有关的一些模仿现象，但模因和基因两者之间也有很大的不同，“基因是通过遗传而繁衍的，但模因却通过模仿而传播。”④

模因论认为，模因是一种信息复制因子，被复制的对象可以是词语、图像、音乐、服饰格调、手势、脸部表情等文化模仿单位或大脑中的信息单位，这些文化传播单位并不生来就是模因，而只有它们被传播、仿制，才能称得上是模因⑤。

语言是文化的载体和文化的重要组成部分，作为文化基因的模因主要是靠语言得以复制和传播的，语言本身就是模因，语言中的任何字、词、句、段乃至篇章，只要是通过模仿而被复制，就可以成为语言模因⑥。语言和模因的关系密不可分，语言促使了模因的传播与复制，模因则有助于语言的传承与发展。语言模因揭示了

---

① 王士元，沈钟伟．词汇扩散的动态描写[J]．语言研究，1991(1)15－33．
② 徐通锵．历史语言学[M]．北京：商务印书馆，1991：312．
③ 丁崇明．语言演变的过程模式[J]．北京师范大学学报，2001(6)：128－132．
④ 何自然．语言中的模因[J]．语言科学，2005(6)：54－64．
⑤ Blackmore，S. The Meme Machine[M]. Oxford：Oxford University Press. 1999：66．
⑥ 同④．

语言传播的规律，破解了话语流传的谜团[①]。

语言模因是语言形式的模仿和传播，这包括一种语言形式在词汇扩散中的仿拟与变异以及它在人群中被模仿、传播和选择，前者即语言内部的模因，后者为语言的社会模因。

（二）语言内部的模因

语言内部的模因指某一语言模因在同一语言体系内进行的复制和传播。语内模因是语言的传承与发展的保障。语言新变式在一种语言的扩散过程，其实也就是在一种语言的词汇中逐渐扩散的过程。语言形式的扩散主要是语言的模因在起作用。语言模因论认为，一个语言因子在被模仿之后就成为语言模因，一个新的语言形式在语言内部从一个词汇扩散到另一个词汇的过程，就意味着相同的语言因子在被模仿和传递，它就成为一个语言模因。当代的语言新变式在语音、词汇、语法等语言的各个层面上都进行着这样的模因。新变式之所以在词汇中扩散如此之快，在人群中流传如此之广，都和语言模因被复制和传播的频率和速度密切相关。

根据语言形式模仿的程度，我们把语言模因划分为复制型模因和变异性模因。

1.复制型模因

复制型模因指同一语言因子以完全相同的能指在不同词汇和语境中进行扩散的语言模因。这一类语言因子在被模仿和传播的过程中，语言形式始终未发生变化，但表达的内容，即所指也可能变化，也可能不变。

（1）能指不变，所指也不变的模因。

这种模因指的是在语言因子的复制和传播过程中，语言因子的形式和内容被原封不动地进行了模仿，然后在不同的语境中使用。许多新造词语都属于这种模因，尤其是那些专业术语类的新词汇，更是这类模因的典型代表。如“手机”“网民”“放心肉”“菜篮子工程”“微信”“微博”“给力”“正能量”“屌丝”“面的”等一般新词语，“主机”“互联网”“云计算”“融资”“听证会”“消费主义文化”“大众文化”“核武器”等专业术语类新词语，通常都是在能指和所指不发生改变的情况下，被大家在不同的场合进行传递，成为时下的流行模因。除了词语以外，一些流行语句也属于这种模因形式，如“神马都是浮云”“钱不是万能的，但没有钱是万万不能的”“百度一下你知道”“人生没有彩排的机会，每时每刻都是在现场直播”等，都是以整句的形式得到大家的转述和引用。

（2）能指不变，所指有所改变的模因。

这种模因是指在语言模仿过程中，用同一语言形式表达了不同的语义内容。许多旧词产生新义的新词语就属此类，正所谓“旧瓶装新酒”。这一类旧词主要是

① 张红锐.语言模因新探[J].现代语文，2011(6)：11－13.

通过某领域的专用词语，以引申与比喻等方式，进入其他社会生活领域而获得新义，在被反复模仿之后，成为全民词汇。比如“下课”现指被解职；“黑马”则指在体育竞技或在其他比赛中出人意料的优胜者。而“乙醚”也不专指一种化学溶剂，也是对学术明星易中天先生粉丝的称呼。已与食物无关的“玉米”“盒饭”“凉粉”都属于这一类模因。借用一些旧词来体现当下某些社会事件热点事件中的关键点，也使这些旧词熠熠生辉，如“躲猫猫”“俯卧撑”“叉腰肌”“打酱油”等。在这种语言模因中，也有仿音的，即有意模仿语言原型中某语素或词语语音形式而产生的新语言形式，如“春劫”是对“春节”的模仿，“擒人节”是对“情人节”的拟写。以上这些被巧妙地“移花接木”的词，在被复制和传播的同时，也被植入了新的含义，使旧词面貌焕然一新。这种模因形式在广告中颇受欢迎。如在“我们的名气是吹出来的”（某一电扇广告）、“做女人挺好”（一丰胸保健品广告）等广告词中，通过“吹”和“挺”语言形式的联想嫁接来吸引顾客，刺激购买欲望。它们都以不变的能指形式，通过不同的意义联想表达别出心裁的语义内容，从而达到“暗度陈仓”的效果。

2. 变异型模因

变异型模因包括部分变异型模因和完全变异型模因。

（1）部分变异型模因。

部分变异型模因是指一个语言因子，在被模仿的过程中，部分能指要素发生了变化，部分要素被保留了下来的语言模因。语模中的“词语模”和“框填式流行语”以及各种体形式，都是这一类模因的典型代表。按照语模的格式模仿造就的、具有共同特征的一群词、短语和句子，就构成了词群、短语群和句群。这些语群各自都是以某些相同的语素或词为外在形式标志，由它们与其他语素或者词组成一组意义相关或相对的词、短语或句子。新词、新语群是对语言原型的部分语言形式和语义的模仿，它们共有的外在形式标志的是一个语群内部所有组成成员共有的语义①。如“酒吧、书吧、话吧、网吧、自助吧”等词语，都是通过对“吧”这一语素形式的模仿，表达“某一方面的营业性场所”这样的共同含义。如果一种新的语言形式复制能力强、在词汇中扩散范围广，它就成为强势模因。由这样的语模产生的词群和句群，就构成一个庞大的集合。因为模因的强势，共同语素或词汇的语义会越来越虚化和泛化，从而使这一类模因的触角可以延伸到很多词汇和语境。如由“×哥”模式诞生了一系列的新词，如的哥、托哥、帅哥、酷哥、犀利哥、妖娆哥、力量哥、传说哥、甘蔗哥、励志哥、雪碧哥、母鸡哥、章鱼哥等。其中的“哥”，有的可以用于对从事某种行业的人的称呼，有的是对具有某种特点而出名的男性的称呼，这样的称呼甚至可以沿用到动物身上，可见该词模的模仿能力之强。其实“×虫”“×奴”“×客”“×门”“×热”等都属于这一类的强势模因。

① 李江艳. 模因与语言仿拟现象研究[D]. 西安：陕西师范大学，2010：12.

这种强势模因体现在流行语上，就是框填式流行语。框填式流行语的常项部分属于被模仿的部分，变项部分属于变异部分。何自然先生把这类模因称为“同构异义横向嫁接”[①]，即语言模因的框架未变，只是框填的内容在发生变化。如电视连续剧《将爱情进行到底》播出后，汉语的习惯句式“将……进行到底”就开始风行。黄集伟在《将高潮进行到底》的一篇文章中，对这一模因进行了概括，也提出了对“进行到底”这种高调口号的批评：

事实上无论是“将赚钱进行到底”，还是“将减肥进行到底”，无论是“将免费进行到底”，还是“将小剧场进行到底”，直至“将顾客满意进行到底”“将爱心进行到底”“将走光进行到底”等，创造这些口号的那些“作者”自己也未曾察觉的是，那些“进行到底”的呼喊，其实糊涂得紧……

这样，反过来再看诸如“将选秀进行到底”“将A3激打进行到底”“将红唇进行到底”“将高潮进行到底”之类的叫嚣，也就能看出其内里的心虚……

从上文所举的例子可以看出，“将……进行到底”是一个非常强势的模因，它复制、模仿能力强，传播的范围广，使用频率高。

被模仿的语言模因形式不仅限于语音、词汇、句子，也有篇章。在当下，篇章主要是以各种体的形式体现出来的，而这些体也大多带有框填的特色，即主要是对原式的常项部分的仿写。在仿写的过程中，既通过相同的部分表达了相类似的情感，同时，又通过变异的部分展现了语言的创新和发展。如大家对苏轼的词《水调歌头·明月几时有》的仿制，就有不同的版本：

网络版：

女友几时有，把酒问群友，不知群里姑娘，可有男朋友？我欲离群而去，又恐机会溜走。夜难眠，不应有群，何时才能把梦圆？女有黑白俊丑，男有高矮肥瘦，此事古难全。但愿群长久，光棍不再有。

恐龙版：

男友几时有，把话问室友，不知班里帅哥，可有女朋友？我欲离班而去，又恐进班不易。夜难眠，不应有醉，何时才能把梦圆？女有黑白美丑，男有高矮肥瘦，此事古难全。但愿班长久，恐龙不再有。

重修版：

重修几时有，把酒问朋友，不知挂了几科，可否有折扣？我欲考试作弊，又恐教务来抓。考试难，不应老实，何时才能把试过？绩有优良中差，钱有全残皱损，此事古难全。但愿钱长久，重修不再有。

以上这些不同版本的《明月几时有》，在模仿苏轼的词时，几乎每一句都保留了原词的句式框架，然后根据描写对象的不同，填入不同的具体内容，所以在模仿和

---

① 何自然.语言中的模因[J].语言科学，2005(6)：54-64.

复制的基础上又有革新创造。

一般的语法格式的变异基本上属于部分变异型模因。如复数“××们”格式，“有＋动词”格式、“动词＋先”格式等。

(2)完全变异型模因。

完全变异型模因是指用不同的能指来表示相同的所指的语言模因，虽然二者皆指同一事物，但模仿与被模仿的语言形式从表层已找不到共同点。这属于一种以复制信息内容为主的模因，它主要在语言中进行的是信息内容的纵向传递，虽然复制前和复制后的语音形式不同，但两者传递的信息所指没有改变。同一事物在不同时期有不同的名称就属于这种模因类型。如对男性的通称，在 20 世纪 50 年代，“同志”是最神圣的字眼。文革期间，工人阶级登上上层政治舞台，“师傅”由对老师或有技艺的人的称呼而泛化为一般的通称。20 世纪 90 年代以来，随着当今人们经济生活和价值观念的转变，“老板”和“先生”成为比较通用的对男性的称呼，年轻的则被以“帅哥”呼之。

语言在网络这一特殊媒介上传播的过程中，也演变出很多和本义相同但形态各异的语言能指。相同信息的异形传递是网络语言发生裂变的主要形式，这种裂变包括音不同形不同和中英文掺杂两种。前一种是语言在网络上进行拼读传受的过程中，读音和遣词都发生了裂变的传播。如把“长得不漂亮的女性”，我们原称为“丑女”，现叫“恐龙”；相貌欠佳的男性，原呼作“丑男”，现流行叫“青蛙”；“在某领域不太拿手的”生手，网上叫“菜鸟”；原用“可惜”一词表达的含义，网上用“残念”替代；“腊鸭”就是“垃圾”；“离开”就是“闪”；等等，不一而足。后一种裂变方式是指中文和英文进行了掺杂，语言形式的读音和字形都发生了比较大的变化，但是又不影响其原意的语言变异形式①。如用来称呼“超迷某人或某物的一类人”的“粉丝”一词是 Fans 的音译；具有“较高超电脑能力的人”号称“极客”，也称奇客，是 Geek 的译音；“I 服了 U”是中英语码的混用，表达的是“我服了你”的含义；“汉语词汇＋ing”是用掺杂了有形态变化的英语语法来表示汉语动词进行时的一种状态。这些从语言能指上完全变异的模因，在语言所指上都未发生改变。

以上我们提到的都是简单的模因形式，其实，在语言的具体运用中，为了增强语言的表现力，丰富语言的内涵，我们在简单模因之外还会采用复合模因体。所谓简单模因，指仅采用单个模因形式的模因。复合模因体指两个或两个以上结合在一起而同时被复制的一组模因。复合模因体一般比简单模因体传达的信息量大，因此它发挥的作用也较简单模因要强烈②。如下面的这首网友创作的混搭网络流行体小诗，就是复合模因体的典型代表：

① 阮建华，刘学峰，肖群萍. 网络论坛语言：调皮多样助力传播[N]. 语言文字周报，2013-12-11.

② 何自然，何雪林. 模因论与社会语用[J]. 现代外语，2003(2)：201-209.

亲爱的/我一直很想和你建造一座只属于我们的开心爱巢/那里没有辐射/没有甲醛/没有夸张的高价/没有单调/爱的见证其实很简单/只需有一套环保价廉的家具/但是我的耐心是有限的/如果家具价敢继续涨/家具敢有甲醛排放/小心我攒点积分/把家具商全都裸购了盖茅厕/理想很丰满,现实很骨感啊,有木有!/当年村里厕所的两块板现在都很奢侈啊有木有!/亲爱的/最近听朋友说曲美家具能让我们如愿/环保又时尚,价低有品味/问问老湿意见/问你妹啊,这货可不是坑爹的,很给力啊!

上面的这段文字既是一首诗歌,又是一段宣传曲美家具的广告词。在这段文字中,复合了多种模因形式,有复制型模因,也有变异型模因。在复制型模因中,既有模仿"甲醛""坑爹""你妹""给力""裸购"等新词语的,也有复制"理想很丰满,现实很骨感"之类的整句内容的。而就变异型模因来说,它一连套用了三种网络体形式,即日合体、咆哮体和梨花体。日合体是一种语速快、内容广而且又带些黑色幽默的网络语体,其语言以漫画中常出现的"老湿""这货""坑爹""不给力呀"这类词汇为标志。梨花体又称口语体,语言以简明见长。而为了表达激动的感情,不止一个感叹号和通常大声呼喊"有木有"是咆哮体的典型格式。这首小诗糅合了以上三种网络流行体,淋漓尽致地而又非常富有亲和力地宣传了曲美家具的物美价廉、环保、时尚和有品位。这种效果是单一的模因宣传所望尘莫及的。

(三)语言的社会模因

一种新的语言形式之所以能成为模因,关键是得到了人的模仿和传播。模因论认为,模因是一种思维病毒,它会从一个宿主的大脑传染到其他人的大脑,一个人被感染后,模因就会寄存在其脑子里,之后,它会通过纵向传播传染给下一代,又以横向感染的方式传播给其他人。那么,人类是怎样潜移默化而又自觉地模仿别人话语的呢?美国著名的社会心理学家乔治·H·米勒对此进行了具体的描述①。

在人们中间似乎有一种模仿倾向,特别是复制有声姿态的倾向……如果你到了一个讲特定方言的地方并在那里待上一段时间,你会发现自己讲着同样的方言,而你可能并没想这么做。说明这种现象的最简单方法是说你无意中模仿了。其他各种习性也是如此。如果你想到某人,你很容易发现自己在像他那样说话。当他在你心中出现时,他惯用的语调,就是你发现自己正要照用的语调,那就是我们所称的"模仿"。

乔治·H·米勒教授的描述揭示了一个事实:我们会不知不觉地模仿别人的语言。而 Francis Heylighen 教授则提出了模因生命周期论②,进一步细化了模因的具体的传播过程。他认为模因在复制和传递过程中要经历同化、记忆、表达和传

① [美]乔治·H·米勒.心灵、自我与社会[M].赵月瑟,译.上海:上海译文出版社,2008:53.

② Heylighen F. Selfish Memes and the Evolution of Cooperation[J]. Journal of Ideas,1992(4):77-84.

播四个阶段。同化指某模因感染了宿主，该模因受到宿主的注意、理解和接受；记忆则反映的是模因在宿主大脑里保留的时间，当然保留的时间和感染其他宿主的几率成正比；表达是指记忆模因通过转化为有形模因的方式把模因传递给潜在宿主的过程；传播是指模因传递所需的有形的稳定载体或媒介，它们是保持模因复制保真度的保障。Francis Heylighen 教授的这个模因生命周期，其实也反映的是宿主在受到一个模因的感染到最后又把该模因传播出去的完整的动态过程，这个过程有助于我们更好地理解人的主观能动性在模因的复制和传播过程中所发挥的作用。

我们以“山寨×”这一构式为例来了解一个语言模因所经历的四个阶段。这一构式中的“山寨”一词源于广东话，含有仿造性、快速化、平民化等语义内容。山寨的这些语义首先和“手机”产生联系，构成新词“山寨手机”。当这一新的语言形式出现在一个宿主的语言表达中时，因为它体现了草根宿主反垄断、反权威、反边缘化的共同的心理诉求，更容易为其他人所关注，并从原宿主的使用中体会这一新变式表达的含义。如果新的宿主对这种新颖的表达感兴趣时，就会把它存储在自己的记忆当中，当有和使用“山寨手机”相同或相似语境出现时，他们就会原封不动地复制并使用这一语言形式进行表达和传播。这是“山寨手机”这一具体模因的复制和传播过程。由于在当代社会，“山寨”是一个非常活跃的词，因此在“山寨手机”基础上又衍生了与其同构的“山寨春晚”“山寨相机”等模因形式。当“山寨×”基式的使用累积到一定程度之后，宿主们对此类现象进行了概念化、范畴化和语符化，最终形成“山寨×”这一词语模，“山寨×”词语模就扎根在宿主的记忆中。“山寨×”词语模起着统领其他类“山寨×”新词的作用，故“山寨×”词语模属于上位模因，而单个的“山寨×”类词语则属于下位模因。在具体的语用场景中，如果需要“山寨手机”“山寨相机”等现成的模因时，宿主只需要从记忆库中直接提取即可。如果遭遇到的是类似语境时，宿主可模仿上位模因的核心或精髓，并通过选择不同的侧显决定因子来填补“×”语素空位，从而衍生出一个新的下位语言模因，实现新的下位模因的传播过程。“山寨×”“构式的模仿、复制和传播过程伴随着‘山寨’语素的语法化和去范畴化以及‘×’语素的泛化过程。”①在模仿的过程，随着大家对这一模因熟悉度的增加，其新的下位“山寨×”词语在人群中的传播速度就会比起初“山寨手机”“山寨相机”等词要快。从“山寨×”这一模因的复制和传播过程可以看出，人对语言形式的模仿绝不仅仅是照相机式的简单的拷贝和复现过程，而是在保留中有所创新的过程，在这个过程中，作为宿主的人起着关键的决定作用。

一种新的语言复制因子不是以整齐划一地的相同速度在人群中传播，而是有快有慢。对于同一种语言新变式，不同的社群也不是不约而同地皆断然拒绝或都

---

① 王东山，刘坛孝．认知视域下“山寨×”构式的模因周期[J]．重庆理工大学学报，2012(10)：81－83．

欣然接受，而是有积极模仿者，也有消极抵制者。总体而言，年轻人模仿能力强，接受新鲜事物快，往往乐于模仿，故他们多是新语言模因的复制和传播的积极推动者，而年长者则滞后一些，所以就出现了新派和老派之间的语言差异。

(四)语言演化的秘密

语言是一个不断延续发展的符号系统，它之所以没有给人们任何时候的交际带来不便，或使其交际产生中断，是因为语言各要素在发展变化的过程中，其旧有的主要的语言要素被复制、保留和传承。而语言要素只要被模仿和传播就构成了语言模因，所以语言演化的秘密就在于语言模因的存在。语言模因的核心是模仿，模仿不像基因的繁衍，可以毫无二致地代代相传，模仿在传承中会产生偏差，这种偏差就构成了语言的变异，所以语言模因的特点就是同中有异。“同”确保了语言系统不会发生突变，从而确保了正常的人际交流，而“异”则保证了语言能随时代发展的需要适时而变，满足了不同时代的交际需求，二者的结合构成了生生不息的语言发展链条。

在语言的演化过程中，不是每一种语言模因都能够得到宿主一视同仁地同频率、同地位的模仿，这就有了强势模因和弱势模因的差别。强势模因是指那些顺利地完成了同化、记忆、表达和传播这四个生命周期，而且在保真度、多产性和长寿性三个方面的表现值均比较高的模因①。弱势模因则指复制能力和传播能力都比较弱，寿命比较短的语言模因。

任何一种语言要素只要得到复制和传播都会成为语言模因，那么同为语言模因，为什么会存在强势和弱势的差别呢？是哪些因素影响了语言要素的复制和传播能力呢？也就是说，哪些因素决定了某些语言模因成为强势模因的呢？我们认为，语言内部因素和社会因素两方面的原因促成了一些语言模因的强势。

1. 语言内部因素

从语言要素本身来考量，某些语言要素具有其他语言要素所没有的一些有利条件，使它们在诸多的语言要素中脱颖而出，成为强势因子，被大家不断地复制和传播。

(1)表达上通俗易懂、言简意明的语言形式。

语言是我们日常最通用的交际工具，只有通俗易懂的语言，普通大众才易于了解、乐于模仿。只有言简意明的形式，才和当下快节奏的生活合拍，人们才愿意使用并争相传播。那些通俗易懂、言简意明的语言形式，都是一些具有被模仿潜质的语言形式，故易于形成语言模因。如翻译外来词时，在同一所指而几个能指并存的模因中，表达上通俗易懂、言简意明的语言形式更具有竞争力，往往成为人们必然

---

① Dawkins, R. T he selfish Gene[M]. New York: Oxford University Press, 1976: 192.

选择的形式。正像丹尼特所认为的那样，模因的副本及副本的副本能否存在并不断繁衍，取决于各种选择力量，这些力量直接作用在表达它们的物理载体上。也就是说，相关的模因的生命力旺盛与否直接体现在它们究竟是强势模因还是弱势模因上[①]。如关于“meme”一词的译法，林林种种，人各不同，有“觅母、拟子、谜米、模因、敏因、文化基因、理念因子、密母、縻母、幂姆”等，不下十种。但大家乐于接受和使用的还是何自然先生翻译的“模因”这一形式，这是因为“meme”和“gene”有千丝万缕的联系。“模因”这一翻译即体现了这种联系，而“基因”一词已为大家所接受，再接受与之形式相似的“模因”概念就比较容易一些，同时汉字是一种见形知义的文字，从“模因”的能指上我们也可以望文生义地理解为“模仿的因子”，这更符合汉文字的表达习惯，所以“模因”就在众多的同类语言形式中脱颖而出，成为强势模因。同类的还有：简明的“电脑”一词代替了音节较长的“微型计算机”；表意准确、易于理解的“激光”取代了“镭射”一词；简单易记的“CT”比专业性极强，拗口难懂的“计算机断层摄影仪”更受大家欢迎。

一些新语法形式的运用也使语言非常简明，如“副词＋名词”构式中的“很火，特潮、太港、非常男女、非常音乐”等，都用简洁的语言表达了对当今流行趋势的追逐。“动词＋ed”构式和“动词＋ing”构式则借用英语的语法来分别表达动作的完成和进行，比纯汉语表达要简短，所以深受年轻人的喜爱，在媒体上也是颇受青睐的强势模因。

(2)能够体现语言系统性的词汇模因。

一种语言，不仅语音和语法是有系统的，其实词汇的系统性也是不容忽视的。正如王力先生所说：“一种语言的语音的系统性和语法的系统性都是容易体会的，惟有词汇的系统性往往被人们忽略了，以为词汇里面的一个个的词好像是一盘散沙。其实词与词之间是密切联系着的。”“在同一语言内部，所有表达相邻的观念的词都是互相牵制着的。”[②]词汇的这种系统性也在当下造就了一些强势模因。在一种语言系统中，许多词汇往往是成对出现的，尤其是一些和性别有关的词汇。但是，在实际的词汇系统中，因为种种原因，不对称的现象也会存在，这就出现了一些词的缺位现象，而语言的系统性就会要求出现一些新的词汇来补位。20 世纪 90 年代以来，随着人们观念的变化，对原来缺位的词也时有补位。新补位的语言形式更易于吸引大家的目光，从而成为被反复模仿的强势模因。如“汉子”一词的一项释义是对有担当的男性的称呼，词义明显含有人物的褒义评价，对女性则没有与之对应的称呼。但是，在当下，许多女孩子却常常被称为“女汉子”，她们自己也以“女汉子”自居。“女汉子”的特质是什么？

---

① 丹尼尔・丹尼特.意识的解释[M].北京：北京理工大学出版社，2008：232.

② 王力.汉语史稿[M].北京：中华书局，2002：69.

她行为举止不拘小节，性格开朗直爽，做事绝不拖泥带水，能像男人一样战斗，也能和男人一起喝酒吃肉，虽然有时候会犯二，但也让人觉得傻得可爱……人们提起她时，总会面露微笑，竖起大拇指，由衷地赞上一句：这姑娘有种，真是条汉子！[①]

在如今压力丛生的时代，女性需要像男性那样去战斗，自然就多了一份和男性一样的担当，所以"女汉子"的出现也就不足为怪了。

原来我们提到保姆、护士，肯定指的是女保姆、女护士，因为从事这些职业的只有女性，所以都不用在"保姆"和"护士"前加性别以示区别。但是，在现代，随着社会择业压力的增大和人们就业观念的改变，男性也跨入了这些行业，故在语言系统中就相应地出现了"男保姆""男护士"来和"女保姆""女护士"对应。

词汇的系统性还体现在，当一个模因成为强势模因之后，会带动和它对应的模因也强势起来。如"×姐"构式是一个模仿和复制率很高的模因，产生了一系列的"姐"类词语：空姐、港姐、一姐、的姐等，从而使得和其对应的"哥"类的称呼也活跃起来，各种"哥"随处可见，最终构成"×哥"词语模。不仅如此，当一个语言模因成为强势模因以后，活跃的不只是和它对应的词，而且是和它相关的一批词语。如在"杯具"调侃地表达了"悲剧"的含义之后，关于"×具"的系列词语就泛滥了起来，于是就有了洗具（喜剧）、餐具（惨剧）、茶具（差距）等新词。更有人仿照张爱玲的"人生是一袭华美的袍，上面爬满了虱子"的名句，仿写出"人生是一张茶几，上面放满了杯具"的流行箴言，把"杯具"文化进一步发扬光大。

（3）时尚的语言表达。

时尚意味着语言新颖、有时代气息。新颖的语言形式会使人眼前一亮，而具有时代气息则跟时髦密不可分。时尚总是和流行、前卫、另类、标新立异联系在一起，在语言上表现为新潮的时尚词语、流行的时尚语群、克隆的时尚句式和泛化的时尚专词。因为大家都倾心时尚，追求时尚，所以时尚的语言往往成为大家模仿的对象[②]。如在"360，扣扣，你俩好萌，你俩的小团队也很萌"这一句话中，用了三个新潮的词汇：360、扣扣、萌。"360"指的是360安全卫士，"扣扣"是"QQ"的谐音，这里暗指腾讯，"萌"是"可爱"的样子，这句话含有诙谐讽刺的意味，用反语来表达二者的斗争给用户带来的不便。这种调皮的、幽默的表达，充满了潮流感和前卫感，易于被大家当作时尚来效仿。如以上三个词语都拥有自己的词语家族："360浏览器""360搜索""360手机卫士"等；"扣扣头像""扣扣空间""扣扣邮箱""扣扣个性签名""扣扣团"等；"萌妹子""萌江湖""萌三国""萌网""卖萌"等。而现在的一些句式，因为另类的表达，也成为大家争相复制的流行构式。如在现代汉语中，"不要太××"句式空位上常填充的是表示不可控的中性或贬义形容词，表警告、规劝等

① 王硕．女汉子的爱与愁[J]．科学新生活，2013(8)：24－25．

② 程骋．语言时尚效应的社会认知和语用评价[J]．文艺评论，2011(1)：130－131．

含义，为否定祈使句。如“不要太难过”“不要太浪费”“不要太挑剔”等。但是，20世纪90年代初出现的“不要太××”构式，后面常和可控的褒义形容词搭配，多表肯定和赞美，为感叹句①。该构式是一个受英语语义影响而形成的汉语流行句式②，以其新颖的面目而颇受大家的青睐，因而衍生了一系列同类的句子，如“不要太潇洒”“不要太新鲜”“不要太漂亮”等。该构式的风行，使得一些富有社会文化特征属性的专有名词也成为了这一构式的准入成分，如“不要太CNN了”“不要太腾讯了”“不要太易中天了”等。这一模因的复制和传播范围还在不断扩大。

2. 社会因素

Blackmore认为：“在模因进化的过程中存在着巨大的选择压力。所以在数量极大的潜在的模因中，能够生存下来的模因为数并不是很多，只有很少一部分模因能成功地从一个人的头脑被拷贝到另一个人的头脑，从人的头脑拷贝到印刷品，或是从人的声音拷贝到光盘上。”③Blackmore告诉我们，模因的复制和进化是具有选择性的，这种选择性的主动权往往是掌握在使用语言的人的手中，所以一个语言模因是否能成为强势模因，使用者是起着决定性作用的。

对新颖、时尚的语言形式的追求，对有地位、有身份、有名气之人的倾慕，“人云亦云”的从众心理以及对一些重大问题或社会事件的围观心态等社会因素，都会影响到语言使用者对一种模因的选择和复制的频率，也最终会决定一种模因的强弱与否。

3. 模因状态的相互转化

每一种语言形式都会呈现以下三种状态中的一种：非模因、弱势模因、强势模因，前一种是潜模因状态，后两种显模因状态。这三种状态中的任何一种都不是这种语言形式的绝对的、永恒的状态，因为这三种状态呈现的是一种语言形式被模仿状态的动态序列，一个语言形式可以顺着这个序列发展，也可以逆序的，相邻的两种状态之间可以相互转化。

一种语言形式能不能成为模因，是强势模因还是弱势模因，和这种语言形式被复制和传播的程度密切相关。如果一种语言形式刚出现，还未被模仿或者是旧有的语言形式在一段时间内失去了存在的机会和场合，那么这种语言形式就是潜在的语言模因。在合适的语境下，潜语言模因会因受到大家的关注和模仿而成为显语言模因，甚至成为显语言模因中的强势语言模因。如当动画片《喜羊羊与灰太狼》热播的时候，有网友在论坛发帖曰：“嫁人就嫁灰太狼，做人要做懒羊羊。”并罗列嫁灰太狼的十大理由，得到网友的普遍认同，灰太狼的优点也成了女白领择偶的

---

① 杨娟.“不要太A”句式探析[J].现代语文，2009(5)：47-48.

② 马兴国.“不要太……”句型新义考源[J].文教资料，2009(1)：66-67.

③ Blackmore, S. The Meme Machine[M]. New York: Oxford University Press. 1999: 38.

标准。而做人之所以要像懒羊羊，是因为他虽然不爱运动，但聪明机智、临危不乱，总给人一种大智若愚、举重若轻的感觉。懒羊羊的这些优秀品质备受网友的推崇，所以该帖子在论坛得以热传，从而也造就了一种新的强势模因。近年来，不仅新创造的语言形式会“亮瞎”大家的眼睛，引发大家的模仿狂潮，使语言形式的存在状态发生变化，更有一些早已退出我们交际生活的旧有的语言形式，由潜而显，也获得了新生，变得时髦起来，广泛地得到复制与传播，成为新语言形式竞争的优胜者。如被称为2013年热词之一的“土豪”，就是一个沉寂已久的古旧词语。我们熟知“土豪”一词，主要与中国土改和革命时期的“打土豪，分田地”有关。但这不是该词的最早用法，早在南朝的《宋书·殷琰传》就有：“叔宝者，杜坦之子，既土豪乡望，内外诸军事并专之。”此时的“土豪”指地方上有钱有势的家族或个人，这显然是一个中性词。在《南史·韦鼎传》中，“土豪”的贬义色彩已初露端倪：“州中有土豪，外修边幅，而内行不轨。”“土豪”一词还可指一方的首领。如文天祥的《己未上皇帝书》：“至如诸州之义甲，各有土豪；诸峒之壮丁，各有隅长。彼其人望，为一州之长雄。”此处则完全是褒义性质的词了。在革命的语境下，土豪是横行乡里的地主和恶霸的代名词。当前，在大家绷过的“阶级斗争”的那根弦早已放松，几乎忘记“土豪”为“何许人”的时候，“土豪”又以全新的反讽词义的面目卷土重来，用来指网络上花钱无脑的人和极爱炫耀的族群，反映的是大家对“土豪”爱恨交织的复杂心态[①]。2013年9月9日，微博上发起“与土豪做朋友”“为土豪写诗”等活动，对土豪的走红起到了推波助澜的作用，使得这一蛰伏的旧有语言信息重新活跃起来，组成了强势的、新生的语言模因和“土豪金”这样的语言模因变体。例如：

(1)给我一杯忘情水，想和土豪嘴对嘴。

(2)赤日炎炎似火烧，我为土豪把扇摇。

(3)日照香炉生紫烟，土豪能顶半边天。

(4)莫愁前路无知己，土豪我们在一起。蓝田日暖玉生烟，我给土豪揉揉肩。李白乘舟将欲行，看见土豪忙喊停。桃花流水深千尺，不及土豪送我钱。两只黄鹂鸣翠柳，我给土豪敬杯酒……

(5)土豪，我们做朋友吧！(以上语料来自搜搜百科)

可以看出，新变后的“土豪”已咸鱼翻身，今非昔比。

“土豪”一词华丽丽的转身，使“Tuhao”可能将以单词的形式跻身于牛津英语词典词汇的行列。牛津大学出版社双语词典项目经理朱莉·克里曼的看法是比较有代表性的：“如果‘Tuhao’的影响力持续，它很有可能出现在我们2014年的更新名单之中。”

“囧”“槑”“翘楚”“温馨”等是更古旧词汇的“死去活来”。

---

① 潮白.“土豪”卷土重来[N].南方日报，2013-10-11.

不仅词汇，许多新的语法构式也是古旧语法形式的复兴，比如：副词＋名词、动词＋先、有＋动词、动宾式动词＋宾语等。

语言是反映社会的晴雨表和检测器。随着社会的发展，语言也时刻处于变动之中，有由潜而显的，自然就有由显而潜的。由显而潜的语言形式包括由强势模因走向弱势模因的、有潜化趋势语言模因和已经潜化的语言形式。

我们这个时代，既是热衷创造、使用新语言形式和把旧形式不断推陈出新的时代，也是新形式迅速更新换代的时代。如“不差钱”这一模因兴盛于2009年，2010年达到复制高峰时期，此后就开始走下坡路，复制率逐年愈下。2008年年底，率先在校园网上线的“开心农场”捧红了“偷菜”一词，在网络上，“偷菜”蔚然成风，席卷网民生活，以至于在现实生活中，“今天你‘偷菜’了吗”都成为大家见面的问候语了。但也不过短短四、五年的时间，几乎很少有人再半夜起来“偷菜”了，“偷菜”似乎已是很老土的事，“偷菜”一词已渐渐淡出了人们的口语。有一组数据也进一步可以证明许多语言模因从强势转向弱势。如从2006年到2010年，产生的新词语共有2977条，而处于低频使用状态的新词语就占到四分之一。与此相类的，还有我们司空见惯的甄嬛、淘宝、梨花等“××体”，同样是咳唾间便成过眼云烟①。完全隐退的不仅包括文革中盛行一时的政治性话语，如“一小撮”“关牛棚”“阶级斗争新动向”“游斗”“砸烂×××的狗头”“把×××打翻在地，再踩上一脚，叫他永世不得翻身”等，也包括20世纪90年代以来即生即灭的语言形式，如从2006年到2010年五年期间出现的新词语，就有34%几乎当年就从日常语言中消失。专家认为，消失的新词多产生在阶段性事件之中，当事件成为往事，该词也就折戟沉沙了。如2007年随着猪肉价格的猛涨，一些超市开展“零利肉”行动，肉价平稳后，该词就消失了。还有些专业科技用语，短期内引起了人们的注意和模仿，不过随着科技发展，它们也陆续消失或被淘汰②。相比较而言，语音和语法的模因状态的转换就没有这么迅速。

四、语言新变式的词汇扩散、社会扩散理论与模因论视角比较

语言的词汇扩散理论、社会扩散理论和模因论都是研究语言形式的传播。语言新变式的词汇扩散理论主要关注语言新变式在语言系统内部的传播、使用语言新变式的说话者的年龄差异怎样反映语言新变式在语言的词汇中扩散的序列。社会扩散理论着重讨论语言新变式在不同人群中的扩散过程，而模因论做到了两者兼顾。

① 潮白．“土豪”卷土重来[N]．南方日报，2013－10－11．

② 何丰伦．一年冒出594个新词语高考作文禁文言文[N]．北京日报，2012－5－30．

从语言内部来说，词汇扩散主要研究一种新的语言形式在一种语言的词汇中的传播过程：一个新的语言形式是先在哪些词汇中站稳脚跟，然后再占据另外的哪些词汇，最后才爬满同一语言的整个词汇。探究按照这样的轨迹进行扩散的条件是什么，每一种语言新变式的发展趋势是什么。而模因论则探讨一种新语言形式在词汇中扩散时，语言基因中的哪些要素被保留，哪些被摒弃，帮助我们区分一种语言形式的变化部分和未变部分，建立已变部分和未变部分的联系，从而知道语言是怎样继承和发展的，并从中找到语言发展的脉络和线索。它们都是从动态的角度帮我们更好地审视语言，为语言研究提供不同的观察角度，最终找到语言的发展规律和趋势。

从语言新变式的社会扩散而言，社会扩散理论关注语言形式先从哪些人群，哪些地区开始，然后依次怎样在不同的人群中传播。这一理论要研究人的年龄、性别以及地区差异等社会因素对一种语言形式扩散有何影响，并进一步探究语言的共时差异怎样反映其历时变化。模因论则关注一种语言形式是怎样从一部分人传播到另一部分人的，一种新的语言形式是怎样传播给一个新个体，这个个体又是怎样把该形式接受并进行传播的。模因论认为人在语言模因的扩散中掌握着主动权，对语言形式有选择权。

语言的词汇扩散理论、社会扩散理论和模因论都认同语言形式在扩散过程中存在变异现象，认为语言变异并非消极因素，而是语言发展的动力。

第二节 20世纪90年代以来汉语变异的动因分析

“一群之内，声有不同，系乎地者也；百年之中，语有递变，系乎时者也。”[①]语言随时空的流转而不断演变，变异是语言的常态。但到底是什么原因引起了语言的变异，学者却争议颇多。语言变异的原因涉及诸多的因素，因为这个问题的复杂性以及就此问题存在着难以破解的疑团，有的语言学家就放弃了对语言变化原因的探索，Harris认为“要对语言变化的原因作出解释，这是远远超出已有理论所能达到的范围之外的”。即便如此，也有学者在不断探求语言变化原因的奥秘，如历史语言学家力求从语言内部寻求语言变化的动力，社会语言学家则从语言系统以外的社会因素来研究语言变化的促动因素。他们的讨论各有片面性。历史语言学家更多的是把精力投入到研究语音变化的内在动力上，但是，有些语音的变化不一定是语言系统导致的。社会语言学家则主要关注语言变化与哪些社会因素有关，而对于这些因素导致语言系统产生了怎样的变化，以及怎样促使语言系统发生变化的，这方面的研究还比较薄弱。事实上，这两种因素在促使语言发生变异的过程中

① 陈第．历史语言学[M]．北京：商务印书馆，2001：317.

所起的作用是相辅相成的。关于这一点，王希杰先生有所论述①，不过他涉及的仅是部分词汇，语言结构中的其他要素的变异原因，还未纳入他的讨论范围。鉴于此，本书在研究语言形式在语言系统内部因素促动下如何发生变异之外，集中讨论哪些社会因素导致了汉语新变式的产生，这些因素是怎样触发20世纪90年代以来汉语形式产生变异的，它们是怎样在语言系统内部找到薄弱环节来实现突破的。

一、汉语变异的语言系统内部动因分析

在语言的发展变化过程，虽然某些事物本身、人们的文化观念以及社会心理并没有发生变化，但却出现了一些与之相关的新的语言形式。如"女护士""异性恋""女保姆""内宾""硕导"等词语的产生就与语言系统外部的因素无直接关系，是语言系统内部调节的结果。语言系统中的各个层次及其子系统间是相互依存和彼此制约的关系，任何一个成分的变化往往会引起其他成分及关系的连锁反应，最终导致语言面貌为之改变②。

那么，在语言系统内部，哪些语言要素容易发生变化，哪些会抵制语言的变化呢？简·爱切生认为"在语言内部似乎有一种隐蔽的抑制因素，这种因素能够决定语言中哪些成分能发生变化。在语言结构中常常有相同的'薄弱点'，在这些地方，变化容易击中；也有一些稳定的成分，那些成分会抵制变化"③。我们的任务是找到当下语言结构中的薄弱点和稳定的成分，从中探求语言变异的规律和条件。

(一)语言的简化

许多语言学家认为，由于人们追求发音和表达的省时、省力，使语言趋向简化，而语言的简化破坏了语言系统。美国语言学家惠特尼认为，语言变化和发展的主要趋势是让大家发音更容易，表达更省时、更省力④。Gespersen也把语言从复杂到简单的简化过程，看作是任何语言的一种发展趋势⑤。省力原则也称经济原则，该原则由美国哈佛大学的学者George Kingsley Zipf首次提出，经济原则讲究"以最小的代价换取最大的效益"⑥。

20世纪90年代以来汉语在语用中趋于简化的特点在语音、词汇和语法方面

---

① 王希杰.词汇演变发展的内因和外因[J].浙江师范大学学报，2003(4)：20-26.

② 车录彬.符号本质——语言变化的根本内因[J].湖北师范学院学报，2006(3)：65-67.

③ 简·爱切生.语言的变化：进步还是退化？[M].徐家祯，译.北京：语文出版社，1997：141.

④ Gespersen，O. Language：Its Nature，Development and Origin[M]. London：George Allen & Unwin Ltd，1954：261.

⑤ Gespersen，O. Language：Its Nature，Development and Origin[M]. London：George Allen & Unwin Ltd，1954：365.

⑥ 赵贤德.普通话异读词审音应该加大精简力度[J].华中师范大学学报，2011(2)：21-22.

都有表现。汉语在简化的过程中，语言结构中的各种要素都在语言结构存在的裂痕和空隙处找到了突破口。

1. 语音简化

20 世纪 90 年代以来，汉语在语音变化上的一个突出的特点：在语言生活中，“汉语异读词呈现单音化趋势”[1]，具体表现在“文白异读音”“破读音”“地名异读音”“姓氏异读音”和“音译词异读”等一字多音的单音化。如“血”由单用读“xiě”，在合成词和成语中读“xuè”，现倾向于两读合读为“xuě”；“创”两读为 chuāng（创伤）、chuàng（开创），现在一般倾向于读“chuàng”；堡的两读音为“bǔ”（张家堡）、“bǎo”（碉堡），但在“张家堡”这一地名中大家误读为“bǎo”；“任”作姓氏来讲应读“rén”，而许多人读为“rèn”。这一类的多音字单音化的现象很普遍。为什么多音字成为语音变化的薄弱点呢？专家的话道出了其中的缘由。赵元任先生指出：“如果一个字有两种读法，其一是常常听到的，另一个只在书面上见到，那么，中等文化程度的人，由于从来没有听到过这第二种发音，就会随便读熟悉的一个音，从而走上一字一音这一趋势的轨道。”[2]张拱贵先生也说：“一字一音符合文字的功能原则，因而也是深入人心的趋势。异读字的两个读音之间如果没有意义上或用法上的差异，或者有差异而不妨碍理解，形式受内容的影响，不同的读音就会逐渐趋于一致。”[3]而大家在进行多音字的读音选择时，基本上是用常用音代替了非常用音。

语音简化还有一个明显的例子就是北京儿化韵的减少。王理嘉先生指出儿化韵发展的总趋势是由多到少，由繁趋简，韵类系统走向简化，最终会走向衰亡[4]。在儿化词的使用呈现衰减趋势的过程中，这种变异是在语言系统的哪些地方找到突破口的呢？儿化韵的减少和以下的几个因素有关：一是因指称事物或观念的消失而出现了使用上的自然的磨损，如“铛铛儿车、金圆券儿、请蹲儿安、拉晚儿”等；二是被表达同一含义的非儿化词所替代，如“清早儿”用“清早”代替，“后面”替换了“后尾儿”等；在语流中，由于弱化、吞音而形成的所谓“儿变词”受普通话的影响而得以补足，出现了被非儿化的普通话词汇所代替或两者共存的状况，如“今日”“这里”的“日”和“里”分别弱化后，就变为“今儿”“这儿”，它们与普通话的“今天”和非弱化的“这里”共存。儿化韵减少还有一个重要的原因在于儿化韵的合并，如平舌韵母 ɣ 在儿化之后出现了分化，分化后的 ɣ 大部分归入了 ɐr，小部分则归入了 ər。这样就出现了“车儿（tʂʰər）”和“吃儿（tʂʰər）”的混同，“哥儿（kɐr）”和“跟儿（kɐr）”的混

① 赵贤德. 关于汉语异读词读音单音化问题的思考[J]. 齐鲁学刊，2013(2)：157－160.
② 赵元任. 赵元任语言学论文集[M]. 北京：商务印书馆，2007：840.
③ 张拱贵. 异读和异读教学[J]. 语言教学与研究，1989(4)：90－104.
④ 王理嘉. 儿化规范综论[J]. 语言文字应用，2005(3)：46－54.

淆[①]，所以林焘和沈炯把北京话中儿化韵的合并归因于元音央化和鼻音弱化[②]。在儿化经过长期的调整和归并之后，其语音形式就完全纳入到基本韵母的本音系统，儿化韵的“小称义”就失去了依附形式而造成意义磨损。意义磨损之后，儿化的生成新词和增加或改变原词的附加意义的作用就丧失了，这必然导致新的儿化韵不再产生，一部分旧的也被弃之不用。人们现在所用的只是儿化的残存形式。如果长此以往，儿化也许就会走向消亡。

2.词汇的简化

汉语词汇的简化主要是通过缩略语来实现的。缩略语是出于语言表达经济方面的考虑，通过对语言形式的加工，从而形成意义不变形式简短的语言单位。“生产缩略语是当今最大的、发展最迅速的一门工业。”[③]汉语也是这门工业的重要组成部分。当下汉语中的缩略语不仅形式多样、简洁精练，而且表达力也比较强，所以使用频率高、使用面也比较广。

当下汉语缩略语的主要形式：

(1)压缩。压缩是把原来的词语依照意义分成不同的部分，然后从各个部分抽取最能代表其原义的语素或词加以组合，减省掉其余部分的缩略法。这是缩略语最常用的缩略办法。这种缩略语在抽取语素或者词的过程中，形式也很多样，有抽取的皆为原词语中每一部分的前一语素或皆为后一语素的，如：快乐男声——快男，滚动播出——滚播，国家公务员考试——国考，彩色电视机——彩电，国家羽毛球队——国羽队，经济适用房——经适房，香港总督——港督，危险兆头——险兆，电影明星——影星，薄弱学校——弱校等。有的所抽取的组成部分的语素或词的前后位置不一致，有前词的前一个语素＋后词的后一个语素的，如：物资消耗——物耗，查抄销毁——查毁，汽车修配——汽配，通货膨胀——通胀等；也有前词的后一个语素＋后词的前一个语素组合而成，如：电影评论——影评，治疗效果——疗效，四川大学——川大，图书展览——书展等。在词语的压缩组合过程中，有时前后部分提取的成分并不一致，如：安全理事会——安理会，中国科学院——中科院，是前词抽取一个语素，后词抽取两个语素；而包含两个以上组成部分，原词语在缩略时，有的部分未抽取要素的也有，如：政治协商会议——政协，立体公路交叉桥——立交桥等。

(2)截略。截略是直接截取原词语中关键的语素或词，省略掉次要地位的部分。这包括取头、取腹和取尾式三种。取头式，如：清华大学——清华，西飞公司——西飞；取腹式，如：阿拉伯也门共和国——也门，阿拉伯埃及共和国——埃

---

① 周晨萌.北京话轻声、儿化、清入字的变异研究[D].北京：北京语言大学，2006：45.

② 林焘，沈炯.北京话儿化韵的语音分歧[J].中国语文，1995(3)：170－179.

③ John Paxten. Everyman's Dictionary of Abbreviations. Barlnes & Noble，1987.

及;取尾式,如:电视连续剧——连续剧,中国同盟会——同盟会等。

(3)统括。统括是从并列结构的短语中抽取一个共同的语素或词,并以前置短语中并列词语数目的数词或数量短语的形式来表达。这种方式也包含取头、取腹和取尾式三种情况。取头式,如:乱收费、乱设卡、乱摊派——三乱,讲学习、讲政治、讲正气——三讲;取腹式,如:当老实人、说老实话、办老实事——三老,基础教育、职业教育、成人教育——三教;取尾式,如:思想到位、组织到位、职责到位、工作到位——四到位,八荣八耻也属于此类。

比较复杂的缩略语往往不是一次缩略到位的,有时要经过几次缩略才可以完成,如"欧盟"来自对"欧洲联盟"的缩略,而"欧洲"则是"欧罗巴洲"的缩合。

(4)字母式缩略。字母式缩略是直接借用外文字母或用外文字母和汉字结合构成的缩略语。这包括英语借词,如计算机断层摄影仪——CT,严重急性呼吸系统综合症——SARS,视频压缩盘片——VCD,工商管理硕士——MBA 等英语缩略词,因在词形上比中文译词简约而通行。完全源自汉语的拼音缩写形式的字母缩略语,如:汉语水平考试——HSK(国水考),国际标准——GB(国标)。这一类的词,网语上也为数不少,如漂亮美眉——PLMM,佩服——PF,葵花宝典——KHBD,冰雪聪明——BXCM 等。还有一类是英文字母+汉语词语,如 AA 制、IC 卡、T 恤衫、X 光、卡拉 OK、CD 唱片等。

缩略语之所以能成为流行的创造新词语的方式,是因为它的原词语在构成上本身有弱点,即只要合理地抽取原词语各部分中最能代表原语言形式意义的语素或词进行重新组合,那么构成的缩略语就与原词语在形式上具有可逆性(可以复原全称表述)、在意义上具有相等性。用缩略形式不会影响全称中想要表达的内容,所以缩略形式才会乘虚而入。

除了缩略语,当下词汇简化还有一种重要的方式是把社会重大事件词语化,如:躲猫猫、打酱油、俯卧撑、欺实马、华南虎、钓鱼执法、跨省追捕等,在这些词语背后都有一个影响巨大的社会事件,从而可以通过词语透视整个事件,确实起到了词约义丰的效果。这一类词语之所以具有代表性,是因为和词语相关的事件本身影响面广,词语又提取的是事件中最关键的要素,这一要素的提取和其他事件不会产生冲突,也不会让听者产生误解,故它和事件之间就产生了一一对应的关系。

3. 语法的简化

语法简化的趋势是语言史上普遍的事实[①]。当下的汉语已突破一些旧有的语法规范的藩篱,用词日益灵活、简练,句子更加短小、新颖。简化的方式如下:

(1)新的构式造就了词语群,紧缩了句子。

---

① Gespersen, O. Language: Its Nature, Development and Origin[M]. London: George Allen & Unwin Ltd, 1954: 366.

语言构式一个显著的特点在于构式本有其整体意义，当构式意义深入人心之后，用构式来构词、造句就比较容易，而构式的固定意义又可以帮助听话人对说话人的意图做出快速、准确的反映。构式因为有共同的语言要素，所以形式上比较简单，意义上也容易理解，而空位部分的留白则为表达的常用常新提供了空间，使构式成为大家热烈追捧的表情达意的方式。如“～门”“～二代”“～奴”等就比“～丑闻”“～人群中的第二代”“被一种有形或无形的力量折磨着肉体和精神的所谓奴隶”等要简约得多，故它们的使用率一直高居不下，呈现出明显的羊群效应，并在此基础上形成新的词语族群。

“副词＋名词”构式中的名词形容词化，使句子新颖、别致，句法轻快、明晰。如：

我觉得一个穿旗袍的女人一定很温柔，一定很安静，一定很女人。（张爱玲语，来自世界服装鞋帽网，2012－10－12）

说张艺谋的思维太农民，是因为仔细观察了一下他的影片，特别是那些在国际上获奖的影片，都是农村题材的，如果再细分一下的话，都是反映女性性压抑或是受虐的情景。（网易博客，易水寒日志，2012－8－31）

“动宾式动词＋宾语”是把动宾式动词前的介词的宾语，直接用作动宾式动词的宾语，这样的表达形式使语句非常简洁、明快。如：

履行社会责任助力陕西发展（西安晚报，2013－12－23）

创新经济模式紧贴百姓需求（西安晚报，2013－12－23）

以上这些句式如果用传统的句式来表达的话，则要冗长很多。

新的语言形式之所以从构式这里找到了冲破传统语法的桎梏，是因为构式本身具有构式的整体义，从而对进入构式的语词产生语义压制，能接受语义压制的词语才能进入构式，与构式义相去甚远的词汇是很难进入相应的构式的。如在“很＋名词”构式中，出现在名词位置上的往往是具有形容词性质的名词，像非常具体化的名词“桌子”“板凳”之类的词就很难被该构式接受。

(2)新的语法形式的借用简化了语言表达。

在语言的相互接触中，其他语言中的简洁的语法形式往往会被吸收到自己的语言形式当中，这在普通话和方言中都有表现。比如在一些媒体语言中，有时会借用英语的语法形式，像用～ing 形式来表动作或工作正在进行，如装修 ing、营业 ing；用～ed 表示动作已经完成，如吃饭 ed、喝牛奶 ed 等。有时，方言中的一些语法形式比较复杂，它往往会借用普通话中简单的形式，如在银川话中，人称复数用“们都”来表示，印们都 $aŋ^{53-35}$. $mtəu^{44}$（我们）、你们都 ni^{53-35}. $mtəu^{44}$（你们）、他们都 $t^{c}a^{44}$. $mtəu^{44}$（他们），但现在这种复数标记正在逐渐退出日常口语，而普通话中的

“们”这一复数标记正在逐渐取而代之[①]。

除了借用其他语言的一些具体的语法形式之外，在网络语言中还有借用外语整句的缩略形式来表达的，在表述时用句中每一词的词首字母缩略组合在一起，代表整个句子。如“DIY”是“Do It Yourself”的缩写，表示“自己动手做”的含义。例如：

清欢太坏了，青眉电脑坏了找他修，他让青眉DIY。

“SOHO”是“Small Office Home Officer”的简称，意为“在家办公”。例如：

《游侠秀秀》的作者小非是SOHO一族啊。

此类的还有“BTW”(By the way，顺便说一句)、“BBL”(Be back later，过会儿就回)等。在这一类句子中还有缩写＋音译的，如CU(See You，再见)例如：

CU，今天就到这里吧。

“IC”是“I See”的缩写带音译，表示“我知道了”。例如：

IC，你是个神经病。

这些其他语言中的具体的语法形式或者句子之所以能被借用，主要在于这些新形式和语用者的旧有的语言形式是并存的，在合适的语言环境中，在不影响语义的情况下，他们就会选择比较简短的形式来表情达意。

(二)语言系统的调节

语言是反映客观世界的符号系统，语言符号系统内的自我调节也是语言发展演变的一个重要驱动力。语言作为交际工具，语言系统需要保持相对的稳定和平衡，当种种的外部因素打破了语言系统的平衡，引发了语言系统的混乱时，语言系统内部就会出现一种寻求新的平衡的张力，此张力是语言系统发展和演变的一个推动力量。这种张力表现为语言的自我保护的本能，该本能包含一种语言固有的自我规则化装置，使语言系统可以通过整理音型、复用旧形、消除赘词、类推词形、整饬句法等方式恢复被打破的模式，防止语言的分解。这种自我规则化装置是通过语言系统内部的连锁反应和补偿功能来实现的。

语音和词汇的变化引起的系统性变化是较为明显的。在语音演变方面，一个音变引起的连锁反应的系统非常强，如汉语元音的舌尖化就是汉语元音推链导致的，麻韵二等 əa > ia 推动了麻$_{三}$高化，从而占据了齐韵的位置，这迫使齐韵高化占据止摄的位置，最终使得止摄高位出链形成舌尖元音。而合肥话元音的舌尖化比这一元音链移要稍复杂一些，它是齐韵把止摄推出位之后，又拉动麻$_{三}$、蟹$_{三}$高化的推链和拉链共同作用的结果[②]。在这种元音的变化中，我们看到了语言变化的系统性和空位的补偿性。

① 彭晓辉.“们”的竞争演变过程：汉语语法的词汇扩散[J].南开语言学刊，2010(2)：121－128.

② 吴波.合肥话“－i”、“－y”声韵母前化再探[J].合肥学院学报，2006(4)：49－51.

当词汇系统内部呈现不平衡的状态时，词汇系统的调节功能也是非常强大的。如近年来随着人们生活水平的提高，许多人婚礼讲求大操大办，从而出现了“荤婚”这个新词，该词的出现造成了语言系统的不平衡，这种不平衡为新的语言形式的出现提供了契机，在语言系统自我调节的作用下，很快就产生了与之对应的“素婚”，表达“俭朴结婚”的含义。又如：“闺蜜”本身指的是现代女性对亲密女友的新称呼，是女孩子的专属代名词，但社会的进步造就了越来越多的“男闺蜜”，“闺蜜”和“男闺蜜”虽然内容上是对立的，但形式上并不对称，在这种情况下，为了维持和恢复语言系统的平衡性，就出现了“女闺蜜”。“闺蜜”就升格成为上位词，在其下位词的位置上，“男闺蜜”和“女闺蜜”就构成了对立，使词汇系统又恢复到平衡状态。

诸如此类的词还有：

保姆 → 男保姆 → 女保姆

护士 → 男护士 → 女护士

恋爱 → 同性恋 → 异性恋

导师 → 博 导 → 硕导

黑哨 → 红 哨

黄油手 → 黄油头

初面 → 二面 → 终面

二、汉语变异的消费主义文化、新媒体等社会外部动因分析

20 世纪 90 年代以后，造成汉语变异的具体外部因素有很多，这些因素既和社会本身的需要有关，又和言语社团、语言接触等因素密切相连。

(一)传统社会因素的影响推动了汉语的发展

1.社会需要

语言是人类最重要的交际工具，它是为人类的交际活动服务的。不同时代的交际活动的需求会有所变化，这必然要求语言形式要做出相应的变化，这正如 Baugh 所说的：“就语言而论，与其他时尚东西一样，需要为发明之母……”[①]社会的需要促使许多新的语言形式的产生。这种需要包括外部世界这一客体和人这一主体两方面的需求。

当外部客观世界中有新的人、事、物出现时，就需要新的名称来指称，如“月光族、驴友、黄昏恋、失独家庭、电脑、手机、互联网、非典、微信、CT”等新词语的出现就是这种现象的反映；当汉语中引入了英语中的“card”一词之后，因为“卡带、磁

① Baugh, Albert. A History of the English Language, 3rded[M]. Englewood Cliffs, NJ: Prentice - Hall, 1978:64.

卡、银行卡"等词中的出现，使汉语中增加了"cǎ"这样的语音；在淘宝这样一种网购形式出现以后，"们"用以表达复数的语言形式就扩散到了淘宝体中，"亲们"就成为一种新异的表达形式。

人们观念的转变也反映在了一系列的语言新变式上，现代社会不再要求女子只在家相夫教子，她们也和男子一样获得工作的机会，那些专注于事业并取得成就的女性就被呼为"女强人"，现在社会也不再以"笑不露齿""小鸟依人"来作为评价女性的主要标准，所以就出现了那些自诩为"女汉子"的成熟、霸气、具有男孩子性格的女孩。"阿姨""护士"等行业打破了性别的限制，成为男、女皆可涉足的领域，所以"男阿姨""男护士"等称呼就应运而生了。人们不再信守"不孝有三，无后为大"的传统观念，故"不婚族、单身贵族、丁克家庭"等词语成为人们这种新的婚姻观和家庭观的写照。1979 年以前，中国家庭实行多孩制，内亲和外戚界限分明，"爷爷""奶奶"和"外公""外婆"的称呼是绝不能混叫的。1979 年实行独生子女政策以后，一对夫妻只有一个孩子，加之女性地位的提高，人们的亲疏观念发生了改变，爸爸、妈妈的爸爸和妈妈就没有了内外的分别，可以一律以"爷爷""奶奶"称呼。

人的特定社会心理也促使一些新的语言形式出现。如为了达到动听、娇美的听觉效果，在部分女性中出现了北京女国音；因心理禁忌而选择使用委婉语，也是 20 世纪 90 年代以来人们用语的一个显著特点，如称呼"差生"为"后进生"、"减肥"叫"纤体"、"残废人"为"残疾人"等①；人们的从众心理也让大家以争相使用新的语言形式为乐事，并乐此不疲。如网民们掀起的一轮又一轮的造句热潮、"副词＋名词"等新的格式的频繁使用，都是这种心理的具体反映。

语言是反映客观世界的符号系统，客观世界处于绝对运动之中，故语言系统也要随之不断变化，客观世界有新事物的产生，就有旧事物的消亡，旧事物的消亡自然在语言中也会有所反映。旧事物的消亡表现在反映这些旧事物的词语已在当前的语言交际中消失了，如"马夫""大鸣大放""纺车""三转一响"等几乎无人使用了。但有的语言形式的消缺并不是因为事物本身有所改变，而是人们对事物的认识水平有所提高，从而相应地对语言形式做出了调整，如人们不再把"香皂"称为"胰子"，也不再把"火柴"叫"洋火"，也用"肥皂"替代了"洋碱"的叫法。即使在 20 世纪 90 年代以后才出现的新事物，其语言形式也会随着人们对它认识的改变而发生语言形式的更迭，如 2002—2003 年发生了一场突如其来的"非典"，起初医务人员不能明确找出发病原因，故临时称其为"原因不明肺炎"或"急性病因不明肺炎"等，在查明病因后又改称为"传染性非典型肺炎"，汉语中据此出现了"非典"这一缩略形式。世界卫生组织将该病命名为 Severe Acute Respiratory Syndrome，简称为 SARS，译成中文为"严重急性呼吸系统综合症"。新加坡则用汉字"沙斯"作为

① 王希杰. 词汇演变发展的内因和外因[J]. 浙江师范大学学报，2003(4)：20－26.

SARS的华文音译写法。有人呼吁中国用“萨斯”这一汉字音译形式取代“非典”，但目前，“萨斯”和“沙斯”这两种称呼在大陆的书面语中很少见，主要是“非典”“SARS”等形式在并行使用，而临时性的称呼已消失。

2. 言语社团

(1)年龄和受教育程度。

目前创造和使用新语言形式的人群主要是受过学校教育的中年人和青年人。如称呼亲密朋友为“垃圾、猪头、老猥琐”的只有青年人；在网络上跟风造语的也大多为中、青年人群；在方言的使用上新派和老派的分化也日益明显，如上海市区内通行的方音表现出老、新和少年三派的区别，他们在语言系统的声、韵、调上都有显著的不同[1]：老派的声、韵、调数目分别为32、48、6，新派分别为33、42、5，而少年派的则分别为32、36和5个。新派和老派在语言使用上的变异也存在于语法方面，如陕西富平老庙话在表示人称单、复数时，不是用“人称代词＋们”表示，而是用声调的差别来体现：单数用去声的51调，复数用去声的21调。

单数：　我[ŋo^{51}]　　你[ni^{51}]　　他/她[ta^{51}]

复数：　我[ŋo^{21}]　　你[ni^{21}]　　他/她[ta^{21}]

富平县老庙人在表达人称复数时，中、老年人用老庙话中21调的去声来体现，而青年人则用普通话的“人称代词＋们”来表达。

(2)性别。

中国社会历来是男尊女卑，所以在语言中出现了很多歧视妇女的词语，如把某人的妻子称为“××家的”，反映了女子对男子的依附地位。男子对别人称呼自己的妻子为“拙荆”“糟糠”“贱荆”“内人”等，前三个称呼虽然已经被摒弃了，“内人”却还活跃在现代的语言生活当中，昭示着社会认定的女性的主要活动领域应该在家里。这种不平等的尊卑观念时时处处都有体现，如把不成熟的见解称为“妇人之见”，把爱搬弄是非的男女贬为“长舌妇”，认为女人“头发长见识短”，所以“好男不跟女斗”，这都是性别歧视的一种反映[2]。现代社会虽然讲究男女平等，新语言形式在性别上的差异还是非常明显的，如像“动词/名词/形容词＋你妹”这样的表达，常用来强调表达者所说的某个词语，在该词之后加上“你妹”二字会显得亲切、不庸俗，但它就像“你妈”“你大爷”之类的表达一样，多少带有一些污名性的成分，故男性使用几率要多于女性。又如，根据陈松岑教授的调查[3]，在招呼语的使用上，北京市和江西省高安县体现出明显的性别差异：使用新兴招呼语“你好/您好”的男女

---

① 陈松岑．语言变异研究[M]．广州：广东教育出版社，1999：149．

② 雍毅．词的隐性含义和语言性别歧视[C]// 复旦外国语言文学论丛05秋季号．上海：复旦大学外文学院，2006：87－93．

③ 陈松岑．语言变异研究[M]．广州：广东教育出版社，1999：155－156．

比例，北京为 33∶28，高安为 28∶16。用传统的称谓形式作为招呼语，男女之比截然相反，北京为 32∶33，高安为 14∶20。显然男性多用新兴招呼语，女性多用传统招呼语，而且男性的使用状况和青年人接近，女性和中、老年人近似。造成这种状况的原因在于，男性和青年人的文化程度相对较高，他们易于选择新兴的招呼语形式，女性与中、老年人的文化程度则较低，他们多以运用传统的形式为常。

语言在变异的过程中，往往会出现新、旧形式并用的状况，而不同年龄段、不同性别的人群在使用时会做出不同的选择。言语社团在语言运用中体现的年龄、性别等方面的共时差异反映了语言演变的历时过程。

3. 语言接触

我国地域广阔、民族多样，形成了我国的方言丰富多彩又分歧百出的状况。方言和普通话在接触的过程中，相互影响，各有变异。在全国推广普通话的过程中，强势方言中的一些语言形式也进入了普通话，成为其中的新质要素。例如港台语言形式的强势融入，普通话中出现了"搞定""茶煲""无厘头""特首""爆满""拍档""炒鱿鱼""老公""影帝""影后""快餐""研讨""选美""廉政"等新词语，而且粤语的独立成句的语气词"哇"也进入了普通话，粤语的"有没有吃饭""有售"等句式也成为普通话的组成成员。20 世纪 90 年代以来，中国和世界的接触日益紧密，英语作为世界通用语言，从语音、词汇到语法各个语言层面都对汉语产生了很大影响。此问题许多研究者都有论述，这里不再赘言。

（二）消费主义文化加剧了汉语表达的符号化

随着我国商品化步伐的加快，跨国市场的不断延伸，这种源于西方的消费主义文化思潮已经在我国出现，并侵入了我国居民的日常生活，改变着我们国人的日常生活方式和消费观念，也使我们跨入了语言消费的时代。

消费主义文化是 20 世纪 20、30 年代在美国兴起的一种新的文化思潮。它是西方国家在进入消费型社会以后形成的一种经济与社会文化现象。法国哲学家、社会学家、后现代理论学家鲍德里亚认为消费型社会的消费"不再是对物品功能的使用、拥有等，不再是个体或团体名望声誉的简单功能，而是沟通和交换的系统，是被持续发送、接收并重新创造的符号编码，是一种语言"①。这种文化是在物质极大丰富的前提下，人们的生存需求得到了满足以后，人们更多追求的不再是物品的使用价值，而是商品赋予的符号意义及符号意义的差异。消费主义文化的实质是符号文化。这种文化思潮是在以反传统、反本质、非主流、反理性、多元化为特色的后现代时期出现的，它的出现促进了人们话语的转型，加速了符号学、语言学与消费文化的结合。

① 鲍德里亚. 消费社会[M]. 刘成富，全志刚，译. 南京：南京大学出版社，2001：5.

1.消费主义文化把我们的语言生活符号化

消费主义文化作为一种新的意识形态，影响着我们的消费观念，改变着我们传统的生活方式，影响着我们的语言表达。

(1)消费主义文化加快了语言新变式的出现。

在消费主义时代，一切皆可以作为商品出售，而商品的符号化又使它具有获得品牌、档次、品味、格调等各种“所指”的可能，人们消费的已不是物品，而是符号，符号作用的凸显加速了语言符号的创造和复制，从而使语言符号在语言结构的各个层面产生新的组合，出现新的语言变体。

词汇是语言感知社会最敏锐的触角，当消费主义文化思潮作为新生事物出现并影响人们的生活方式及思维模式时，词汇系统首先对此有所感知，然后以大量的新词语或旧词语被赋予以新的用法、新的意义的形式出现。这些新的语言现象有很多都以“词语模”的方式被人们广泛使用。如：～热　文化热　文凭热　出国热；～族　追星族　工薪族　打工族；～奴　房奴　车奴　孩奴；炒～　炒股　炒作　炒鱿鱼等。这些以“模”的形式出现的词语已深入到我们生活的各个角落。不仅如此，这种“模”的形式还被推衍到了句式领域，“被就业”“被自愿”等“被字句”的流行，使我们进入了“被时代”。西南大学文学院院长刘明华认为，每一个“被”故事的发生，无不与经济、政治、名誉等利益紧密挂钩。

近年来，新衍生的“体”形式也不断地引发一轮轮的造句热潮。旧的词、语句以新的组合方式出现，如“鸟大了什么林子都有”“谦虚使人骄傲”“羡慕嫉妒恨”“各种羡慕”“很白痴”等。在特定的场合，与传统语句比较，它们可能更有独特的表现力。

这些新出现的语言形式，用起来便捷而新潮，既迎合了快餐文化时代大众追求省时省力的心理，又满足了年轻人争相成为时代潮流先驱的需求。这些词语都是消费社会的产物，都和消费主义文化时代人们的追求密不可分。

(2)消费主义文化加速了语言新变体的流行。

消费主义时代是“新富”阶层或名人造语的时代，他们的财富、地位和名气决定了他们拥有更多的话语权。他们不断创造出新的语言变体作为影像投射到社会，来标示其与众不同的身份、地位和品味。他们是大众向往的典范，他们的语言和生活方式就具有了示范作用，成为大众模仿的对象。在这个过程中，大众传媒又给这些语言插上了双翼，使它们能一夜之间风行，风靡一时。如：为了寄托梦想和憧憬，著名编剧宁财神在新浪微博上发了一条微博，以调侃自己认识的诸多名人，“如果我有一个儿子，我希望他的音乐和语文老师是高晓松，政治老师是刘瑜，英语老师是那个偏执狂……”此微博引来众多网友和明星仿效，一时间，用“如果”二字造的句子满天飞。

影视作品的作用向来是不容忽视的，如：

扎西拉姆·多多的一首小诗《见与不见》：“你见，或者不见我，/我就在那里，不悲不喜；/你念，或者不念我，/情就在那里，不来不去；/你爱，或者不爱我，/爱就在那里，不增不减；/你跟，或者不跟我，/我的手就在你手里，不舍不弃；/来我的怀里，或者让我住进你的心里，/默然，相爱，/寂静，欢喜。”

之前这首诗几乎无人知晓，但因为冯小刚的电影《非诚勿扰 2》的引用，很快，它就成为大家耳熟能详的作品。大家不但能口诵，许多人还争相模仿这种形式表达心声，使它很快演化成了一种流行体。这种“体”形式甚至受到官方的青睐，在他们的政务微博上还采用这一形式发布了一则“见与不见”版通告，即关于敦促在逃犯罪嫌疑人投案自首的通告：

我们为你见证，规劝在逃人员：你信或不信，政策就在那里；你认或不认，事实就在那里；你想或不想，亲人就在那里，望穿秋水，只盼君归……请发私信留言，我们为你见证，圆你回家梦。

此通告以诙谐的方式发布，不但引来众多网友围观，而且颇受大家赞誉，认为它比严肃、冷冰冰的通告更有意义，对透明行政、舆情监测以提升政府公信力大有帮助。

（3）消费主义文化提高了部分方言的地位。

在消费主义文化时代，去“中心化”“非理性化”使全民都拥有消费符号的平等权利，人们更注重消费对象的符号象征意义，并借此向他人传递自己的个性、品味、身份、地位等信息，以确立他们的社会地位。在消费主义文化者那里，人们从来不消费物的本身，即物的使用价值，而是把物当作突出人的符号的介质，或让自己加入被视为理想的团体，或参考一个地位更高的团体来摆脱自己所在的团体。语言既是展示消费状态的重要形式，也是被消费的符号，同样具有诏示身份的功能。普通话是我们全民共同语，具有广泛的群众威望，许多人通过掌握、运用这种代表有知识、有教养的市民的语言来建构自己的同类人身份。这种心理也对普通话的普及起到了促进作用。同时，有一部分人又以南方某些发达地区的方言来疏离自己与群体的距离，凸显自己与众不同的地位身份和价值观念。赵本山的小品《同学聚会》中说双语的吴德贵就是一个典型代表。前些年，这种观念就使得粤语的影响面日益扩大，成为一种时髦语言。据《文化参考报》1996 年 11 月 28 日报道：在第 7 届全国书市上，名列粤语图书榜首的是《广州音字典》，而被普遍认为最能赚钱的学生用书《新编学生使用字典》才排到第 6 位。粤语的走俏使大批粤语新词语在各种媒体上流行，如“车匪路霸、民工潮、拍拖、打工”等，并且已经进入普通话系统。粤语的流行是因为它是南方发达地区广东的方言，它已成为有钱人身份符号的象征，而港台电影的流行也对粤语的流行起到了助推作用。

（4）消费主义文化促进了外来语的普及。

消费的符号象征意义不仅通过汉语的形式体现出来，而且作为标示身份的外来语，也频频出现在目前的日常交际之中。近年来，随着国人温饱问题的解决，经济实力的增强,人们在追求高消费的同时,洋消费也成为大众的一种消费时尚。使用外来语在日常生活中非常普遍:外来语有字母词,如B超、ATM机、CT等。音译外来词:桑拿(Sauna)、克隆(clone)、因特网(Internet)。在中外混搭型的语言形式中,比较典型的例子莫过于2011年最热网络用语"Hold住"。在英语中,"Hold"本身有拿、顶住、抱、握住、掌握、控制等义,"Hold住"则指面临各种状况都要保持临危不惧,要有一种"人倒势不倒"的派头。这一混搭语的流行源于一个网友在台湾综艺节目《大学生了没》的夸张表演,后当红网络。网友们纷纷用此词造句,有人上传自己的宠物狗和猫咪掐架,并留言:"小咪,你一定要Hold住!加油。"在重庆出现罕见高温时,记者带着鼓励口吻微博留言:"一大早就39℃,大家要Hold住啊!""Hold住全场"也被明星广泛推广使用。林俊杰在出席颁奖礼之前,在微博上大呼:"我来了!要被拍也要被拍得很得体!场面要Hold住。"而身穿婚纱的何洁签约华谊,发布会上没忍住眼泪,后在微博上调侃自己:"对不起对不起,怪我没Hold住……"能"Hold住"或没"Hold住"的不仅仅是以上这几个例子,它已从传媒蔓延到老百姓的日常生活中,几乎无处不在,无时不用。

2.消费主义文化凸显了汉语的表达功能

语言是人们交流思想、传递信息的工具,是表现文化的介质,也是文化的重要组成部分。消费主义作为一种新的文化现象,必然在语言中体现出来,而且语言的功能在它的影响下也显示出新的特色。

(1)语言成为彰显个性的一种渠道。

古人忌于"木秀于林,风必摧之"的古训,故崇尚"中庸",语言表述上一般都是"人云亦云"的。但在后现代社会,个性也衍化成为符号,可以被消费、被强化、被凸显,而语言成为彰显个性的一种表征。年轻人往往以异于大众的非常规的表达方式来获得一种被关注的快乐。如其貌不扬的无名小辈罗玉凤,以"9岁起博览群书,20岁达到顶峰,智商前300年后300年无人能及"等超级自信的言论,挑战着我们以谦虚为美德来品评人物这一标准的底线。极度夸张的自我吹嘘,加上媒体的大肆炒作,凤姐赢得大家广泛关注,迅速红遍大江南北,成为张扬个性的代表。在彰显群体个性方面,最突出的例子是"火星文现象"。火星文是由注音字母、繁体字、冷僻字或汉字拆分后的部分、韩文、日文、阿拉伯数字、西文字母,以及计算机所能提供的各种符号组合而成的混合语码。这种具备密码功能的语言文字虽然从字面上确实难以识别,但它在新生代网友中流传很广,主要用于网络上的昵称、个性签名、个人说明等,以展示个性,形成非主流文化的一道独特风景。如"b要b挖样子↓坏,其4挖粉口i"(不要被我的样子吓坏,其实我很可爱)这样的语言,虽然对许多人而言如看天书,但使用者也不乏其人。

(2)语言成为表达新的消费观念的媒介。

在消费主义思潮冲击下,人们的消费观念发生了天翻地覆的变化。随着改革开放步伐的加快，语言的市场价值已开始走入人们的视线。在物质相对匮乏的时代，节俭是一种美德，“绌奢崇俭”成为传统消费文化的核心观念。而在物质相当丰富的当下，追求物质享受以及符号消费已成为许多人的一种生活状态，消费对象的符号象征价值把各阶层的人都深深卷进一轮又一轮的消费竞赛，人们可以高调炫富、公开言“利”，这与古代“君子喻于义”的观念截然不同。这种巨变在语言中处处留痕。电影《大腕》中的经典台词“我们的口号是只买贵的，不买对的”是许多“新贵”购物心理的真实写照。宝马女的宣言“我宁愿在宝马车里哭，也不愿在自行车后面笑”更是这种观念的极端例子。当经济实力不足以支持眼前物质消费时，超前消费就成为一种时尚的选择。所以有人把现代人的生活状态表述为：上今天的班，睡昨天的觉，花明天的钱。贷款买房、借钱购车的人都是这种观念的强有力的支持者，而且奉行这种观念的人也不在少数。

(3)语言成为人们公开表达爱恨情仇的一种介质。

在消费主义时代，被消费的对象也无限扩大化，这一变化使我们人类私密的感情也纳入了被消费的行列。一方面，从个人感情而言，我们已不囿于古代人含蓄委婉地表达感情的方式，公开谈爱、表白爱的言行屡见不鲜。如西安电子科技大学女生公寓楼悬挂出的毕业赠言：“不管以后是谁的男人，你们永远是我们的男生。”这一真性情的留言引起了很多博友的关注和转发。许多人还记得那则求婚的巨幅广告牌所带来的热议。画面上有一个年轻男子，抱着满怀的玫瑰花，含情脉脉；下方有两行独白：小燕，嫁给我吧！我爱你！这种在大街上公开的求婚方式确实很有吸引力，虽然这种方式与男女婚姻的私密性、与人们的消费习惯不协调，但年轻人对“玫瑰花”还是津津乐道，感觉这是很浪漫的事。

同时，因为媒体的迅速发展，我们的个人感情有时往往会被围观、被评论、被参与，尤其是那些晒在公众视线之下的问题情感。2011 年，当“锋芝”婚变大戏开始上演，网友们捕风捉影，搅得不亦乐乎，媒体更是如影随形，不断牵动公众的敏感神经，使大家的心也起起落落，纠葛了好几个月。当最终曲终人散，大家发出了一声叹息：这是一场被娱乐化的婚姻。这是消费主义时代特有的现象。另一方面，对于一些公众事件来说，大家的自觉参与意识更强。他们以语言做武器，或捍卫正义，或讽刺时弊，或支持好人，或谴责恶人，他们的喜怒哀乐尽显语里字间。网络流行语体更是这一方面的典型写照。如“舒服体”在网络上的一炮走红，就是网友们“捧场”的结果。“舒服体”，也称“熊胆体”。活熊取胆企业欲上市，遭到广大动物保护人士的强烈反对，而中药协会却力挺该企业，中药协会会长描述说：“取胆汁过程就像开自来水管一样简单，自然、无痛，完了之后，熊就痛痛快快地出去玩了。我感觉没什么异样！甚至还很舒服。”网友们在质疑“子非熊，安知熊之痛”的同时，也引发了“舒服体”各种版本的造句热潮。

矿难版：

矿难过程就像开自来水管一样简单，自然、无痛，发生之后，人就痛痛快快地出去玩了。我感觉没什么异样！甚至还很舒服。

食品安全版：

喝三鹿奶的过程就像喝矿泉水一样简单，营养、补钙、养肾，完了之后，熊就痛痛快快地出去玩了。我感觉没什么异样！甚至还很舒服。

可以看出，网友们对该会长说法的贬抑是充溢于语句之中的。“高铁体”也属此类。不过，在娱乐化的今天，像银镯体、知音体、梨花体等轻松搞笑版的“体”形式还是占主流地位的。五花八门的“体”，尽管内容、形式不同，但共享情感、消费情感的实质却是一样的。

3. 消费主义文化加剧了汉语的不规范化

消费主义时代，一切物的符号化其实是一把双刃剑，在给汉语注入新鲜血液的同时，也造成汉语语言使用上的混乱。因为符号能指和所指组合的常规被打破，而能指和所指之间的联系本来就是任意的，语言音义之间的联系是约定俗成的结果，在约定俗成之后，大家已习惯的固定用法，现在却弃之不用，为了满足人们求新、求异、求奇的心里，故意使语言表述陌生化，以达到吸引大家眼球的效果，结果有时却使我们不知所云。作为我们日常交际工具的语言，反而成了妨碍人们交际的绊脚石，这是我们人为制造的语言悖论。这种现象在语言的各个层面都存在，正在污染我们的汉语。主要存在的问题有：语音歧义，语义曲解的，如网络流行语：白骨精（白领＋骨干＋精英）、偶像（呕吐的对象）。语法不规范的，如广告语：“××花园，永远精品”，是纯粹为了追求语音和谐拼凑而成的。“××冰箱以其世界级的环保科技，荣膺第一台进驻联合国的中国冰箱”，则出现明显的搭配不当的问题。错别字满眼，谐音字滥用，如：偶稀饭（我喜欢）、果酱（过奖）等。这些语言问题对汉语造成了很大的冲击，有的歪曲了词汇的正常的读音以及规范的写法，有的语言文字则令人费解，严重影响正常的交际。这些问题更多地出现在网络语言中，所以有人发出这样的呼声：请警惕网络语言污染我们的汉语。

文化消费的娱乐化是消费主义文化的突出特点，也成为许多现代人追求的唯一生活目标。娱乐既是我们的生活方式，也成了我们的生活目的。因为文化的多元化，因为大众宽容度的增强，人们对语言的使用不再像以前那样严谨，加之我们在民族语言学习上投入的精力减少，正如郭熙教授所说“对现代化生活的追求使人不得不以民族语文的学习精力的减少为代价”。结果使得我们从专家到百姓，不会用字、不会说话、不会写作。这样的例子比比皆是。

作为语言文字权威部门的专家有时也因用字不慎，造成重大的新闻事件。2011 年 5 月，故宫送给北京市公安局的一面锦旗上，把赞美词“捍祖国强盛”错写成了“撼祖国强盛”，一时舆论哗然。因为“捍”是保卫、防御的意思；“撼”是动、摇动的意思，二者音同，但并不通用。所以人们感慨：故宫“撼”事，令人遗憾。

电影作为对大众影响巨大的传媒之一，有时在选字用词上也谨慎不够。2011年出品的电影《辛亥革命》中，多次出现“光複”字样，其实都应作“光復”。“複”的本义是有里子的衣服，引申为指两个或两个以上的重复，“山重水複”；“復”表示转回来、还原、恢复等义。“光复”的“复”指恢复，故对应的繁体字应该是“復”而非“複”。

一些非常严肃的、传统的经典文学作品却以大话的形式被颠覆。在话语方式上，大话文学继承了狂欢文化的精神，打破了时间、地点、文化等级的限制，把古语和今语、俗语和雅语、琐碎话语和宏大话语随心所欲地进行并置，组成了话语大拼盘。如朱自清的《背影》中的老爸会唱“快使用双截棍，哼哼哈嘿！飞檐走壁莫奇怪，去去就来”；鲁迅笔下的少年闰土变为“古惑仔”；《红楼梦》中的主人公贾宝玉竟然对贾政的丫环说“你别跟着我，我要去上网”。这种表述方式让读者感觉作者思维混乱，语言混淆，使读者如坠五里云雾。

名副其实一直是我们称名事物的一个标准，但这个标准也受到挑战。随着符号功能的被突出，为了吸引眼球，引发关注，以奇辞乱名分，以此名指彼实的名不副实的现象俯拾即是。如一间几平米的小摊点，也美其名曰“××购物中心”；只有几百元投入的小饭馆，也冠以“××美食城”；只有几篇像样小文章发表的作者，也以“作家”“文学家”“语言学家”等名号自居；在某一方面或某一领域有比较突出的表现的人，也动辄被拔高为“中国好……”“史上最牛……”等。

在消费主义文化语境的影响下，学生作文要么成人化，要么是搞怪连篇的网络化，甚至高考作文也难逃“宿构”作文和套用模版作文的窠臼，结果千人一腔，万人一面，独抒性灵的文字是凤毛麟角。也因此，当民国小学生的语言文字出现在眼前时，我们直觉春风拂面、清新异常，直叹我们的语言能力退化了。如：

窗外月光湛然，庭隅一缸，承檐漏。月下视之，水清可鉴。徘徊间，幼弟亦来戏，见水中皎然一月，喜呼之曰“是非月乎？可取之矣！”急伸手入缸，月影溃乱，数弄而终不可得。（腾讯微博，《记水中月》）

消费主义文化对汉语所带来的影响远比我们所列出的内容要大得多，要深远得多。

（三）新媒体的使用改变了汉语的面貌

20世纪90年代以来汉语语用发生的变异是和传递信息的媒体的变化密不可分的。20世纪90年代以来，新媒体的出现不仅改变了人们的生活方式，也给公众提供了自由表达的平台，人人成为自媒体，这种信息传播介质和传播方式的改变，对汉语的使用产生了巨大的影响，使汉语的变异非同以往。新媒体是汉语发生变异的主要发源地和主要阵地。

1.新媒体的概念及特点

新媒体是就传统媒体而言的，每个时代都有自己的新媒体，“在400年前，工业时代的新媒体就是报纸；在电子时代，80年前，新媒体是广播；70年前，新媒体则是电视；到了信息时代，新媒体是互联网、短信以及即时通讯工具。”[①]在当今这个信息时代，互联网、即时通讯工具等媒体是在数字技术的支撑下，以多向互动的传播方式进行个性化信息传播的一种新介质。

在传统媒体时代，不管是纸质媒体，还是视听媒体，充当信息传播主体的始终是传者，他们是所表达内容的作者，掌握着传播内容的出版发行以及流通。这些人往往是具有较高知识层次和社会身份的精英，是信息流通中的绝对权威，这种信息传输往往是单向性的，受众只能被动地接受。而书写于纸质媒体上的文字更是少数知识分子经过深度的思考，严谨地用线性的书写符号表达的东西，这种思维方式使受众对所传输的信息充满了敬畏感，所以文字书写代表着精英文化，本身具有严肃性的特质。

新媒体给汉语表达带来了革命性的改变。

第一，汉语表达的主体发生转移。在新媒体时代，我们进入了全民写作的时代，每个人都获得了表达的权利，而且兼具了信息传播中的双重身份：信息的传播者和接受者。一般的民众不仅仅是受众，而且成为作者。福柯曾说，作者的写作不仅仅意味着书写，更意味着一种话语权力的行使。在新媒体时代，移动终端的普及让草根网民也部分地拥有了话语权，每个人都可以在面向大众的开放平台上表达意见，我们进入了一个自媒体时代，传统媒体中精英言论一统天下的局面被打破。

第二，汉语的表达方式发生改变。在电子书写时代，纸媒时期的线性书写规则被打破，鼠标和屏幕代替了纸笔成为书写工具。电子书写的优越性在于，鼠标可以在操作平面的任何地方进行文字书写和图像的剪贴。但键盘书写的缺点也显而易见。一是人们缺乏纸媒时代对文字的敬畏感，大家把文字书写不再看得那么严肃，所以书写时就多了几份随意。二是以词为单位的键盘文字书写取代了手写时代以句为单位的书写方式，这使得人们的思维也高度地碎片化了。三是在自媒体时代，因为对网民们书写的文字审查的缺失，网民们的语言文字多以原生态的状态呈现，从而形成了我们当下语言表达鱼龙混杂的局面。

第三，语言新变式出现和传播的速度加快。中国互联网络信息中心 2015 年 6 月发布的《第 36 次中国互联网络发展状况调查统计报告》显示，截至 2013 年 6 月底，我国网民数量达到 6.68 亿，手机网民规模达 5.94 亿，网民中使用手机上网的人群占比提升至 88.9%，由此可见新媒体使用人数之众。在自媒体时代，网民们都是新语言形式的潜在创造者和传播者，这一群体人数的庞大决定了新语言形式出现的几率比较高、传播的速度比较快。

当然，一种新媒体的产生并不意味着旧媒体的消亡，旧媒体的内容往往会被新媒体包容和吸收。

---

① 谢沁.新媒体时代表达方式的改变[D].南京：南京艺术学院，2012：9.

2. 新媒体引发的汉语变异倾向

互联网、手机等即时通讯工具以全新的面目呈现在用户的面前，在长期的思想禁锢之后，人们突然获得了话语权，他们充分利用新的平台，尽情展现才华、宣泄感情，在集体的语言狂欢中造就了一系列新的汉语的变异形式，使汉语言说呈现出新的面貌。

（1）使汉语表达进一步具象化。

我们汉民族常习惯于以直观、形象的语言形式来摹写客观事物，如汉语中象形字就是对客体外形特征的一种描摹。为了表达更复杂的事物，人们又通过意象组合的方式把语言表述图像化。这都是汉语具象性的体现。在读屏时代，为了更加便捷而又形象地传递信息，媒体上更是把这种功能发挥到极致，创造出带有文字说明的图片和动画意味的模拟表情图像来代替语言传达情义，使用者只需要点击选择所需要的图片即可，这种表达形式有时确实起到了千言万语汇成一个表情的非凡效果。这种表情最大的优势在于，它们具有超语言的特点，可以突破不同语言之间难以交流的局限，实现跨语言交流。如图4-7至图4-9所示。

图4-7　表达祝福

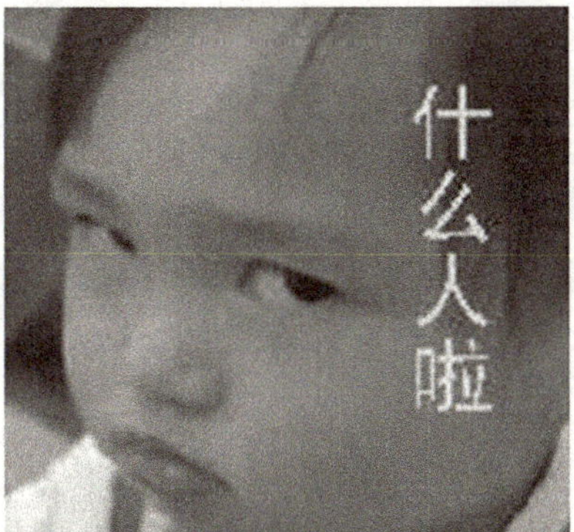

图4-8　表达不满

图4-9　表达开心

在直观图片和模拟表情图像之外，网民们也充分利用键盘符号来创造性地发明一些表情符号，借此弥补隔空交流的人无法借助态势语言来表情达意的遗憾。如：

听随身听：O(^_^)O；

双手握拳，表示加油努力之意：p(^o^)q；

疑问的脸：(？_？)？；

目瞪口呆：(⊙o⊙)

讨厌：~>_<~

对不起：。-_-。

举手投降：丫(X_X)丫

此外，网民们还进一步挖掘象形、会意汉字的潜力，赋予它们新的意义，从而为当下的语用服务。如"囧"(jiǒng)原是"冏"衍生字，许慎《说文·囧部》："囧，窗牖丽廔，闿明也。"象形字，像窗口通明，意为"光明、明亮"。《唐韵》《集韵》《韵会》皆为"俱永切，音憬"。《韩愈诗》有诗云："虫鸣室幽幽，月吐窻囧囧。"在网络时代，因为"囧"字独特的外形，其内小"八"字像眉眼，"口"像嘴，整个外观貌似失意的表情，故被大家赋予"郁闷、悲伤、无奈"等新的含义。因为该字的风行，故被形容为"21世纪最牛的一个汉字"。又如"槑(méi)"字，《康熙字典》解释：槑，古文梅字。因为它由两个"呆"字组成，看起来比呆还呆，故在网上多用来形容人"很呆、很傻、很天真"的含义。此类借旧形而新用的字词还有：兲(tiān)、烎(nì)、砳(lè)、嘂(jiào)、玊(sù)、孖(mā)、圐圙(kū lüè)等。

(2)使汉语表达出现格式化倾向。

数字媒介时代是一个信息大爆炸的时代，海量的数据库存储了大量的信息，我们的确每天都徜徉在信息的海洋里，为了更快更多地获取这些信息，我们养成了快、轻、浅的阅读习惯。但"信息过多实际上会排挤观念，使人(尤其是年轻人)在空洞和零散的知识面前六神无主，迷失在无形的信息泛滥之中"①。"在这个信息时代……所获得的信息越多，可能有的意义便越少，这就是所谓的收益递减律。"②正是因为这种海量信息的排挤，我们在浅阅读中养成了浅思维的习惯，浅思维使我们对知识缺乏沉静而深入的思考。在知识的海面上一划而过的浏览式阅读减少了我们的收益。因为我们缺乏真正使自己变得博雅的涵养性情式的阅读，这注定了我们的表达不是沉思默想之后的奇言异语，只是大同小异的格式化表达。这种格式

① [美]西奥多·罗斯扎克.信息崇拜——计算机神话与真正的思维艺术[M].苗华健，等，译.北京：中国对外翻译出版公司，1994：80.

② [美]迈克尔·海姆.从界面到网络空间——虚拟实在的形而上学[M].金吾伦，等，译.上海：上海科技教育出版社，2000：9.

化表达最突出的表现就是语模。语模的表达基本上都有固定的格式和模板，网民们可以利用新媒体的复制、粘贴功能进行操作，然后根据需要更改、变换部分的字、词、句，一个新的语言形式就产生了。这种表达的特点在于：既简单、迅捷地表达了新的内容，又易于获得受众的认同。

在我们这个多元化的时代，语言符号旧的语义不断地被消解，新的语义不断地被泛化，造成了语言符号的所指也越来越向外延伸，从而把更多的对象纳入了格式化表达的范围之内。同样，因为这些格式化的表达主要以流行元素构成，各种构式本身的意义易于被解构，从而获得更为广泛的使用领域。构式意义一方面被解构，另一方面又被赋予以新的娱乐化的意义，网民们通过网络平台随时可以在带有文学竞赛性质的模仿中体验到娱乐的快感，从而满足了消费时代人们的狂欢需求[1]。

(3)使语言繁复化。

在生活节奏日益加快的今天，人们更追求交流的高效性，所以在言说上往往会避繁就简，力求精练，语言简化的趋势越来越明显。上面所列两点一般都会导致言说走向简化。但是，在任何时期，语言的繁化和简化都是共存的，只不过简化是语言发展的主流而已。新媒体在促使语言不断简化的同时，因为新媒体平台的虚拟性，互联网交流的匿名性，同样也造就了一些繁复的表达形式，使言语反而走向奢化。“言语奢化”是言语主体为了在言语传播中取得竞争优势，而过度耗用语言资源的一种语用现象[2]。新媒体上语言繁复化的表现主要有：

①模拟表情图像、表情符号、表情词语等符号的重复和并用。

一般而论，语言繁复程度和语言传递的信息量成正比，语言的形式越繁复，语言传递信息的量越大。相同符号的重复意味着言说者想要强调的话语程度的加深。如“(疑问)”“(伤心)”这两组重复的模拟表情图像分别代表“一系列的疑问”和“伤心透顶”；表情符号“*__^(使眼色)、*__^”和“@__@(吃惊)、@__@”则分别表示“接连使眼色”和“非常吃惊”的含义；“呵呵”“哈哈哈”“嘿嘿嘿嘿”“5555……”等拟声表情词语的重复则分别代表了同类表情的延续。在网络上，为了表达丰富复杂的思想感情，往往多种符号并用，如用“(蛋糕)(鲜花)”两种表情符号表示对对方生日的诚挚祝福。用“55555……”表示“哭”的状态，既有哭声，又有眼泪。

②其他符号和文字符号共现。

在我们日常的语言表达中，有声语言的表达和表情、动作、姿势等态势语言的

---

① 谢沁.新媒体时代表达方式的改变[D].南京：南京艺术学院，2012：17－19.

② 黄知常.从言语奢化看语言环境公平问题[J].语言教学与研究，2002(1)：76.

表达是同步的，态势语言起到辅助表情达意的作用。在网络上也常常把文字符号和其他符号并用。这里的其他符号的作用不是对文字表达内容的补充，而是对所欲表达的思想感情的强化。如“你太有才了！（竖大拇指表赞扬）”“886（再见）再见喽！”“==（等待）等等”。说话者的意思已经通过文字完全表达出来了，其他符号也可以不出现，说话者不厌其烦地把它表达出来，一方面是为了强化感情，一方面也是为了醒目、好玩。

③新的语言羡余现象的出现。

语言的“羡余”现象是指某一个语言组合中有多余的成分而不被视为“赘疣”，这种“羡余”是为强调或者为避免语义失落而添加的重复多余的语言成分。在网语中，为了取得语言幽默的效果或为了调侃，往往会出现一些词语的缀余成分，如在“心碎碎”“蒙喳喳”“心慌慌”“华丽丽”“爽歪歪”等词语中，加点的语素或者词在原词语的意义之外并没有提供更多的信息，所以它们属于多余的语言成分。例如：

一条新闻《“墙脆脆”让人“心碎碎”，业主强烈要求信息公开》，说的是北京首个限价房项目——海淀区瑞旗家园曝出的质量问题。（大江晚报，2010-1-16）

无独有偶，浙江桐乡也出现了“楼薄薄”，业主“心慌慌”。（大江晚报，2010-1-16）

公交车道标识乱让人蒙喳喳（深圳新闻网，2006-11-08）

每次考卷上，华丽丽空着一两道题（常州晚报，2014-01-15）

不再怕过春节　陈阿姨种牙后生活爽歪歪（商丘网，201401-13）

在表达极限义的述补结构中，也有这种语言羡余现象。比较常用的有“……疯掉了”“……死掉了”“……傻掉了”等，“掉”在这一类结构中是没有实在意义的，去掉以后也不会影响句子含义的表达。例如：

金正恩竟挑动世界神经，日本被朝鲜彻底整疯掉了。（西陆军事，2012-12-03）

最近豆瓣上很火的晒出一张不堪回首的童年照片，先来一张，无力吐槽啊朋友都笑疯掉了。（中国青年网，2013-10-07）

隐形财富可以算吸血鬼财富，就是一旦碰到阳光，马上就死掉了，然后还有一些低调的财富，可能是我们还没发现的。（人民网天津视窗，2014-01-20）

看到这群“鸟妈”的表演，观察员黎明直接“看傻掉了”，夸赞她们的表演真的是“很棒很棒很棒很棒”。（凤凰网，2012-12-01）

(4)使语言新异化。

在新媒体时代，当草根们获得了向世界发言的自由之后，他们体验到了从未有过的、网络所带给他们的话语的快乐。网民们在尽情地彰显个性、宣泄感情、展现才华之后，最大的愿望就是获得其他网民的关注和追捧。为了吸引更多的眼球，语言出奇、出新就成了网民们追求的主要目标，于是许多新异的语言形式就应运而生了。“伊妹儿、人肉搜索、粉丝、刷屏、播客、帅哥、国家罗汉”等新词语的出现，确实让人眼前一亮；“元芳，你怎么看？”“我和我的小伙伴们都惊呆了！”等流行语，让网民们惊艳着，模仿着，其盛行的程度确实让“全国人都惊呆了”；甄嬛体、红楼体、德纲体、淘宝体、撑腰体等流行体形式，无不以新颖的语言，别具一格的格式让网民效仿者无数。当然，打破常规搭配的语法新形式也因为太过新异，大家不断地质疑着、使用着、推广者，最后也慢慢地变为可以接受的常规语言形式，如“百度一下”“很阳光”“你有去吗”等。这些新奇的语言形式的造语者，有名人名家，但更多的是无数的草根网民，他们才是网络上默默无闻的真正的造语英雄。

借助于新媒体，一些新近出现的特殊的语言形式，确实给我们以耳目一新的感觉，对我们日常平庸、刻板的语言生活也是一种调剂。这些新的语言形式的使用人群主要是青少年，这是一个特殊的群体，他们对人、事、物有自己的认识和看法，但在现实生活中却很少拥有话语权，新媒体的出现，给他们提供了相对开放而自由的平台上，他们表达的欲望得以满足，他们标新立异的心理在语言上得以体现。新媒体上的新的语言形式正是这种现象的真实写照。香港浸会大学的关启文教授也明确地指出了这一点：“作为占网民绝大多数的青年，在现实生活中很少有说话的权力，在家没有说话的份，在校不能发表看法，至于那些门槛较高的新闻媒体更没有他们的一席之地，但是，他们有话要说，且很有要表达的欲望，所以就在那个虚拟的空间里，在那个两不相知的空间里就酣畅淋漓的宣泄自己的情感。”[①]网络语言更是如此。

关于语言变异的描写，拉波夫借用乔姆斯基转换生成语言学的转换规则，发展出语言变异规则的公式，即语言变异成分与某种控制因素之间存在着一种共变关系，这种共变关系可以通过语言变异规则来描述。其公式如下：

$$A \rightarrow g[B]/X[z]Y$$

$$g[B] = f(C、D、E)$$

该公式反映的是 A 和 g[B]之间的函数关系：A 在 X[z]Y 的条件下变为 g[B]，g[B]代表一组数值，具体的数值取决于 C、D、E 等控制因素，这些控制因素往往表现为年龄、风格、性别、阶层等。

用此公式对 20 世纪 90 年代以来汉语的变异形式作描写的话，则该公式表述为：

$$A \rightarrow g[B]/X[z]Y$$

g[B]（某变异形式）＝（社会需要、言语社团、语言接触、消费主义文化、传播介

① 笑看云卷云舒．浅谈网络语言中的非规范现象[EB/OL]．新浪博客，http://blog.sina.com.cn/yun1728．2011－04－20．

质……)的函数

意即:一种语言形式A存在变异,具体如何变异,由社会需要、言语社团、语言接触、消费主义文化、传播介质等社会控制因素决定。

三、语言内、外因的共同作用

究竟是哪些因素导致了语言的变异,我们不能仅从一个方面去考察,因为语言变异往往是内外因共同作用的结果。如语用中出现频率最高的词常常也是最短的词,这是由语言简化的内部原因决定的,但是这个结果却是因为“当说话者出于某些原因有意改变原有语音时,使用频率高的词也就更有机会被改变”而导致的[①],说话者有意改变这一因素属于社会因素。

内、外因在语言变异中是相互依存又互相制衡的关系。

首先,内因在语言变异中起主导作用。正如简·爱切生所言:“语言变化的原因有两个层次:在上层,有社会因素作为触发器。它们导致或者加速更深层的因素在语言变化中起作用。这些深层的演变倾向可能早已以休眠状态蛰伏于语言内部了。语言变化的枪支在更早的阶段已经装上了弹药并且举了起来。”[②]如一些名词之所以能进入“副词+名词”结构,就是因为这些名词本身已经由具体的名词向抽象化的名词转变的缘故。如果语言系统中的要素没有这样的倾向,则外因是不会找到改变语言形式的可乘之机的。内因不仅对语言变异提供可能,而且也会对某些新的语言形式的出现产生抑制作用。如在语言缩合的简化过程中,“地下铁道”缩合为“地铁”而不是“地道”,是因为词汇系统中已经有了“地道”一词,后一种缩合会和已有的词汇相混淆。没有把“华东师范大学”缩略“华师大”,是因为它也有可能指的是“华中师范大学”,为了避免误解,这两个学校分别缩略为“华东师大”和“华中师大”。汉语的缩略语以双音节为主,是因为这符合韵律节奏中的“轻重抑扬”的要求。如果有两个成分,就易于通过彼此的对比构成“轻重抑扬”的节奏和韵律[③],这种要求抑制了单音节和多音节缩合词的出现,所以单音节和多音节缩合词数量就比较少。

其次,外因通过内因而起作用。通常,社会需要什么样的语言交际,语言系统中就会产生相应的语言形式。如近年来“克隆”“操盘”“微博”“拼爹”“吐槽”等新词语的涌现,是因为新事物随社会的发展而频现,这就需要增加与之对应的语言符号来指称的原因。同时,外因对内因具有制约作用。如强人→女强人→男强人?汉

---

① 王士元.王士元语言学论文集[M].北京:商务印书馆,2002:129.

② 简·爱切生.语言的变化:进步还是退化?[M].徐家祯,译.北京:语文出版社,1997:163.

③ 余东衍.试论汉语缩略语的构造特点和规范原则[D].黄石:湖北师范学院,2011:15.

子→女汉子→男汉子？光棍→女光棍→男光棍？等，显然这些词语在形式上是不对称的，为什么这种不平衡状态没有在词汇系统得到补偿？而当以女性为主体的“闺蜜”“保姆”“护士”等词系统中出现了男性这一类人时，词汇系统很快做出调节，出现了“女闺蜜”“女保姆”“女护士”等称呼。造成这种现象的原因，可能是由于“男汉子”“男强人”等这些词汇的产生，受到了外部因素的影响。在男权社会，男尊女卑的观念根深蒂固，现在虽然讲男女平等，但目前这还只是一种追求，男女并没有真正做到绝对的平等，男性始终是社会的强势群体，词语只是这种强势的一种体现而已。

第三节　语言新变式的来源

这些新质的要素，究竟是来自何处呢？简·爱切生说：“就绝大多数情况而言，语言变化不是像陨石一样从天空掉下来。变化一般是从语言要素中已有的因素中产生出来的，人们只是借用并且夸张了这些因素而已。”①Baugh 也认为为社会需要而创造语言时，“由于我们的表达手段有限，在充分利用那些手段时，往往会拓展不平常的资源。”他们的观点都表明了新的语言形式脱胎于旧有的形式，新旧形式之间有着紧密的联系。下面我们主要通过两个语言新变式来证明这一点。

一、“有＋VP”格式的来源——古汉语的遗存

“有＋VP”格式的句子近年比较流行，该格式中的“有”词性，学界是有争议的。有认为是助动词的，有认为是副词的。认为是助动词的，主要是把它看做表示完成和持续的体标记，如石毓智先生；认为是副词的，则强调“它的语法意义是表‘确认’，主要用在谓词性结构前面，确认谓词性结构所陈述事件的存在”②。孙锡信先生在《〈老乞大〉〈朴通事〉的一些语法现象》中是综合了这两种看法：“‘有＋动词’相当于‘动词＋了’或‘动词＋的’。如‘我有认色了’即为‘我认了色了’；‘黑夜道场里你来有么’，意思为‘黑夜道场里你来了（或‘的’）吗’”。他不仅指出这种结构有表时态的作用，而且指出“有”字的功能是“表示动作行为的确切性或可验证性”。但不管是哪种观点，与实义动词比较“有＋VP”中的“有”确实是虚化了。

“有＋VP”格式不是现在才产生的一种结构形式，早在先秦的典籍中就有记载，有《诗经》为证：

女子有行，远父母兄弟。（《诗·邶风·泉水》

① 简·爱切生.语言的变化：进步还是退化？[M].徐家祯，译.北京：语文出版社，1997：92.

② 陈一民.遭遇动词——“有”的另类用法[J].浙江万里学院学报，2004(1)：25－27.

子兴视夜，明星有烂。(《诗·郑风·女曰鸡鸣》)

其他先秦典籍也不乏其例。《孟子·公孙丑上》就有“吾未能有行焉”。《礼记·檀弓上》有“合葬，非古也。自周公以来，未之有改也”。这种格式在元末典籍朝鲜人所编撰的《老乞大》《朴通事》和汉人所著的元曲作品中还可以见到。如：

我有认色了，不拣几时要换。(《老乞大》)

黑夜道场里你来有么？我有来。(《朴通事》)

小人岂敢有违。(《朴通事》)

先生，此人姓裴名度，字中立，学成满腹文章，未曾进取功名。有烦先生相裴秀才几时为官。(《元曲选外编·裴度还带》第二折)

最晚，在明代汤显祖的《紫钗记》的第三出还出现此格式，如：“母亲，因什有唤孩儿？”

后来随着汉语的发展，“有＋VP”格式在规范的现代汉语中消失了。但是，这种格式在汉语中并没有完全销声匿迹。一方面，普通话中，在一些已由短语凝固为词的特殊表达中，还可以窥见“有＋VP”格式”从古至今的延续，如“有违”“有损”“有伤风化”等；另一方面，在南方的粤语、闽语中往往保留了比较多的古汉语语法形式，“有＋VP”这一格式在南方的方言中也得以留存。如“系啊，我都有去”“报纸日日都有讲股市”[①]。

王庆先生认为这种结构不仅可以表过去和现在时态，还可以表将来[②]。如：

我在准备一些问题，因为明天可能有问到。(中央1套《东方时空》上海某高三学生)

还有买票吗？还有下车吗？(北京公交车售票员问乘客)

“有＋VP”格式能在当前汉语中频繁使用，一是因为社会声望不断提高、影响力日益扩大的闽、粤方言对普通话产生了潜移默化的作用，这种作用激活了汉语中潜在的“有＋VP”格式，使这种特殊表达常规化。赵元任先生对闽、粤方言中“有＋VP”流行的预测具有前瞻性，他说：“‘有’在闽、粤方言当助词用都有肯定否定两面，可是在国语只能说‘没有去’，不能说‘有去’，正面的动词得说‘去了’跟‘去过’。闽、粤人在学国语的时候往往把这种用法带到国语里来，不过这还是偶尔的事情，在台湾香港听见的国语倒是常听见，要等到三五十年以后这种用法一直通行到北边了，那就成了结构的真正的借语了。”[③]二是英语对汉语的影响渐深，英语中的“have”已成为“完成体”标记，这种时体形式加剧了汉语中“有＋VP”格式的复兴，

① 孙晶.从粤方言影响看“有＋VP”结构形成的认知过程[J].现代语文，2011(2)：39.

② 王庆.“有＋VP”结构中的“有”字用法[C]// 第一届国际会议暨中国语文现代化学会第九次学术会议论文集[R].国际会议，2010：356.

③ 赵元任.赵元任语言学论文集[M].北京：商务印书馆，2002：625.

使这种表达新颖化。石毓智先生是赞成这种观点的："理论上领有动词发展出体标记的用法是完全可能的，而且世界上许多语言的领有动词都发展出了完成体标记的用法。"①

二、汉语普通话中的"我走先"句式的来源——壮侗语族的语言底层

汉语普通话中的"我走先"句式是对粤语普通话的一种模仿，粤语多为状语后置句，"我走先"是它的强势语序，所以修饰语"先"后置于动词，而标准普通话的修饰语"先"是置于动词之前的，表述为"我先走"。受粤方言"我行先"这种表达形式的影响，粤方言社区的人群在说普通话时，不自觉地使用了粤语的语法②。20世纪90年代以来，随着内地和港穗地区交往的频繁，港穗地区对内地的冲击不仅仅体现在高速发展的经济上，也反映在影响力巨大的影视等文化产品上。中心语动词＋修饰语状语"先"句式在内地的流行，就源于周星驰的《鹿鼎记》："多隆，给我准备一匹最快的马，我有事走先"和《大话西游之月光宝盒》："你给我个杀我的理由先。"周星驰的电影在内地很受欢迎，内地人觉得这样说很俏皮，就跟着模仿，于是，这种表达得以出现在内地年轻人的口语中。不过，这种语言形式在正式场合和规范的著作中则用得很少，而且中、老年人也鲜有用到。

在粤语动词＋"先"句式中，"先"有三种用法，一种是表时间或次序的先后，其用法和普通话的"你先走"中的副词"先"相当，故称粤语的"你走先"为状语后置；一种是加强语气的助词、语气词"先"，表示不满、劝阻、质疑等，和普通话的"到底"意思相近，如"边个去先？"（到底谁去？）一种是用法比较灵活、意义比较含糊的"先"，如"冷静吓先"。（先让我冷静一下。）③因为这种句式的后两种用法没有被内地人所借用，所以我们暂且不予讨论。

粤语普通话"我走先"是对粤语方言"我行先"句式的一种套用，它们显然和标准普通话"我先走"的语序不同。粤语是一种非常复杂又具有鲜明个性特点的方言，它可以说是融合了多种语言的成分，它在继承和保留古汉语的部分特点的同时，又吸收了一些非汉语语言的因素。那么粤语动词＋"先"句式究竟是古汉语状语后置的遗存，还是借自其他民族的语言形式呢？

（一）动词＋"先"句式与古汉语

状语后置在古汉语中是非常普遍的现象，上始先秦，下至明清，都有这种用法。

① 石毓智．汉语的领有动词与完成体的表达[J]．汉语研究，2004(6)：31－42．

② 王昊，岳海蓉．浅析广州话与普通话的几点差异[J]．齐齐哈尔大学学报，2013(4)：97－99．

③ 邓思颖．语域的句法分析——以粤语"先"为例[J]．语言科学，2012(1)：9－14．

"粤语毕竟是从古汉语发展而来，由于早期广东地区交通不太发达，在某种程度上保留了古汉语的语言特点。"[①]动词+"先"句式是古汉语在粤语中的一种遗存吗？

对于这种观点，黎意先生基本是持否定的态度，他的理由是：第一，粤语的形成年代，应该在汉语句法结构的前正后偏转变为前偏后正之后；第二，在粤语以外的其他汉语方言中，修饰语基本上都是前置的[②]。笔者赞同黎先生认为动词+"先"句式应该和古汉语无关的观点，但觉得支撑他的观点的理由还有待商榷。首先，他认为粤语的形成年代在汉语的前偏后正句式确立之后，所以粤语的修饰语后置不会是受到古汉语前正后偏句法结构的影响。这里我们存在异议的是，粤语的形成年代是在秦汉时期，而古汉语修饰语位置的前移也主要是在这一时期完成的。与《左传》同时期(先秦时期)的古汉语，修饰语已大部分移到了中心语之前了，但还有多种介宾结构是位于动词之后的。到东汉时期，古汉语动词后的凭借、方式、工具、处所、与事补语才前移作状语的，78%的单音介词和93%的复音介词组成的介宾结构也是在这一时期前置的[③]。这说明粤语的形成和古汉语修饰语位置的前移是同步的，而不是在修饰语实现位置前移之后形成的。其次，黎意先生提出的第二个理由也有失偏颇。他认为粤语以外的其他汉语方言中修饰语基本上都是前置的，但张振兴先生认为许多汉语方言的部分修饰成分都是后置的：状语成分后置的，不仅包括以广州话为代表的粤语、以柳州话为代表的西南官话、以长沙话为代表的湘语、以崇明、金华等为代表的吴语以及以厦门话为代表的闽语，甚至北方的官话方言也不乏其例，只是相对少见一些而已；在湖南的衡阳话、浙江苍南钱库话等湘语、闽语、吴语、客家方言中都有定语后置的现象。例证见张振兴先生的《现代汉语方言语序问题的考察》[④]。

既然黎先生的证据不足以支撑动词+"先"句式并非源于古汉语这一观点，我们得找到确切的证据来证明。为此我们检索了古汉语的语料，希望能够找到证明黎先生和我们观点的证据。在北大CCL语料库中，当我们键入"先行"时，找到2320条语料。在这2320条语料中，排除掉"行"当"从事""实际地做"等含义的动词和表示"将要"之义的副词等用法的1500条语料之后，"行"取"走"含义的共有820条语料，当然它们都是状语"先"前置于动词的，如：

曰："何不吾谏？"对曰："惧先行。"(《春秋左传·哀公》)

使祝融兮先行，令昭明兮开门。(《楚辞·王褒》)

信乃使万人先行，出，背水阵。(《史记·淮阴侯传》)

---

① 邵慧君，甘于恩. 广东方言与文化探论[M]. 广州：中山大学出版社，2007：159.

② 黎意. 广州话与壮侗语的后修饰成分比较研究[J]. 南开学报，1996(6)：55-63.

③ 金积令. 汉英词序对比研究[J]. 上海外国语大学学报，1998(1)：28-35.

④ 张振兴. 现代汉语语序问题的考察[J]. 方言，2003(2)：108-126.

吾先行矣。停箸而化。阅世七十有八。坐六十五夏。(《佛祖历代通载卷第十八·禅林僧宝传》)

小娘子先行,小生随后便来。(《西厢记》)

权曰:"卿先行,孤即起兵继后。"(《三国演义》)

鲍廷玺道:"请太爷上轿先行,在下还要会过他管家,再去见少爷。"(《儒林外史》)

通过上例可以看出,从春秋战国一直至明清时期,古汉语中用来修饰动词"行"的状语"先"一般是不后置的。不仅作动词"行"的状语如此,表时间或次序的先后的"先"在古汉语中修饰其他动词时,其语序亦然。如:

今夫以君为纣,若纣有良子,而先丧纣,无章其恶而厚其败。(《国语·晋语一》)

是行也,鲁人以莒人先济,诸侯从之。(《国语·鲁语下》)

齐侯为楚伐郑之故,请会于诸侯。宋公请先见于齐侯。夏,遇于梁丘。(《左传·庄公三十二年》)

君赐食,必正席先尝之。君赐腥,必熟而荐之。君赐生,必畜之。(《论语》)

其先至者,则拂其颈,,冲其匈,刃其躯,切其肌;后至者,欲拔其门,仆其墙,夷其屋,焚其器,应声涤地,则时成创。(《汉书·王莽传上》)

武安君欲为秦王并兼六国,恐授事而不见任,故先陈此言。(《三国志》)

古汉语中,"先"作状语通常置于动词之前,但规律通常都是有例外的。当我们键入粤语方言语序"行先"时,找到了符合条件的相关语料12条,但这12条语料中的"先"后置都是有原因可究的。根据"先"后置的原因的不同,可以把这12条语料分为两类,一类是出于语义表达的需要而后置,一类是基于音韵上的考虑而后置。如:

夫妄意室中之藏,圣也;入先,勇也;出后,义也;知可否,智也;分均,仁也。(《庄子·外篇·箧第十》)

徐行后长者谓之弟,疾行先长者谓之不弟。(《孟子·告子下》)

呼稚临床畔,看书就枕边。冷凝怀贮水,虚讶耳闻蝉。束帛非无分,安车信有缘。伏生甘坐末,绛老让行先。(宋人吴处厚《青箱杂记》中张师锡所撰《老儿诗》)

第一和第二例句属于前一类。在这一类句子中,相比较而言,副词"先"和"后"的重要性要强于中心动词,"先"和"后"是句子要强调的对比重点,所以把它们和中心词进行了易位,临时把动词作为描述事件的背景,把"先"和"后"作为事件凸显出来,从而突出地表现了作者想要传达的意图。第三例句为后一类,其中"先"后置是为了与前面的韵脚"边""蝉""缘"相押而随机调整了语序,以满足和谐押韵的需要。那我们能不能因为古汉语中存在这样的特例,就认为粤语中的动词+"先"句式是对古汉语的继承呢?回答应该是否定的,因为这样的证据是不够充分的,正如王力先生所言:"我们不能从古书堆中找出极其偶然的现象来和现代相当普遍的现象相比。那样的比较是没有意义的。"[①]以上例外毕竟是少数,并且有很大的随意性和偶然性,不是"先"修饰动词的通则,所以现代粤语的这种句式沿袭古汉语同类句式的可能性非常小。

这里我们大家可能就有一个疑问:状语后置在古汉语中是其主要的语序,为什么作为状语的"先"在古汉语中会前置? 对于这个问题,笔者认为王辉先生的解释是有一定的说服力的。他分别用了 Greenberg 的"和谐"原理和陆丙甫先生的可别度领先原则进行了解释:据 Greenberg 的"和谐"原理,汉语是核心前置的语言,古汉语的状语后置是符合核心前置这一"和谐"标准的。虽然状语"先"的前置不符合这一原理,但它也是有其合理之处的。表示时间先后的"先"属于时间状语,无论是在古汉语还是现代汉语中,时间状语倾向于放在中心语的前面。因为时间状语往往提供的是事件发生的背景,而事件是我们关注的焦点,先把背景展示出来是为了凸显焦点,背景一般为已知信息,具有较大的可别度,事件为未知信息,可别度不强,所以表示时间的状语前置就具有它的合理性[②]。

(二)动词+"先"句式与壮侗语

动词+"先"句式是与汉语很不相同的特殊句式,有学者推测这种句式很有可能是来自于周围其他壮侗语族语言对汉语的渗透。壮侗语族诸民族包括壮族、侗族、布依族、水族、傣族、黎族等,他们是由古越族演变而来。笔者很赞成这种说法,因为通过比较,我们发现粤语的这种句式和壮侗语族有着类型学上的相似性[③]。例如:

nei^{13} haŋ^{11} ʃin^{53} la^{55}(粤语)
你 行 先 啦!

teŋ^{35} ŋɔ^{13} theu^{35} ha^{13} ʃin^{53}(粤语)
等 我 唞 下 先。(等我先歇会儿。)

n̥a^{2} paːi^{1} un^{5}(侗语)
你 去 先。

pai^{1} koːn^{5}(壮语)
去 先

su1tsau^{3} pai^{1} ɔn^{1} dɔʔ^{8}(傣西语)
你 去 先 吧!

ju^{2} lau^{4} po^{4} naːi^{6} taŋ^{1} kon^{5}(水语)
我 赶 黄牛 这 来 先。(我先把这头黄牛赶回来。)

---

① 王力.汉语史稿[M].北京:中华书局,2004:432.

② 王辉.制约古汉语语序重要因素的研究[D].南昌:南昌大学,2007:14-17.

③ 黎意.广州话与壮侗语的后修饰成分比较研究[J].南开学报,1996(6):55-63.

通过上例可以看出，粤语和壮侗语的动词＋“先”与粤句式存在对应关系。粤语本身就是汉语和当地百越语言融合的产物，汉人长期“与越杂处”，潜移默化地也受到了百越语言的影响。学术界已经注意到，受壮侗语的影响是造成粤语复杂性和特殊性的一个重要因素，如袁家骅等先生就提出：“固然主要应该从汉民族入粤的复杂过程中去寻找。但是，我们还不能不注意另外一个对方言的形成有着重大影响的因素，那就是因民族杂居而产生的语言相互影响……两广地区早期土著所操的语言属于壮侗语系统。现在粤方言某些与壮语共同的特点，可能是早期壮侗语在粤方言里留下的痕迹。”①百越的壮侗语修饰语成分是普遍后置的，粤语也可能吸收了他们语言的这种特点，从而形成了动词＋“先”这样的壮侗语族语言底层。

在双语地区，语言的影响往往是相互的、双向的。同样，在壮侗语、汉语双语区，不仅汉语受到了土著语言壮侗语的影响，壮侗语更是受到了作为高势语言的汉语的深刻影响，在语法方面的一个重要表现就是修饰语成分由置于修饰语之后演变为部分放在中心语之前②。在壮侗语中，前修饰成分往往是一个汉语借词，而后修饰成分则为本族词，这也许是壮侗语借入汉语语序的一个明证。粤语和壮侗语的相互影响使得这两种语言中都出现了修饰语“先”在中心语之前、之后以及两种混为一体的三种表达形式。这三种形式的并存也反映了壮侗语和粤语由后修饰语向前修饰语过渡的状况。如：

(1)状语“先”后置于动词：

ȵa^{2}　paːi^{1}　kon^{5}　jəu^{2}　taŋ^{1}　lən^{2}(黄杨语)

你　去　先，我　来　后。

ȵa^{2}　paːi^{1}　un^{5}(侗语)

你　去　先。

nei1^{3}　haŋ^{11}　ʃin^{53}　la^{55}(粤语)

你　行　先　啦！

(2)状语“先”前置于动词：

ȵa^{2}　jam^{4}　paːi^{1}　jəu^{2}　lən^{2}　taŋ^{1}(黄杨语)

你　先　去，我　后　来。

ȵa^{2}　un^{5}　paːi^{1}(侗语)

你　先　去。

nei^{13}　ʃin^{53}　haŋ^{11}　la^{55}(粤语)

你　先　行　啦！

(3)把壮侗语旧形式和汉语新形式混二为一：

---

① 袁家骅，等. 汉语方言概要[M]. 北京：文字改革出版社，2001：179.

② 李锦芳. 论壮侗语对粤语的影响[J]. 贵州民族研究，1990(4)：60－65.

ȵa^{2} jam^{4} paːi^{1} kon^{5} jəu^{2} ȵam^{6} lən^{2} taŋ^{1}(黄杨)

你 先 去 先，我 随 后 来。

ȵa^{2} tjen^{1} paːi^{1} kun^{5}(仫佬语)

你 先 去 先。

nei1^{3} ʃin^{53} haŋ^{11} ʃin^{53} la^{55}(粤语)

你 先 行 先 啦！

20 世纪 90 年代以来，随着普通话不断的普及，广东地区和内地交流的日益密切，粤语区的人群在语言使用上出现了明显的年龄分层，年轻人较多地使用普通话句式，使“先”的位置前移，并且这种用法越来越普及，如第一类句式；而老年人接受新事物的步伐总是滞后一些，所以他们更多地保留了“先”后置的语言形式，如第二类句式；修饰语前置和后置这两种语言形式在使用过程中会出现竞争，有时这两种力量是势均力敌的，结果在同一谓语中就出现了前置修饰语和后置修饰语叠置的现象，如第三类句式就是如此。

当动词带宾语或补语时，因为“先”是用来修饰动作的，根据语义靠近原理，附加语与核心语义越近越会靠近核心，“先”和动词的关系与动词和宾语或补语的关系相较，动词和宾语或补语的语义关系更为密切，所以“先”要放在动词宾语或补语之后，而不是插在两者之间。在这一点上，粤语和壮侗语的某些语言也存在句式运用上的对应关系，例如：

我想搞清楚呢件事先。(粤语)(我想先搞清楚这件事。)

你问人先。(粤语)(你先问人。)

我赶黄牛这来先。(水语)(我先把这头黄牛赶回来。)

等一阵先。(粤语)(先等一会儿。)

你哋坐住先，我马上返来。(粤语)(你先坐一会儿，我马上就回来。)

你先说给他先。(水语)(你先告诉他吧。)

在以上六个句子中，前三句中的“先”都分别放在动宾词组“搞清楚呢件事”“问人”和“赶黄牛”之后；而后三句的“先”也在动补结构“等一阵”“坐住”以及“说给他”之后。其中的动宾结构和动补结构是一个整体，“先”的语义是指向整个谓语部分，而不仅仅指向动词，所以宾语“呢件事”“人”“黄牛”，补语“一阵”“住”“给他”等成分与它们前面的中心动词的关系的紧密度都要强于副词“先”，结果“先”距离动词的位置就只能退而远之了。

(三)动词+“先”句式与官话方言

粤语中，状语“先”后置修饰动词是非常普遍的现象。不仅粤语这样的汉语方言中有动词+“先”句式，其他的汉语方言也有，比如桂柳话[①]。

(1)桂北平话，如：

你去先，我去后背。(你先去，我后面去。)

你们吃先嘛，我吃落尾。(你们先吃嘛，我后面吃。)

你行先儿，我行后背儿。(你先走一会儿，我过一会儿走。)

你走先，他走第二，我走后背。(你先跑，他第二个跑，我最后跑。)

柳州方言中有：

你走先，我走后。(你先走，我后走。)

小杨吃饭先。(小杨先吃饭。)

你排先，我排后。(你先排，我后排。)

我看见他先。(我先看见他。)

韩东考上大学先。(韩东先考上大学。)

桂柳话是属于西南官话，西南官话的语法系统与汉语普通话的语法系统一致性比较强，它一般是修饰语置于中心词之前的，故桂柳话中的状语“先”后置这一语言形式不是桂柳话固有的语言表达模式，它的出现是因为桂柳话长期与广西粤语进行接触，广西粤语对其产生了深刻影响而造成的[②]。

也有学者注意到，不仅南方方言中有动词+“先”这样非常特殊句式，在北方的口语中好像也有，比如“我睡会儿先”“你来先”这样的表述对北方人来说并不陌生，那么南北方言中的动词+“先”是同样的结构吗？北方方言中的同类句式是从南方方言借鉴而来的吗？要弄清这个问题先要搞明白南北方言中同类句式的结构是否一致。从“我睡会儿先”“你来先”等句式的表层结构和语义来看，它和粤语的中心词动词+修饰语状语“先”结构似乎是相同的，语义上也都表示“时间和次序的先后”，但仔细研究它们的深层结构，其差别却很大。粤语的“先”要紧随动词或动词短语之后，作修饰状语，为全句强调的焦点，要重读；而北方话句尾的“先”为追补成分，是表达者处于交际需要而对相关话语内容进行补充说明，它并不是全句的语义焦点，故要变读为轻声。如果句中出现语气词，二者的区别就看得很分明。粤语中的“先”是放在语气词之前的，因为“先”是修饰动词的，它和动词的关系更为紧密，如“你食药先啦”。而在北方口语中，“先”是对前面出现的句子内容的一种追加说明，是修饰前面句子的，所以要放在所修饰的句子后面，如果前面句子中包含语气词，它也要放在语气词之后，如“你赶紧吃吧先，要不都凉了”[③]。由此可见，粤语和北方口语中的动词+“先”虽表层结构和语义上类似，但它们在深层结构和交际功

① 张景霓.柳州方言的状语后置[J].广西民族学院学报，2002(6)：88-92.

② 张振兴.现代汉语语序问题的考察[J].方言，2003(2)：108-126.

③ 甘于恩，刘倩.七彩方言——方言与文化趣谈[M].广州：华南理工大学出版社，2006：88.

能上皆有所不同，不可能是同一结构。北方口语中句末的“先”是其本身的语言成分，并非是受粤语影响的结果。

20世纪90年代以来汉语普通话中的动词+“先”句式，源于对粤语普通话同类句式的模仿，而粤语普通话此类句式的出现，则是粤方言区人群学习汉语普通话时受方言干扰的结果。粤语虽然是比较存古的语言，但其中的动词+“先”句式却并不是古汉语句式在粤语中的遗存，因为古汉语中副词“先”修饰动词时是处于前置位置的。粤方言中的动词+“先”句式与壮侗语有类型学上的相似性，应该是粤语与壮侗语相互融合的产物。桂柳方言中的动词+“先”句式应该是广西粤语对其潜移默化影响的结果。北方口语和粤语中的动词+“先”句式在表层结构上和语义上类似，但在深层结构和交际功能上皆有区别，故北方口语和粤语中的动词+“先”句式并不同源。

不仅上文提到的两种语言新变式脱胎于已有的语言形式，这样的例子举不胜举，如“囧”“槑”“翘楚”“温馨”等是古旧词汇的“死去活来”，“副词+名词”“动宾式动词+宾语”等新的语法构式也是古旧语法形式的复兴。

近年来，借用港台的语言形式也为数不少，如“秀”“屋”“快餐店”“大排档”等。

三、其他语言新变式的来源——借用外语形式

随着国际交流的频繁，吸收外来语言形式也成为当下产生语言新变式的途径之一。如“铁板烧”“刺身”“寿司”“便当”等语言形式是来自日语。“泡芙”(puff)、“曲奇”(cookie)、“比萨饼”(pizza)、“炸鸡”(fried chicke)等词语出自英语。在当下的语言新变式中，汉语借用的英语语法形式相对较多，如“郁闷ing”“吃饭ed”“被增长”“被自杀”等。

综上所述，一种新语言形式不是凭空产生的，它们或者是汉语旧有形式的复兴、扩展，或者借用、融合他民族或他国的语言形式，二者都是在已有形式的基础上拓展出的不平常的语言资源。

第五章
20世纪90年代以来汉语新变式的动态规范问题

汉语是一个成熟而稳定的语言系统，又是一个动态和开放的语言系统。20世纪90年代以来，我国社会的突飞猛进、交流人群的显著不同、外来文化的影响以及人们宽容度的增强等因素，都使得新的语言形式源源不断地充实到汉语言系统中来。语言规范也总是随着语言新变式的不断出现而始终处在动态发展的过程之中，所以语言新变式的规范过程是一个动态的过程。这种动态规范包括语言系统本身不断寻求其内部的新的平衡，语言规范标准的因时而异以及对语言新变式的分层规范等。动态规范主要表现为“积极关注语言生活，积极对新兴语言现象进行分析、评价，并选择、推荐一些又新又好的语言满足交际需求”[①]，从而建立动静结合的语言规范机制。

第一节　对待语言新变式的态度

20世纪90年代以来，我们的语言既丰富多彩、生气勃勃，又泥沙俱下、鱼龙混杂，其语言新变式中的常规变异形式不断为语言的充实和发展提供了源头活水，而很多超常规的语言形式，却时时冲击着语言的规范表达，影响我们话语的纯洁性。我们如何看待和处理语言变异形式呢?

一、对待语言新变式的不同态度

我国真正意义上的语言文字规范工作，始于1955年全国文字改革会议。此后，人们开始关注语言变异。但是，怎样对待语言变异形式，人们的态度各不相同，归结起来，主要有如下三种：

第一种态度：强调语言的纯洁性，把新的语言形式看作是洪水猛兽，一概加以拒绝。在20世纪50年代至80年代，对于语言新变式，我国主要采用“堵”的办法。

① 王前方.新闻报道该如何使用网络语言[J].科技传播，2011(2).

所谓“堵”指的是采用一定的手段来阻止某些语言形式的使用和传播。当时由于强调语言文字的纯洁性，语言文字规范的工作重心也放在“匡谬正俗”上，“围追堵截”各种不规范的语言表达形式，工作效果显著，保证了语言的健康发展。但是，由于规范的语言形式和不规范的语言形式之间的标准难以把握，结果出现了判断失误的情况，把一些好的、有活力的语言形式也误作不规范的形式而横加批判，从而影响了语言系统对一些有强大生命力的语言形式的吸收①。

第二种态度：重视语言变异的常态性，把语言新变式的出现看作是语言充满活力的表现，对语言的变异采取放任的态度。这种态度的出现往往是因为过于相信语言的自洁功能，认为依靠语言系统本身，就可以对超常规语言变异形式进行过滤和规范。改革开放初期，我国主要采用以“疏”代“堵”的办法来进行语言文字规范工作，“疏”是指对新的语言形式的使用不仅不加以限制，而且为其通畅的传播创造条件，结果造成某些不规范语言形式的滥用。

第三种态度：对语言变异现象不是采用以上两种极端的方式，而是吸收其精华，摒弃其糟粕。正如语言学家陈原先生所说：“对语言的变异，一概拒绝或一概吸收都是不妥的。正确的做法是加以区分：对有利于语言发展的积极的变异，要加以吸收；对不利于语言发展的消极的变异，要加以摒弃。只有这样才能保证语言沿着健康的道路发展。”②

二、本书对语言新变式的态度

一种有生命力的语言，始终处于能够满足时代需要的新质要素不断出现和过时的旧质要素不断被摒弃的新陈代谢过程之中，而新质要素本身又是良莠不齐、鱼龙混杂的，所以需要对超常规的变异形式通过人为干预进行规范。同时，语言系统的自洁能力也不能小视。所以，在对语言新变式进行规范时，要做到以下两个方面的兼顾。

(一)“疏”“堵”结合

我们比较认同上文提到的第三种态度，即对当下的语言新变式应采用“疏”“堵”结合的方式来进行规范。在信息时代，大家对语言新变式的态度也要宽容得多，这为许多语言新变式的传播打开了方便之门，使得当下的语言生活呈现出一派生机勃勃的景象。但是过于宽松的环境，也为不规范的语言新变式的传播提供了温床，使它们大行其道，这在一定程度上又造成了语言使用上的混乱状况。尤其是

① 孔开朝. 我看语言文字规范的“疏”与“堵”[N]. 语言文字周报，2012-08-28.

② 陈原. 语言和人[M]. 上海：上海教育出版社，1994：115.

网络语言的泛滥，对我们传统、规范的语言系统造成了一定的污染[①]。维护语言的纯正是我们义不容辞的责任，我们必须要对当下的语言新变式进行规范。但是在进行规范时，不要矫枉过正。因为太过于追求语言形式所谓的纯正，其结果必然是我们几乎无法开口说话。比如，在20世纪初，素以"开明"著称的名臣张之洞，对"日本新词"极力排斥并力禁使用，他的部下和门生也都坚持认为："如有佳语，不含鸡舌而亦香；尽去新词，不食马肝为知味"，对新语言形式一味采取否定的态度。但是新语言形式的使用，有时有其强制性，并不以人的个人意志为转移，即便是反对它的人，也可能在不知不觉地使用它，甚至憎恨新词如张之洞者，也难"免俗"。张之洞见幕僚路某在拟就的办学大纲中出现"健康"一词，提笔怒批："健康乃日本名词，用之殊觉可恨。"略通新学的路某遂即发现张之洞的疏漏，便以其人之道回击："'名词'亦日本名词，用之尤觉可恨。"于是两人不欢而散[②]。可以看出，即使极端反对新语言形式的人，也终究无法摆脱新语言形式对其造成的困扰，语言对使用者的强制性可见一斑。这说明对语言新变式光用"堵"的办法是行不通的，"疏导"的办法也必不可少，许多专家都进行了这方面的工作。有从大的方面进行宏观把握的，如李宇明[③]、郑远汉[④]等；而更多的是从细微处着笔，谈及网络语言、主持人语言等某一领域的语言规范，如江南[⑤]、刘卓[⑥]等。

我们对新的语言现象要做到"疏""堵"结合。怎样"疏"？怎样"堵"？本书通过对20世纪90年代以来汉语新变式充分的梳理，在宏观理论的指导下，探讨了微观的不同领域在语言表达方面出现的问题及规范的策略。希望我们总结出的一些规律和提出的建议，能对我国当下构建和谐的语言生活有所帮助。

只有真正做到"疏""堵"结合，才可能既引导大家使用规范的语言形式，又防止不规范的语言形式的肆意流播。只有这样，语言才能"在规则与自由之间信步"[⑦]，从而保障我们日常交流的畅通无阻。

(二)顺应语言系统的内部调节

今天，我们的语言生活急速发生着嬗变，在这样汹涌的语言变异的洪流中，语言生活难免存在不尽如人意的地方。但是，也不是所有的语言变异形式都可以通过颁布法令、制定政策、进行理性说教就能使之规范化，就能使语言使用中存在的一些问题迎刃而解。有时，语言问题还需要语言系统内部自行解决，人力强为难免

---

① 雷颐．新词与方言："哇"声一片又何妨[N]．南方周末，2005-12-22．

② 同上．

③ 李宇明．中国语言规划论[M]．北京：商务印书馆，2010．

④ 郑远汉．语言规范和言语规范[J]．励耘学刊，2007(3)：1-31．

⑤ 江南，庄园．网络语言规范与建设构想[J]．扬州大学学报，2004(3)：51-56．

⑥ 刘卓．论播音员主持人的语言规范[J]．中国广播，2012(7)：69-72．

⑦ 李琳．语言的变异现象[J]．青年文学家，2009(8)：39-40．

违反语言本身的规律，结果会事与愿违。如“恢复疲劳”“一把手”“卡拉 OK”“打扫卫生”“邮编”“电脑”等，都是一些我们曾经认为不规范的语言表达形式，在实践中却证明了它们旺盛的生命力。这些语言新变式在使用过程中，不断遭到大家的批判，但它们并没有因为大家的不待见而消失，反而发展成为普遍通用的语言形式。这反映了语言的自然选择过程，在这个过程中，人力的作用微不足道。再比如，前些年我们都把手机美其名曰“大哥大”，现在却都叫手机，几乎无人再称其为“大哥大”了。在这种通讯工具称呼的变异过程中，主管部门既未通过行政手段来强制执行，也未规定“大哥大”这一称呼不能用。“大哥大”这个名称被淘汰，一方面是因为大家觉得“大哥大”这个名字不好听，多少带有黑社会的性质；另一方面，现在手机在寻常百姓家也几乎是人手一部，它不再是特殊身份和地位的象征，也没有必要再把它叫作“大哥大”，于是该词就自然淡出了大家的口语。由“手机”这一称呼代替“大哥大”的过程也只不过两三年的时间，可见，语言系统自身的优胜劣汰有时也是非常迅速的①。

因为语言系统具有自我修复功能，它的自我调节机制会逐渐对一些超常规的语言变异进行调整和规范，使之逐渐有序化②。例如第二人称包括普通称呼和敬称。普通称呼单数、复数分别为“你”“你们”，而敬称单数用“您”，与普通称呼复数形式“你们”的使用人数范围相当的敬称，一直在词汇平面上处于缺位的状态。虽然有“您两位”“您三位”“您诸位”等复数形式存在，但前两种形式有人数的限制，后一种形式的书面语意味太浓，它们使用环境的局限性都是非常强的，所以 20 世纪 50、60 年代，在人们的口语和一些文学作品中就出现了“您们”这样的用法③。如：

您们吃饭了吗？（北京人口语）

给您们添麻烦了。（北京人口语）

您们是国家的精华和希望。您们失去了太多的时间，我相信您们会夺回来。（王蒙，《王蒙小说报告文学选·蝴蝶》，385 页）

老长辈们，我一定改邪归正，您们住手吧！（刘绍棠，《一河二刘》《人民文学》1994 年第 3 期 11 页）

大约在 20 世纪 80 年代，敬称复数形式“您们”已通行起来。笔者键入“您们”这一语言形式，在 360 新闻网上就有 88 篇相关语料，可见这种用法在网上也很普遍。不仅如此，“您们”在电视广播的语言媒介上，也已经运用开来。中央电视台在 1995 年 9 月 10 日晚上黄金时段播出的《综艺大观》庆祝教师节的专场节目上，出现一个大蛋糕，蛋糕上醒目地显示着五个红色大字：“老师您们好”。就是一直谨慎

---

① 余东衍. 试论汉语缩略语的构造特点和规范原则[D]. 黄石：湖北师范学院，2011：15.

② 李宇明. 中国语言规划论[M]. 北京：商务印书馆，2010：96.

③ 吴清. 浅谈汉语“您们”的运用[EB/OL]. www.docin.com/p-108352204.html，2010-12-18.

遣词造语的编辑们，目前在给所采编文章作者的回信中也使用“尊敬的作者，您们好”这样的问候形式。显然，敬称复数形式“您们”已成为大家认可的一种新的语言形式。这一语言形式的产生就是语言系统本身对语言形式缺环的一种补充，使语言系统由不平衡达到一种新的平衡。

语言系统的自我调节不仅体现在对缺位的语言形式的补充上，也反映在对某些缺位的保持上，它维持的是语言系统的另一种平衡。如学生对女老师丈夫称呼的缺位就是一个典型的例子。由于历史的原因，过去做老师的多为男性，既然“一日为师，终身为父”，老师可比作父亲，自然其妻子就是师母了，学生对老师妻子的这种称呼一直延续下来。现代社会，越来越多的女性担任老师的角色，而学生对女老师丈夫的称呼，却没有一个较权威和为大众所认可的叫法，一直处于缺位状态。“师父”带有太多的男性色彩，“师公”是对老师的父亲的称呼，“师叔”是用来称呼男老师的弟弟的。我们选择以上任何一种叫法，势必会造成相关称呼上的混乱。在比较适切的叫法出现之前，对女老师丈夫称呼的缺失，其实是对“师公”“师叔”“师父”等称呼的一种维护，它维持的是目前相关称呼系统的平衡。

语言系统的内部调节是一个缓慢的过程，它的调节范围也是很有限的[①]。而且 20 世纪 90 年代以来语言表达怪异话、陌生化的现象到处泛滥，这本身已经超出了语言系统对新的语言形式的吸收和消化的能力，阻碍了我们日常正常的语言交流，在一定程度上对语言造成了污染。

第二节 20 世纪 90 年代以来汉语语用中的超常规现象

在这个飞速发展的时代，我们的语言表达不仅仅是不够准确、优美的问题，更为严重的是，出现了贬义词语随意褒义化（第六章有专节讨论）、贬义词语随意中性化、正常词语污名化和语言表述暴力化等倾向。有人说，这些现象主要局限在网络上，对我们的日常生活语言影响不大，真是这样吗？君不见，生活中，横行于网络的、非常低俗的“屌丝”一词正在引领社会时尚？无论是否具有“穷、矮、丑、胖、笨”等屌丝特点，大家都争相把这些标签贴在自己身上，从而确认自己的屌丝身份，且乐此不疲；君不见，诞生于网络的贬义色彩浓厚的“学渣”一词正在校园当道？校园里赫然上书“学霸当厚积而薄发，学渣须诚实而守信”的宣传条幅就是明证。“学渣”顾名思义，学生群体中的人渣，其贬义情感不言而喻，但现在，许多成绩理想的学生也常常以“学渣”来自谦。在我们当下的言说中，不仅高雅的“小姐”低贱化了，崇高的“南下干部”小姐化了，连属于社会精英阶层的“老师”“知识分子”“教授”等称呼都或泛化、或在贬义化、或已沦为了“叫兽”……在迅猛发展的当代社会，不同

① 李宇明．中国语言规划论[M]．北京：商务印书馆，2010：96．

的领域,不同的群体在语用中都出现了超常规现象。

一、网络语言的去规范化现象

网络语言在带给我们新颖多样的语言形式,提供了便捷、互动的语言交流平台的同时,也对我们当下的语言表达产生了巨大的负面作用。其负面作用主要表现为:

(一)语言暴力化

在当下,语言暴力事件日益增多,这和我们这个自媒体时代的网络交流关系非常密切。在网络这个虚拟的空间上,网民们的言论自由被无限地放大,他们传递的语言信息又缺乏有关部门的"过滤",从而使得"缺少监控的自媒体平台成为衍生网络语言暴力的主战场"[①]。在网络上,网名的虚拟性隐匿了言说者真实的"自我"身份,让现实中压抑的"本我"登台亮相,尽情地展示人性,无拘无束地表达思想,人的劣根性也在这种自由的、本能的表现中展现无遗。莫言先生在进行自我剖析时也认同了这种看法:"短短的上网经验使我体会到,人一上网,马上就变得厚颜无耻,马上就变得胆大包天。我之所以答应在千龙网上开专栏,就是要借助网络厚颜无耻地吹捧自己,就是要借助网络胆大包天地批评别人。"[②]批评别人还属于比较理性的语言表达,暴力成分还不是那么明显,最直接的语言暴力表现为谩骂、诅咒以及使用坚硬犀利的秽语。在网络上,詈词语的使用极度频繁,这也成为网语遭人诟病的主要原因。2014 年 1 月 21 日,我们以一些常用的詈词作为关键词在谷歌网上进行检索,获得了具体的詈词和含有该詈词的网页数,并把这些数据和 2010 年 1 月 1 日李宪玲所做的同样的检索[③]数据进行比较,如表 5-1 所示。

表 5-1　2010 年与 2014 年常用詈词的检索数据比较

詈词 \ 搜索数据 \ 搜索时间	2010 年 1 月 1 日	2014 年 1 月 21 日
王八蛋	1400000	20400000
混蛋	3820000	101000000
笨蛋	6870000	65400000
白痴	9010000	86200000

① 燕芳. 论自媒体语言信息传播的价值裂变与解构[J]. 湖南人文科技学院学报,2012(3):34-38.

② 莫言. 我为什么要给网络写文章[A]. 莫言散文. 杭州:浙江文艺出版社,2000:12.

③ 李宪玲. 网络语言的暴力分析及成因研究[D]. 武汉:华中师范大学,2010:5.

从表 5-1 可以看出，网络上的詈词不仅用得频率高，而且在 2010—2014 年四年之内每一种常用詈词的使用都成几倍到几十倍的增长。可见，近年来，詈词的使用有增无减。詈词用到极端则表现为辱骂及人身攻击型秽语。秽语在网络上形成狂欢的局面，并最终以胜利者的姿态对主流语言进行颠覆的典型事例是"韩白之争"。2006 年 3 月，文坛老前辈白烨发表了评论 20 世纪 80 年代后文学的博文《80 后的现状与未来》，韩寒发首篇博文《文坛是个屁，谁都别装逼》，粗口上阵。在随后的对阵中，韩寒出言刻薄，骂语凶悍，韩寒的粉丝也一拥而上，在白烨的博客上跟帖辱骂白烨，论战最终以白烨关闭博客而告终。在此次论战中，秽语显示了其巨大的杀伤力。

因为网络散布谣言不必承担相应的法律责任，所以网民们在网络这个自由的空间里，往往会肆无忌惮地传播不实信息，这对当事人极易造成伤害，这是比较直接的语言暴力。如 2007 年 7 月，网上出现了一篇名为《史上最恶毒后妈把女儿打得狂吐鲜血，现场千人哭成一片》的帖子，帖子里详尽描述了六岁女孩丁香小慧遭到继母毒打后的惨状，还附有孩子遍体鳞伤、口吐鲜血的图片。该帖子随即在各大网站成为热帖，网民们群情激愤，纷纷以"魔鬼""没人性的畜生"等谩骂的语言和"杀了她"等声讨的声音，来怒斥丁香小慧的继母，称她为历史上最恶毒的后妈。但也不过两三天时间，警方即查明真相，丁香小慧的伤乃血友病所致，史上最毒后妈忽然又成了史上最冤的后妈！而这一切都源起于那篇流传甚广的帖子，该帖子传递了很多虚假信息，而有些媒体不加核实、不负责任地转载、跟进，既误导了公众，又给当事人带来了巨大的精神伤害。

在网络上，为了赚取点击率，有些网民以"出语惊人"为目的，以"敢抬杠，唱反调，说大话，向名人叫板"为能事。"譬如，近日点击率最高的几篇文章，《清华、北大已沦为三流学校》，颇耸人听闻，石破天惊，但无凭无据，信口开河，很像当初没考进名校的失意者泄私愤；再有，刚喊过'意大利万岁'的黄健翔，正被舆论批评，就有人推出《黄健翔我爱你，就像老鼠爱大米》；易中天的讲座正在火热，便有人劈头一棒：《易中天的成功是国人的耻辱》；中国足球甲 A 刚开赛，就有人撰文《中国足球解散的几大好处》；还有《杨振宁的幸福生活是伪幸福》；《超女就是一场弥天骗局》；《现在流行吃软饭》等等，不一而足。"① 这些哗众取宠、耸人听闻、剑走偏锋的言说，其实更多的带有瞎说的成分在里头，所以也属于一种隐性的语言暴力。

网络上为什么暴力之语流行甚盛，除了部分网民想"以语惊人"的原因之外，一位网名为苏小妹的网友在博文中道出了个中的其他缘由。在生活中不会张口骂人的她，"自从开了 BLOG，我发现，我其实也会骂人，并也开始骂了。可以在自己的 BLOG 空间随心所欲的涂鸦，不打腹稿地写一些不成样子的东西。而且，想怎么

① 陈鲁民. 我的博客静悄悄[N]. 洛阳日报，2006-07-24.

写，就怎么写。不用担心能不能发表或公众怎么看，不必在乎格式、语法和结构，甚至可以不必在意粗心时留下的错别字或点错了标点符号。”在网络上随心所欲的涂鸦，不在乎别人的看法，也不在乎格式和语句表达的正确与否，骂人的表达也是在生活快节奏和高压下人性本真的、自然状态的流露。

（二）语言的不规范表现

在新媒体时代，信息更新日益加快，信息的传播速度也日趋快捷，在这种情况下，一方面是网民们求快求异的随意表达，一方面是新媒体在信息发布与流转过程中缺乏专业的把关人，这两方面的因素使得在传统媒体时代所建立的语言规范，不断地受到新媒体时代的自由表达的挑战，新的、突破经典表达范式的语言形式一再被创造，传统的语言规则一再被消解，去规范化的表达随处可见。

1. 把写错别字词看作是有趣的、个性的表达

在键盘上进行汉语拼音输入汉字时，由于过于追求速度，常常是在当前输入法默认的状况下即按回车键，结果一不小心敲击上去了一些本需要订正但未得到订正的错别字，后这些错别词被将错就错，成为大家认同的好玩而又充满活力的表达，其他人也乐于模仿，遂迅即传播开来。如把“版主”写成“斑竹”，“大侠”写成“大虾”，“幽默”被则涂鸦成“油墨”等。这是表达者无心成错，还有的是他们有意为之。有时，由于网民们过度求新，通过借字词的同音或谐音创造新词，如将“同学”是“童鞋”，“介素”是“这是”，“米油”含义是“没有”，“米女”指的是“美女”，“内牛满面”是“泪流满面”的谐音代替词。此类的还有：肿么办（怎么办）、神马（什么）、有木有（有没有）、灰常（非常）、干色摸（干什么）、笨拉灯（本·拉登）、小朋友（小盆友）等。

2. 在词原义的基础上拓展出超乎常规的新义

词的语义包括理性意义和附加意义。在用语随意的新媒体时代，网民们对许多词的意义进行了进一步的拓展，使其意义较传统媒体时代发生了变化，其意义变化之大，远远超出了我们日常生活中可以接受的范围。在词的理性意义的变异方面，有些我们常用的、正规的词语在新媒体上被赋予了不同寻常的意义，如“泡菜”一词原本的意义是“指为了利于长时间存放而经过发酵的蔬菜”，在网语中则指“在论坛里浏览”；“小强”不是指某个人的名字，而是《唐伯虎点秋香》中的一只生命力特别顽强的蟑螂；“沙发”原本指“一种装有软垫的多座位椅子”，网语中指的是“第一个回帖的人”。有时也会出现对规范词义的曲解，如把“保重”阐释为“保持体重”，“可爱”指的是“可怜没人爱”等。在词的色彩意义的变异方面，随着词的理性意义的变异，附着其上的色彩意义也实现了大变脸，发生了情感色彩的逆转，如“包子”本是“用肉、菜或者糖等做馅儿，用面做皮而包成的一种传统食品”，是一个中性词，但在网络上则形容“比较笨或长相欠佳的人”，其贬义色彩是显而易见的；“白骨精”也由《西游记》中一个多年成精的妖魔摇身一变，成为“白领”“骨干”“精英”等多种角色集于一身的社会艳羡的对象；而“天才”“偶像”“贤惠”等褒义词则明显贬义化了。

3. 标点符号使用混乱

标点符号是语言表达的一个非常重要的组成部分，但在当下的语言生活中，大家对标点符号的使用比较随意，在新媒体上使用的随意性则更甚。如：

老王 路上堵车 明天回不来了 帮我给领导请个假 谢谢（手机短信）

东西帮我交了吗，麻烦你了！（手机短信）

我有，不知道大家有木有???（网络帖子）

以上有该用标点而不用的，如第一例句，全部用空格代替了标点；有标点用错的，如第二例句中该用问好却用的是逗号；也有标点重复使用的，如第三例句，连用三个问号，这是淘宝体的一个典型的格式特点。这些例子都反映出在新媒体上，大家对标点符号的使用出现了弱化的现象。

4. 语法上出现的不合常规的表达

相比较而言，语法是属于比较稳定的语言层次，不过，在新媒体时代，因为大家对语言运用的灵活和随意，一些新的语法现象也屡屡出现，相对稳定的语法也受到了不小的挑战。词类活用现象很普遍，如：短信我；百度一下；我天才吧？在新媒体上，人们已不再拘泥于仅仅用传统的语法遣词造句，各种汉字、英语甚至简写等也可能混杂在一起，构成新的表达形式，人们往往是怎么方便怎么用，如形容一个人说话拐弯抹角就称其为“很 S”；新媒体时代，人们的联系方式很多样，不光可以“短信我”，也可以“Q 我”“E(E－mail 的缩略）我”；直接借用英语的语法形式，有在汉字后加“－lity”后缀的，如“niubility”（牛逼），有加词尾－ed、－ing、－s 等，如“工作ed”“看电视 ing”“mms”（美眉们）。语序也突破常规的表达，以倒装句为时髦形式，“……先”“……的说”“……都”等比较多见。

广大的青少年学生是网络语言的主要使用人群。在他们的日常口语和书面语中，往往体现的是网语的横行无忌。

二、媒体语言欠规范的问题

虽然媒体对我们的日常语言生活影响巨大，对我们的语言生活起着引领作用，但是，近年来，由于网络语言不断地向媒体渗透，人们的宽容度增强，媒体人对自己的要求降低，一些语言形式的规范标准不明确等因素的存在，媒体本身在语言运用上呈现出一种混乱状态，主要表现在：

1. 字、词读音不规范

电视节目主持人对一些多音字读音不够准确。如浙江电视台《中国好声音》栏目的节目主持人，在 2012 年该节目年度总决赛上，多次把“桂冠”（guìguān）一词说成 guìguàn。而在第二天的香港凤凰台的时事节目中，播音员又把“冠状病毒”（guān）说成 guànzhuàngbìngdú。这两处的“冠”字，皆指的是“帽子”或者“像帽子的东西”，应读作平声的。这样的错误经常出现在媒体节目主持人的口中，从而误导了很多受众。不仅节目主持人会读错字，一些节目上的嘉宾专家，也会犯诸如此类的错误。“学术明星”于丹教授在CCTV3《文化视点》栏目讲《游园惊梦》时，把“蓦然回首”中的“蓦”(mò)读成mù，把“拂拭”中的“拂”(fú)读成fó。老师毕竟不是权威词典，对某些汉字的读音把握不准，也在所难免。但在媒体上作学术演讲，受众非常广泛，其影响面也特别大，如果出错，自然误导的受众也非常多，所以专家应该慎之又慎。汉语字、词读音问题不仅体现在读错音上，有时也反映在读音的不规范上。如在武汉地铁列车上，为了方便中外乘客，广播系统的播音采用中、英双语形式进行重复播报。和汉语普通话播报形成鲜明对比的是，当播音员用英语形式进行站名播报时，一些地名就变成了很不规范的洋腔洋调，如“虎泉”“积玉桥”“循礼门”分别被念成“忽劝”“机迂窍”“熏你闷”，大家听着很别扭。这种读音方式恰恰是外国人在拼读汉语词汇时出现的外国音，属于发音不准的问题。如果我们知错犯错，势必会造成汉语字、词读音的混乱，不利于对外宣传、推广标准的汉语发音，而且“汉语拼音是国家语言的一部分，是主权的一种象征”，所以我们不应该盲目地模仿外国人的读法。其实，汉语中的人名、地名和一些事物的名称等无需翻译的名词，直接按照汉语普通话的标准读音来读即可①。

2.汉语字、词书写不规范

在现代各种媒体上，字、词使用的混乱和不规范状况比之读音方面的问题是有过之而无不及。最突出的是错别字的问题，有人把它看成是一种严重的“病毒”，这一点都不为过，因为我们现在的媒体已经到了“无错不成书”的地步。无论是在电视节目的字幕上、网络上、报刊上、广告牌上，错别字随处可见。有的错别字是有意为之的，如网络上和许多广告牌上的谐音字，都是属于借谐音而故意制造的错别字(见前几章例子)。招牌中非有意写错的字、词也屡见不鲜，如修车店门口：补胎“冲(充)”气；水果店门口：“波(菠)”萝；农贸市场标牌：“蕃(番)”茄；饭店菜单：鸡“旦(蛋)”；北山公园标牌：请忽(勿)靠近；候车室提示牌：侯(候)车室；公共设施提示牌：请勿做(坐)人，后果自负；还有把各种啤酒写成“各种啤洒(酒)”的。这样的错误在作家的文字中也时有发现。当代新生代作家郭敬明的作品中，别字就为数不少。如：

(1)问题是！他里面写，郭敬明的经纪人是个牛高马大一脸凶像的女人，站在郭敬明旁边像个女保镖！！我哪里牛高马大了？我哪里保镖了？我哪里一脸凶像了？(《在看完日志难道你们都没笑么?》，200－08－25)

(2)顺便带了今天吃完饭挺早的，于是溜达去了健身房。顺便带了顶毛线帽子，把乱糟糟像鸟窝一样的头发收拢一下。(《小四的暴力幼稚园》，2006－10－18)

① 谈海亮.地铁英语洋腔洋调播站名[N].楚天都市报，2013－01－15.

第(1)句中,“凶相”指“凶恶的相貌”,“凶像”这个词,在古今汉语中不存在,故“一脸凶像”的正确写法是“一脸凶相”。第(2)句中应指的是“把帽子套在头上”,而不是“随身携带”的含义,故应用的是“戴帽子”而不是“带帽子”。在短短的500字左右的文章中,同样的错误就出现了三次。

不仅小作家的文字中出现这些瑕疵,一些大家的作品中也出现同样的硬伤。在获得茅盾文学奖的作品《白鹿原》(人民文学出版社1993年版)中,错别字也不在少数。如“麦秸秆下窜出绿翠晶莹的嫩叶来”中的“窜”应为“蹿”;“粘稠的乳汁”中的“粘”应为“黏”;“度过难关”中的“度”应为“渡”等。据杜永道先生统计,在该书47页至77页这31页,约2.3万字中,就出现了9处错误,这个数量远远超过书、报刊的错别字数量应在万分之一以下这一规定①。

在字、词的使用过程中,还有一种不规范的现象是繁简字混用。这种现象在商家店铺的招牌中最为多见。商家为了追求新颖、美观、时尚,增加文化品位,往往在招牌上做文章,简字繁写也是他们吸引大家眼球的策略之一。如“汉堡”写成“漢堡”,“三门土特产”写成“三門土特産”,“运动之家”写成“運動之家”,“文化广场”变身为“文化廣場”等。这些都是汉字不规范的书写方式。2001年开始实施的《国家通用语言文字法》中明确规定,公共场所的设施用字、招牌以及广告用字应以国家通用语言文字为基本的用语用字。

再次,汉语字、词运用上存在语法错误。在现代社会,因为大家用词的随意,词语使用错误的现象比比皆是。由于大家对词语的含义掌握得不够准确,所以用词不当现象很普遍,如:

有关幸福的追寻,央视并不是始作俑者。《春天里》的走红,《老男孩》的唱响,白岩松的《幸福了吗》,无论身在庙堂,还是远在江湖,都为这样一个话题而泪水沾襟。(《株洲日报》,2012-10-22)

“始作俑者”的意思是“比喻某种坏事或恶劣风气肇始人”(《汉语大词典》),很明显,该词是只能用于人的十足的贬义词。在以上的例句中,对“幸福的追寻”是人类一个永恒的话题,“央视”对当下这一话题的讨论,自不应予以贬斥,所以“始作俑者”这一词的使用错在误贬为褒、误人为物了。上句可改为“有关幸福的追寻,并不是始于央视”即可②。

整天和文字打交道的作家也会出现用词不够恰切的问题,郑渊洁先生在2010年1月30日的新浪博客文章中有这样的表述,他认为歌词、谱曲和演唱对于一首好歌都是不可或缺的因素,其中“歌词的感染力首当其中”。“首当其冲”这样的用法正确吗?我们先了解一下“首当其冲”的含义:比喻最先受到攻击或遭遇灾难

---

① 杜永道.《白鹿原》语文差错的启示[N].语言文字周报,2012-12-19.

② 宋桂奇.始作俑者易误用[N].语言文字周报,2013-3-13.

（《辞海》第六版）。郑渊洁先生强调的是，在一首好歌的歌词、谱曲和演唱这三个要素中，“歌词的感染力”居于首要地位，显然“首当其冲”用在此处是不恰当的。黄典荣先生认为用“首屈一指”比较恰当，我们不敢苟同。“首屈一指”的意思是“居第一位，引申为最好的”。（《现代汉语词典》（第六版））它通常用在同类事物经过优劣比较排序以后，居于第一的人、事、物上，如“香港人的善心善举是世界首屈一指的”。郑先生的这句话重在强调“歌词的感染力”的重要性，所以用“歌词的感染力至关重要”来表达应该更为恰当一些。

20世纪90年代以来，随着媒体的发达，一些新的语言现象特别容易被大家了解和传播，一种有活力的语言形式一出现，大家就争先模仿，从而造就了很多模式化的表达，但是过度的模仿又导致了许多语言新变式使用的泛滥。如近年来出现的“被××”格式，颇受大家的“赏识”，充斥于各种媒体。“被××”格式以不及物动词或形容词前加“被”字这种看似荒谬的语法形式，来体现对“被时代”的嘲弄，应该是一种非常简洁而富有表现力的语言新变式。但是当一种格式被无限度地滥用以后，不仅新异感很快就会消失殆尽，而且容易使人产生厌弃感。如：

(1)伞兵就是用来被包围的(电视剧《兄弟连》台词)

(2)《亲爱的死鬼》在各大书店正被广大读者所抢购。

(3)我被告知，她老公再也不能在我的博客中被提及了。

第(1)句中是把“用来”与“被”连用，但汉语中“用来”后常接表主动语态的动词，一般不和表被动的“被”放在一起使用。该句可以表述为“伞兵就是让人家来包围的”。第(2)句也不一定要用被动语言来表达，用“广大读者在各大书店抢购《亲爱的死鬼》”这样的主动语态表达则更为顺畅。第(3)句是短短一句话，就连用了两个“被××”格式，既显得累赘，又表意不清。该句换用我们传统的习惯表述，应更简约而明确：有人警告我，不要再在博客里写她老公。

“被××”与汉语传统的被字句用法很不相同，它是一种受到西方被动语态影响而盛行的句式，是西风东渐、中文西化的结果。不同语言间相互吸收和借用也无可厚非，在我们这个日新月异的时代，汉语兼容并蓄、与时偕行也是理所应当的，但是，我们不能盲目滥用，做弃己精华，拣人糟粕的事。

我们现在动辄就“惊呆了”，我们很容易就“分特”（英语 faint 的音译，“晕倒”义）了，我们斥责别人经常用一个词“犯贱”，我们表扬别人时也习惯于用“赞一个”……我们这个时代的语言信息越来越丰富，我们却正在经历着丰富的贫乏。

有时，我们的语言表述出现问题，是因为对一些语言文化传统了解不够清楚，出现了误用的现象。就称呼而言，在汉语传统文化中是非常讲究的，尊称和谦称分别有其不同的使用场合。“阁下、教授、令尊、令郎、府上”是用于称呼对方或对方家人的尊称，而“学生、愚兄、卑职、在下、鄙人”则是对自己的谦称，当提及自己的长辈或年长的平辈时应说“家父、家母、家姐”等，如果是小于自己的平辈或小辈时，要用

“舍～”,如“舍弟、舍妹”,自己的家要称“舍下”或“寒舍”。这些称呼现在多见于书信或比较正式的场合,口语中较少使用。尊称和谦称的界限非常分明,不可随意使用。不过,由于大家现在对自己语言使用准确性的要求降低,对不大清楚含义和用法的词语,没有耐心把它查阅和考证明白,就自以为是地乱用,结果往往是贻笑大方。在某个电视剧里,苏东坡邀请一年轻人时说“欢迎到寒舍做客”。不料该年轻人竟回答“我有时间一定到您的寒舍拜访”。在这里,编剧误以为“寒舍”一词既可以当谦称用,也可以当尊称用,结果闹出笑话。又比如“名”和“位”皆为表尊称的量词,“三名优秀党员”“两位教授”都是恰切的表达,但媒体上出现的“两名违法分子”“三位罪犯”这样的说法就非常可笑①。其实,在生活中,我们无形中也会犯同样的错误。走进饭店,服务员问:“请问您几位?”我们往往习惯性地回答“三位”。这样的回答也是不合适的,因为对自己用尊称是不符合我们抑己尊人的文化传统的。

三、知识分子在语用上对世俗的迎合和对低俗的效法

知识分子作为社会的精英阶层,他们的身份决定了他们使用的语言形式,在普罗大众的眼里,应该就是标准形式,是大家效法的对象。但是,近年来,知识分子因为种种原因,在使用语言新变体上并不是那么谨严,给了大家一种不良的导向。比如我们前面提到的部分高校的校长,他们在学生毕业典礼上的发言用到了很多流行语,颇受学生的欢迎。但是这里就存在一个问题,语言的使用是分场合的,在此场合恰切的语言,在彼场合就不一定适合。毕业典礼是非常正式的场合,语言应该典雅庄重,而校长们为了讨好世俗,迎合学生,选择使用没有经过时间考验的、比较随意的流行语,这多少就带有一种滑稽的成分。在这个“热言时代”,语言不仅仅是普通大众中伤别人的锐利武器,一些非常有素养的高级知识分子,有时也通过语言来暴力相向。如在2012年,中国政法大学的副教授吴法天与媒体记者周燕,两人就钼铜项目是否会引发环境污染问题,在网络上产生言论冲突,双方都使用了不文明用语,甚至他们把网络上的语言暴力,以微博“约架”的方式延续到了实际的现实生活中。这样的事件已不止一起②。近年来,学者、记者、著名主持人等知识分子动辄也爆粗口的事件屡见报端……

第三节 20世纪90年代以来汉语新变式的分层规范策略

在当下,语言的超常变异形式如此之多,所以仅依靠语言系统自身的净化功

---

① 袁钟瑞,宋建民.生活中的语言文字[N].语言文字周报,2013-9-11.

② 江曾培.网络知识分子应有理性德性[N].城市导报,2012-7-27.

能，是难以确保语言的健康发展的，因此在雅俗并用、新旧并存、鱼龙混杂的新的语言生活面前，我们对语言生活合理、适度的干预和科学、耐心的引导也是非常有必要的。

我们怎样对日常表达中的超常变异形式进行规范呢？当我们了解了目前语言变异的状况，掌握了语言变异的一些动态规律，确定了区分语言新变式的规范和超规范的标准以后，就可以在此基础上，对20世纪90年代以来的语言进行相对科学的规范，以保证我们语言生活的健康发展。

不同的领域，不同的群体，在语言新变体的使用和传播过程中所起到的作用不同，在语言新变体的使用中出现的问题不同，在规范语言新变式中充当的角色也不同，所以我们认为，在对20世纪90年代以来的语言新变式进行规范时，要根据实际语言生活中存在的问题和语言变异的动态规律分层次进行。

一、给网络语言以相对宽松的生长环境

作为新兴的社会方言，网络语言以前所未有的新奇、独特的词语和表达方式，丰富了汉语的词汇系统，提高了汉语的表达效果，活跃了当代语言生活。但是网络所营造的虚拟空间的开放性和自主性，也使得网络语言随意性非常大，规范性比较差，所以有的专家提出要严格规范网络语言，以免使汉语遭受污染。不过，我们并不完全赞同这种观点。一方面，“网络语言既不是黑话，也不是语言垃圾，它是时代发展的产物，应当予以承认。”[①]另一方面，近年来，汉语普通话中新的语言变体主要是来源于网络语言，网络语言已经成为目前汉语系统中最具有活力的部分之一，我们不能把汉语的源头活水堵死。语言的创新是语言生命力的体现，没有语言的创新就不会有语言的发展，否认或抵制语言创新，就等于在扼杀语言的生命[②]，所以网络语言的规范应相对从宽，给新的语言变式以宽松的产生、存在的空间，以保证汉语的活力。检验一种新的网络语言形式到底有没有生命力的问题，更多地应交给语言的自洁功能，让它来优胜劣汰，或者通过以下其他层次来进行规范。

二、媒体在语用中应为社会做好示范工作

媒体本身就是一种语言行业，主要是通过语言来传播信息的，它在使用语言传播信息的过程中，也是在向社会和公众传播语言和语言规范。媒体对语言的使用

---

① 李云彤.网络语言的规范性探究[J].内蒙古社会科学，2013(2)：129－132.

② 戴昭铭.规范语言学探究[M].上海：三联书店，1998：10.

不仅使旧有的语言规范得到巩固，而且也不断地创造、发展出了新的语言规范[1]。因为媒体的语言具有权威性，所以其语言的使用也就具有了示范性，成为大家效法的对象。

媒体语言的规范策略为：媒体要根据媒体语言所出现的问题，对症下药，制定规范策略。这样，规范的针对性会更强，规范的效果也更明显，最终也能够使媒体语言真正起到示范作用。媒体语言的规范需要从以下几个方面着手：

第一，提高媒体从业人员的语言素养。在语言运用方面，媒体就是普通大众的老师，是大家师从的楷模。媒体从业人员语言素养的高低不仅仅关乎他们能否使用优雅、规范的语言文字的问题，而且他们所使用的语言文字本身也在为我们展示语言使用的样板。如果他们不加强自身的文字编校和规范使用语言的能力，以上所罗列的语言使用中的问题就会不断出现。如果媒体示范给大家的是不规范的语言形式，大家学到的语言形式自然也就是超规范的，长此以往，语言使用出现的混乱状况就可想而知。所以媒体人这种特殊的职业，决定了他们必须读规范音，写规范字，说符合汉语语法规范的语句。

第二，提升媒体从业者的文化素养。语言和文化的关系非常密切，语言既是记录民族文化的工具，反映民族文化，同时也是民族文化的重要组成部分。在一种语言中包含着该民族的历史、文化背景，蕴藏着他们对人生的看法以及他们的生活方式和思维方式。如果我们不了解一种语言中包含的文化，即使语言上准确无误，也会影响交流。汉语是汉民族文化的象征，因为对我们传统文化缺乏一些起码的常识，结果闹出"您的寒舍""一位犯罪嫌疑人"这样的笑话。为了给社会传递汉语传统文化的正能量，媒体从业者提升自己的文化素养是势在必行的事。

第三，培养高度的责任心和敬业精神。媒体从业者只有具备了高度的责任感和敬业精神，才会真正重视媒体这个展示和宣传语言的窗口和平台，才会严于律己：一方面，书写者自己力求使用规范的汉语；另一方面，编辑者对媒体语言严格审查、严格把关，不让超规范的语言形式成为漏网之鱼，误导大众。只有这样，媒体语言才会真正成为大家学习的典型范本。

第四，文化部门要加大监管力度。文化部门作为权威的、最终的把关人，要加大力度来监管汉语的使用状况，把汉语不规范的用法卡在最后的关口之外，还大众一个相对纯洁、规范的语言环境。

第五，媒体要充分利用公共宣传平台，举办相关活动，进行规范语言形式的示范和宣传活动。如中央电视台和国家语委为协助宣传和落实《中华人民共和国国家通用语言文字法》以及《国家中长期语言文字事业改革和发展规划纲要》，决定共同举办大型电视活动《中国汉字听写大会》。这一节目在央视科教频道一播出，就

---

① 李宇明．中国语言规划论[M]．北京：商务印书馆，2010：86－87．

引起了观众强烈的反响。在节目中，央视主播郭志坚主考念词，社会科学院专家担当裁判并解释词义，为汉字的听说读写以及理解树立了典范，让大家在领会汉字魅力的同时，也意识到汉字书写上存在的问题，让大家重视和热爱我们的汉字和语言传统。此外，央视科教频道精心打造的大型节目《中国成语大会》《中国谜语大会》，由河南卫视和爱奇艺联手打造的《汉字英雄》等节目，在弘扬我国优秀的传统文化，推进国家语言文字事业的发展方面都起到了积极的作用，也是信息时代、电脑时代对我们民族语言文字传承的一种未雨绸缪。

三、社会精英要担当起消除语言污染的社会责任

印度的经济学家阿玛迪亚森曾说过一句非常经典的话：知识分子是社会的良心。知识分子作为社会的精英，他们对各方面的问题能够进行独立的、理性的思考，有强烈的社会责任感以及超越他们学科背景的表述能力[①]，对语言新变式的规范与否有很强的鉴别能力。面对目前这种语用混乱的状况，他们不能坐视不理，要担当起消除语言污染的社会责任。他们怎样实现这种社会关怀呢？

1. 收集、整理语言新变式

当下的语言新变式不断涌现，知识分子只有坚持对其进行收集和整理工作，充分占有语料，才能在时间的“流”里，在杂乱、繁多的语言变异形式中，从“纵”“横”两个方面梳理出语言变异的状况。这样既可以帮助大家全面、清楚地了解语言在哪些方面发生了变化，怎样变化的，也易于使大家在共时的变异中看到历时的变化。我们也要注意，对语言新变式进行收集和整理的过程，也是一个甄别、筛选的过程，不能仅仅对新的语言形式进行简单的收录和盘点。《咬文嚼字》编辑部在这一方面就起到了很好的表率作用。他们在编制每年的年度流行语时，既考虑新语言形式的流行度，又从语文伦理的角度进行考量，选优汰劣。据此标准，2014 年公布的流行语中，“人艰不拆”“逼格”“森么仇森么怨”等不合语法、不雅或表意不明的词语皆落选。他们的做法确实给大家规范用语起到了一定的正面导向作用。部分知识分子凭着他们对语言的敏感和对社会的责任感，正在进行这方面的工作。但大家大多是零散地讨论个别语言形式、尤其是词语的变异，对这一时期汉语变异的整体研究比较少，对汉语变异进行系统地动态研究就更少。许多人对当下的语言变异状态不了解，语言新变式的哪些变异形式可以用，哪些应该规范，大家心中无数，这也是造成目前语言表述混乱局面的一个主要原因，所以知识分子在这一方面的研究、整理工作还有待加强。

---

① 查建英. 八十年代：访谈录[M]. 北京：三联书店，2006：133.

2. 探索语言新变式的变异发展规律

语言是一个充满变异的非均质的系统，语言变异形式中会出现常规变异和超常规变异，超常规变异的语言形式就需要进行规范。语言规范不是一成不变的教条，而是随着语言的变化不断丰富与发展的。当然，所有的语言规范都不是语言学家在书斋里自以为是的逻辑演绎，而是对大量语言实践的研究与总结。要对 20 世纪 90 年代以来的汉语进行规范，就需要对这一时期汉语语言生活进行研究，发现该时期的语言发展变化的特点，从中总结出该时期语言发展变化的规律，并在此基础上建立语言使用的新规范。知识分子往往能理性地思考问题，善于从表面现象挖掘出事物的本质来。尤其是人文学科的知识分子，可以充分利用他们的专业知识，从纷繁复杂的语言变异形式中找出变异的条件和规律，预测其未来的变化趋向，并总结出规范的变异形式和超规范的变异形式的区分标准，对大家规范地使用新语言形式提出科学、合理的建议。

3. 利用新传媒宣传规范语言形式、抵制超规范语言形式

任何社会都是需要精英导向的。知识分子属于社会的精英阶层，他们拥有话语权，而且其话语具有权威性和导向性。他们要充分利用现代化的新传媒，做好语言新变式使用的导向工作，在使用语言时“帅以正”，给大家树立了一个学习的标杆，使大家有一个可以师从的标准。对于一些充满生命力的、好的语言新变式，知识分子要通过自己的言传身教做好宣传工作。比如，易中天先生在《百家讲坛》栏目上做讲座时，使用了很多语言的新变式，这些新变式是经他筛选以后相对规范的新语言形式。他在《百家讲坛》这一收视率颇高的栏目上使用，无形中是对新的、较为规范的语言形式的一种宣传。知识分子既要通过媒体宣传规范的形式，也要呼吁大家摒弃使用超规范的语言形式。如冯小刚导演在全国政协会议上对“屌丝”这一恶俗的词表示拒斥；在《成语英雄》的启动仪式现场，钱文忠先生也表态：“听到喜大普奔时，一点也不喜悦”。2012 年，《文汇报》记者采访中国辞书学会会长、《现代汉语词典》(第六版)修订主持人江蓝生女士时，她说《现代汉语词典》收词的主要原则是普遍性和稳定性，像“雷”“宅”就属于符合标准的词语，而“神马”“杯剧”“洗剧”等词是谐音的滥用，不值得肯定。同时，她建议大家不要跟风使用网络上的脏话、低俗的话以及那些粗俗的表达方式①。这些知识分子在媒体这个公共平台上所说的话，对于大家的选词用语其实就是一种积极的导向。知识分子要真正对规范起到示范作用，自己首先要使用准确、规范、优雅的语言形式，不能因为要媚从所谓的“大众”而使自己的语言低俗化。

---

① 吴越. 当代人表达更自由，但语言的美感在减少[N]. 文汇报，2012-07-21.

四、语文老师应引导学生使用规范的汉语言文字

学生，尤其是中学生和大学生，他们“最急于寻求独立性，也最急于显示独立性，他们要和传统决裂，不喜欢陈词滥调，最富于创新精神，什么都爱新鲜，爱好玩儿”①。所以他们是最易于又最乐于接受和创造语言变异形式的群体，但因为他们还处于祖国语言文字的学习阶段，在许多规范的语言文字形式还未完全掌握之前，如果他们过多的接受不规范的语言形式的话，先入为主的那些不规范的语言形式就会排挤规范的语言形式，最终影响学生规范的语言表达能力的培养。所以语文老师一定要严格把关，教育学生遵守我们汉语的规范，指导他们使用规范的汉语。

学生语言的规范策略为：鉴于学生在语言使用中的问题，我们也制定出相应的策略，来规范他们的语言。具体办法如下：

1. 为学生创造一个良好的学习规范语言的环境

语言的学习本身是一个循序渐进的过程，学生只有在比较规范的语境中，才会潜移默化、耳濡目染地掌握和使用规范的汉语言文字。目前学生面临的并不是一个理想的学习规范语言的环境。一是媒体的语言文字使用中存在着诸多问题。这些问题包括读音、书写的错误、不合语法规范的毛病以及很多的疏漏之处，而学生本身是电视、电影、杂志、网络等媒体的忠实受众，他们在接受这些媒体内容的同时，也无形中受到其不规范的语言的影响。而许多权威媒体或媒体人的语言又是学生刻意效仿的对象，但学生对语言形式又缺乏足够的鉴别能力，他们在学习媒体语言精华的同时，连其语言糟粕也拿来效仿，结果往往会受害不浅。二是学生使用的语文教材同样存在偶有失范的现象。学生的教材应该是学生学习语言文字的范本，但这些范本在注音、字形、文句方面也出现了一些问题。如：

(1)崤(yáo)函：崤山和函谷关。(《语文》第一册第82页篇目《过秦论》的课文注释3)

第(1)句中的问题在于注音有误，据《现代汉语词典》的注释“崤 Xiáo 崤山，山名，在河南”可知，崤的正确读音为“Xiáo”。

(2)人依赖于心造的幻影，苦捱岁月，为自己的精神天国付着昂贵的代价。(《示例》,《语文》第一册116页)

(3)旧皮鞋破了，爸爸替我买新的，掩不住内心的欢喜，回到家里就迫不急待地拿出新鞋。(《旧东西》,《语文读本》一册第301页)

第(2)句中的毛病是字形不规范，其中的“捱”为“挨”的异体字，规范字形为后者。第(3)句中也存在字形有误的问题，此处的“迫不急待”应为“迫不及待”。

---

① 胡明扬，张莹. 70—80年代北京青少年流行语[J]. 语文建设，1990(1)：35-40.

(4)除了逻辑的要求和实践的检验以外，无论是几千年的习俗、宗教的权威、皇帝的赦令、流行的时尚，统统是没有用的。(《数学与文化》,《语文》第六册第5页)

第(4)句出现了语句表达不严密的问题，连词“无论”只表示了一方面的事物，还应该有另一方面的事物与之照应，才是完整的表达。此句可改为“除了逻辑的要求和实践的检验以外，无论是几千年的习俗、宗教的权威，还是皇帝的赦令、流行的时尚，统统是没有用的”①。

语文教材中诸如此类的问题还不少，那么以语文教科书语言使用之“昏昏”，岂能让学生习之而“昭昭”？三是作为第一线的语言文字工作者的教师，未能在使用规范语言方面做到“言传身教”。学校是集中传授规范语言文字的场所，语文老师的言传身教是学生学习语言的重要渠道，但是许多教师自己的语言却不够规范：普通话不够标准，或者是在课堂上使用让学生难以理解的方言土语；在黑板、通知栏或公文上出现错别字；语言繁琐、表意不明、逻辑混乱；用冷嘲热讽的不文明语言指责学生；等等。语文老师的语言不规范，会导致学生的用语和思维的混乱，往往遗害无穷。为了学生能学习到规范的汉语言文字，媒体、语文教材和教师就需要共同努力，创造出一个规范、典雅、优美的语文环境。只有语文环境净化了，学生个人的用语、用字才会规范起来。

2.为学生推荐典范的课外读物

阅读既是人的一种基本的存在方式，也是人的一种基本需要，阅读无论对于个人还是社会，都具有重要作用。为了更好地巩固和发展课堂教学的成果、开阔学生视野、提高学生人文素质，大量的课外阅读是必不可少的。现在的学生喜欢看悬疑、言情、推理之类的小说，他们喜欢的作家大多是网络作家或者是80后、90后的新生代的作家，如韩寒、郭敬明、安知晓等。他们喜欢看的是《读者》《韩流时尚》《娱乐在线》《人物周刊》诸如此类的杂志。他们所喜欢的作家的作品在遣词造句上出现的疏漏俯拾皆是，网络小说更是错误百出。

网络文学和当下流行文化的语言存在很多不规范的地方，此类文化又是学生非常热衷和崇尚的文化，如果他们长期受其熏染，势必会造成他们词汇贫乏、语言单调，语言表达简单化、类同化，甚至低俗化、庸俗化，这种状况就令人非常担忧了。所以在问题还不是那么严重的时候，语文老师应该积极采取措施防患于未然。他们首先要做的就是培养学生良好的语感。语言学家乔姆斯基强调了培养语感的重要性，他说：“人类自身的语言感受能力是人类学习语言、发展语言进行交际的最基本基础。”如何培养语感？广泛阅读典范的语言作品，在不断地接触优质的语言材料的过程中，感受规范、优美的语言，丰富学生的语言积累，培养他们的语言敏感

① 黄海波.现阶段学校语言文字应用中不规范现象原因分析[J].广东广播电视大学学报,2005(4):45-48.

度，提高他们的语言鉴别能力。当然，让学生学会在纷繁复杂、良莠不齐的语言形式面前学会取舍，引导他们阅读近现代经典作品很重要，让他们学习古诗文同样重要，因为"古诗文教学的意义不仅在于培养和提高学生阅读浅易古诗文的能力，而且在于提高他们的现代汉语水平。学生在古诗文学习中可以了解灿烂的古代文化，而这种文化积淀又可以成为他们运用现代汉语时的宏观语境。那些古诗文读得多学得好的人，在运用现代汉语时，也往往多一份雅致和凝重，少一份苍白和飘浮；多一份精练和轻灵，少一份芜杂和笨拙"①。

3. 引导学生使用规范的语言新变式

我们要求学生使用规范的语言文字，哪些语言文字属于规范的，哪些不规范呢？其实高考作文的要求或多或少给我们提供了一个可以参考的标准。比如，虽然网络语言已深入我们的生活，但近年来的高考卷中不允许使用网络语言，即使是"给力""伤不起""神马""有木有"等我们"耳熟能详"的网络热词，也被拒之高考作文之外，而笑脸、哭脸等网络符号也会被语文阅卷老师"一视同仁"地作错别字处理。同样，语文阅卷老师也不认可在中文中夹杂外语单词的做法，如果出现，一律按错别字对待。对考生作文中的错别字的处理办法是扣分，每错一字扣一分。这些规定告诉我们：规范的语言文字是杜绝错别字的；有的网语虽然使我们的语言更富有表现力，但网语既有语境的制约，又有良莠之分，要慎用；一般和别人交流时，要使用纯正的汉语，语码不要随意混用，否则显得不伦不类。学生说话、作文应该使用生动活泼、优美典雅的语言文字。通过不断提升的语感，学生能对新出现的语言形式的规范与否进行甄别，并且自觉地使用符合语言规范的新语言形式，剔除不规范的新形式。

五、语言规划部门应明确衡量标准，确立和公布语言规范

20世纪90年代以来，语言变异的规范形式与超规范形式、旧式和新变式并存、并用，在语言使用上显得比较混乱。国家一直在提倡大家使用规范的语言文字，到底哪些新变式是规范的？哪些不规范？规范和不规范的衡量标准是什么？对不规范的新变式如何规范？这些问题都需要语言规划部门给出明确的规范标准，把规范形式和不规范形式确立下来，使大家在语用中有章可依、有规可循。

（一）确定语言常规变异和超常规变异的衡量标准

衡量常规变异和超常规变异的语言形式的标准，主要是看一种语言形式是否符合语言的发展演变规律。一般符合语言发展"沿流"的形式是规范的语言形式，

---

① 天添. 意合是语文最大的特点[EB/OL]. blog.163.com/huniu911/blog/static/13,2010-11-06.

如语言发展的“沿流”包括汉语元音的高化、方言向普通话的靠拢、语言形式向简化方向发展等。新的语言规范形式既包括已走完发展演变道路的常规变异形式，也包括处在语言渐变过程中的常规变异形式，而处在变化进行中的语言新变式，比已变化完成的新变式的数量要多。只要进行中的变化符合它们自己的语言发展趋势，就应该属于常规的变异形式。当然“语言文字规律发生作用也常常是有条件的”①，所以符合语言变异条件的语言形式，能接受语言特定格式制约的语言变式，才是常规的语言变异形式，如“副＋名”结构中的名词，是具有形容词属性的名词才能进入该结构，而“桌子”“凳子”等具体名词就不具备进入该结构的条件，故很难被这一结构所接纳。又如能够带宾语的“动宾式动词”必须是词化程度特别高的动词，结构比较松散、词义不够凝固的动宾式动词，就很难再带宾语，如“写生”“写信”等。“写生奶奶”“写信他”就是不规范的表达形式。对于常规变异形式，语言规划部门应采取疏导的方式，引导大家使用。对于那些临时组合的、不符合汉语词汇和语法的一般使用规则的语言形式，我们视之为超常规的变异形式。超常变异形式不是语言丰富、发展的途径，它们的使用，既不利于语言规范，又对青少年身心健康成长有害。它们属于语言变异形式中的消极部分，不应提倡②。网络上的火星文就属于超常规的变异形式，语言是大家交流的工具，让大家能识能懂是对语言符号最起码的要求，但火星文是违背这一准则的，如：

那①刻-ωǒ 哭了 ooO 了 ωǒ 真 Dêづ乖了 O(那一刻，我哭了，为了你我真的变乖了。)

99，3Qu 姑力偶读猪，偶会＋Ud！（舅舅，谢谢你鼓励我读书，我会加油的！）

这些模样怪异的语言形式，如果不加解释，真的不知所云为何物，它们就像“雨后的毒蘑”③，以新奇好玩的外形吸引大家的好奇心，在无形中毒化汉字的规范使用和大家的创新思维。

这里需要强调的是：国家语言规范的权威部门，在确立语言新变式的规范标准时，要充分考虑语言表达的语境、语体、地域等因素，这样制定出来的策略才不会是僵死的教条，才具有更大的可行性。如国家新闻出版总局硬性规定，除节目特殊需要外，播音员、主持人一律使用标准普通话，禁止使用方言。近年来，主持人使用低俗、恶搞的方言来娱乐观众的现象越来越普遍，广电总局的要求有其合理性，但方言有时具有普通话难以达到的效果，主持人适时地穿插一些方言，既可以展示语言文化的多样性，也可以拉近与观众的距离，所以广电总局“‘禁方言’宜视‘情’而

① 李宇明. 中国语言规划续论[M]. 北京：商务印书馆，2010：51.

② 陈建民. 中国语言和中国社会[M]. 广州：广东教育出版社，1999：86.

③ 墨扬. 心疼咱们的汉字宝贝儿[N]. 齐鲁晚报，2013-04-02.

定”①。对于网络中超规范的语言形式，我们要严格限制它们的使用范围，甚至坚决杜绝使用。

(二)超常规语言变异形式的规范问题

为了中华民族语言文化的延续和健康发展，语言规划部门就需要对当下蜂拥而来的超常规语言新变式进行规范，规范工作应主要从以下几个方面着手：

1. **语音规范**

无论是在日常生活中，还是在很多媒体上，语音方面存在的问题都比较突出。语言规划部门需要做好以下的工作：①对于存在异读音的词，语言规划部门要及时统一读音，并公布规范的读音。国家语委在这一方面一直在积极地努力，而且在正音方面也发挥了很大的作用，如 1985 年国家语委公布的《普通话异读词审音表》，对异读词的读音进行了规范。此后“确凿、围绕、骨头、办公室”等词分别读“què záo、wéi rào、gǔ tou、bàn gōng shì”不再读“què zuò、wéi rǎo、gú tou、bàn gōng shǐ”。②对于当下多音字中易读错的字音，要做好规范读音的宣传工作。如电饼铛：“铛”误读为“dāng”，应读“chēng”；横祸：“横”误读为“héng”，应读“hèng”；模板：“模”误读为“mò”，应读“mú”；皇冠：“冠”误读为“guàn”，应读“guān”等。语言规划部门需要进行正确读音的宣传，不要让错误读音到处泛滥。③对于新产生的规范读音，要通过词典编撰的方式把其形式固定下来，使大家有据可查。如“戛纳”一词来说，起初只有一小部分人按“戛”的标准读音把该词读为“jiánà”，而大部分人则误读为“gānà”。虽然专家也是支持前一种读法的，但有时在确定语言的规范方面，少数服从多数的现象也时有发生。“戛纳”这个词就是一个典型的例子。在 2012 年 6 月出版的第 6 版《现代汉语词典》第 414 页上，对“戛纳”一词的注音与解释为“(gānà)，法国地名”，②也就是说，国家语言规划部门已通过增加读音的方式让“gānà”这样的语言形式取得了合法的地位。在目前，还有很多旧读、新读形式并存的读音有待规范。

2. **字形规范**

在拼音输入时代，由于大家疏于书写，常常是提笔忘字，而作为意音文字的汉字，主要是通过字形区别意义、展示其文化内涵的。但当下汉字字形书写过程存在的问题最多，所以汉字字形的规范是汉语言文字规范的一项重要内容。语言规划部门首先要严把审核关，使媒体、出版物的文字最大可能规范起来，不让错别字恣意蔓延。我们要对错别字采取零容忍，如果我们对错别字睁只眼闭只眼的话，长此以往，我们就会逐渐丧失对错别字最基本的识别能力，会积非成是，难辨对错，最终

---

① 汪晨.“禁方言”宜视“情”而定[N].语言文字报，2014－1－15.

② 徐家永.“戛纳”读“gānà”已取得合法地位[N].语言文字周报，2012－12－12.

导致我们整体汉语规范用字能力的下降。其次，对新出现的同音同义的异形词，如果大家普遍使用，又有一定的合理性，不妨把它编入词典，给它以合法的地位。不过，原则上我们在使用时要首选主词条（词典作出释义的为主词条，未释义的为副词条）。如“佳宾”一词原来是写作“嘉宾”的，1996 年之前，《现代汉语词典》是没有列入“佳宾”一词的，同时期的《金山词霸》和《高级汉语词典》中都无该词条，但在 1996 年的《现代汉语词典·修订本》中，出现了“佳宾”一词，在该词条下写着：同“嘉宾”。“嘉宾”的解释为：尊贵的客人：～如云；～满座。也作佳宾。“嘉宾”为主词条，“佳宾”为副词条，作为主词条的“嘉宾”应首选使用。看来“佳宾”一词确实已登上了大雅之堂。最后，建议大家少用或不用同形异义词。同形异义词因形体相同，特别容易让人产生误解，相关部门应限制大家对这一类词语的使用，以免造成误会，带来纠纷和麻烦。如利川市旅游局为了在相邻的重庆市推介他们的旅游资源，就以“我靠重庆，凉城利川”为广告词做宣传，随后引起了社会的广泛争议，虽然利川市旅游局局长对他们广告的三层含义进行了解释，以显示他们的诚意，但毕竟“我靠”一词在网络上含有骂人的意味，“靠”的谐音在河南、陕西等地也属脏字，所以引发了大家的歧义解读，因此重庆工商局要求迅速撤换此广告[①]。

3.外来语言形式的规范

近年来，汉语在与外来语言文化接触的过程中，兼容并蓄，彰显出古老汉语在当下自我更新的强大生命力。但是，因为我们在借用外来语形式时盲目拿来，在翻译时偷工减料，在使用时又急功近利、贵远贱近，结果使得外来语形式的精华和糟粕同时泛滥在我们的语用中。比如语言中的“马赛克”现象的普遍、西文字母词的流行、外语中一些语言格式的滥用等，都对我们的汉语形成了巨大的冲击。这些语言现象是语言规划部门需要规范的主要内容之一。在世界一体化的今天，我们要封闭自我，对外来语言形式一味拒斥是不可能的，但是对外来语言形式，我们全盘接受也会面临语言西化的危险，所以我们不能被动地接受，而要“放出眼光”来拿。怎样取舍？首先，就词语而言，要吸收外来语中简洁、精妙的词语。这些词语是汉语词汇系统中没有的，我们通过吸收它们来丰富汉语词汇，这样的词汇有“奔驰”“模因”“硬件”“航空航天”“可口可乐”“香波”“桑拿浴”等。如果汉语中已有相应的比较好的对等词语，对应的外来语形式就没必要引进，否则会增加大家记忆的负担，有时可能还比较费解，如“贴士”（小费）、“波士”（老板）、“麦克风”（话筒）、“巴士”（公共汽车）等。外来词汇中的西文字母词，虽然在语言使用中有明显的优越性，但它毕竟是一种有待规范的词，我们在吸收时要慎重，使用但不滥用。如翻译版本不一、汉语表达又不尽如人意的西文字母词，我们不妨拿来，“NBA”“SARS”

---

① 曾维明.湖北利川广告语“我靠重庆”重庆要求撤换[N].重庆晨报，2012-07-08.

"CT"等都是我们直接引用的较好的外来词。其次,我们一般不提倡语码混用。因为在汉语中夹杂的语码并不总是"ok、sorry、boss、bye-bye"等如此通行易懂的词汇,很多词有更多人不懂,如果对方再说得不地道的话,那就与火星文无异,这势必会影响人们交流的速度和效果。让不懂外语的人来听,那更是一头雾水,顺畅的交流又从何谈起?如沈锡伦先生提到这样一个例子:一电视台节目主持人随机采访一位行人,在问到对某种商业文化的看法时,受访者的回答是:"我很'因杰奥爱'这样的生活。"他当时听了觉得"似乎遭到当头棒喝","眩晕一秒钟"后,方领悟对方说的"因杰奥爱"可能是"enjoy"。他很疑惑,汉语中有相应的非常精彩的"享受"一词,受访者为什么不用,偏要舍近求远、舍本逐末呢?① 最后,我们不可随意引进其他民族的语法形式。近年来,我们借鉴了很多其他民族的语法形式,如"被××"句式、"是时候+VP"结构、动词+ed、名词+s等。这些语法形式之所以被借鉴,肯定有其合理的地方,但我们在使用时有点随心所欲,把它们的应用范围无限扩大化了。现在我们滥用那些看似新颖、时尚的外来语言形式的情况太普遍了,这使得语言表述的确切性日益下降,因此我们在学习、引进其他民族一些新的语言形式时,应注意其适用场合,切记不可滥用了。

4.给语言新变式以一定的弹性空间

一种新的语言形式到底合不合规范,有没有生命力,在短时间内还不易判定,我们不要急于得出结论,否则会把一些有生命力的语言形式扼杀在萌芽之中。因为我们对语言的一些发展规律没有足够的认识,常常是我们认为不合规范的语言形式,其生命力却更为旺盛。如"幽他一默、打的、鞠个躬"等语言形式,"副+名""动宾式动词+宾语"等语法构式,它们虽饱受批评,但在我们的语言生活中却越来越活跃。同时,在语言的发展过程中,约定俗成的力量也是很巨大的。有时,我们视为缺乏理据,甚至认为是错误的语言形式,最终却得到了社会的普遍认同。"逃之夭夭"就是一个典型的实例。该成语出自《诗经·桃夭》"桃之夭夭,灼灼其华",它本是形容桃花的繁盛美艳的,后来却被谐音别用,造就了"逃之夭夭"一词,借指逃跑。"桃花"和"逃跑"二者毫无关联,起初大家也认为它是错误的用法,但还是积非成是,至今它都是一个非常生动的、被频繁使用的成语。汉语言上有很多此类的"公案",许多语言形式,起初语言文字专家认为是错误的,但因为大家说习惯了,它们的用法也就被社会普遍认同。比如"凯旋而归"一词,《现代汉语词典》中"凯旋"指"战胜归来",本身就有归来之义,"而归"二字反而成为缀余成分,因此专家们看到"凯旋而归"一词就痛心疾首地愤怒。但专家愤怒归愤怒,大家照用不误,在google上输入"凯旋而归"进行搜索,立刻有2770000条相关的内容跳出来,如果这

① 沈锡伦.语言新观察[N].语言文字周报,2012-10-17.

种用法进一步扩散的话，专家们可能就要做出让步了。像这样的例子还有“空穴来风”“七月流火”等①。所以我们的一些语言形式要通过社会的检验才能下结论。

在我们语言规范的过程中，也要注意到语言形式使用的场合问题，一种语言形式在这个场合是不规范的，但在另一个场合使用也未尝不可，所以对一种语言新变式不要全盘否定。如我们前面提到的“淘宝体”，因其亲切、可爱的方式而走红网络，颇受大家的青睐，但它也不是万能体，可以适合于任何场合。南京理工大学录取短信淘宝体、外交部微博淘宝体、交警宣传淘宝体虽然引起了很多的关注，但也引发了很大的争议，大家普遍认为这种“体”格式有哗众取宠之嫌，有损于以上部门的严肃性，他们在正式文体中不宜采用这种相对随意的“体”格式。但同样是淘宝体，央视剧组一改往日的严肃，在微博以淘宝体卖萌却很招大家的喜欢。如：

最近小编听到了好多关于“冯家班”下课的消息。顿时无辜，忘记去年7月小编告诉大家的原话了吗？中央电视台聘请冯小刚导演担任2014年春节联欢晚会总导演哦，并没有涉及元宵晚会哟，请不要让冯导累觉不爱哦。当然，由吕逸涛导演带队和全心投入，喜大普奔地为广大观众奉献一台精彩欢乐的晚会，敬请期待！

央视剧组的卖萌之所以没有招致非议，是因为这段话不是在正式的文体中出现的，它只是在微博上用这种温馨的话语给了关心“冯家班”的网友以解释，以堵住悠悠之口而已。

作为语言规划部门，在进行语言规范时，应该明确一点，语言“规范需要一定的弹性和张力，规范得太死反而会抑制语言的活力，导致语言僵化，妨碍语言的发展和语言生活的正常运转”②。时间是语言的试金石，一种使用很普遍的新的语言现象到底是否规范，还需要在语言使用中不断被检验，我们不能随意妄下结论。语言的发展是这样一个过程：已有规范——突破已有规范（不规范）——中介状态——新的规范③。往年的很多红极一时的流行语已成了明日黄花，离我们渐行渐远。如2001年，借雪村的一首《我们东北人都是活雷锋》歌曲而喧嚣一时的流行语“翠花！上酸菜！”现在已很少听到了；2009年的“哥时代”似乎也已经过时。那么像2010年的最强势流行语“给力”，2013年的“逆袭”，2014年的“任性”，2015年的“颜值”等词语是沉淀为汉语的基本词汇，还是会沉寂在时间的长河里，这还需要社会进一步的检验。

汉朝刘向在《说苑·善说》中指出：“夫辞者乃所以尊君重身、安国全性者也，故辞不可不修，说不可不善。”要使我们当代的语言通过“辞修”达到“说善”的效果，就

① 王真海. 凯旋而归[N]. 读者论坛，2008-09-04.

② 李宇明. 中国语言规划论[M]. 北京：商务印书馆，2010：96.

③ 刁宴斌. 现代汉语史[M]. 厦门：福建人民出版社，2006：32.

需要对当代语言现象进行规范。因为我们的语言不断在发生变异，就需要不断对语言变异现象进行研究，发现语言变异的规律，为语言新变式的规范提供理论依据。李宇明先生在2009年的《中国语言生活状况报告》序言中提出一种新的理念："进入21世纪，构建和谐语言生活成为语言文字工作的新理念。和谐的语言生活，就是主体性与多样性的辩证统一，各种语言及其变体各安其位，各展所长，各得其所，相辅相成。"我们相信，在这种新理念的指导下，我们可以更科学地制定语言规划，更好地解决当下出现的语言变异问题，从而为构建我们这个时代真正和谐的语言生活打下坚实的基础。

第六章

20 世纪 90 年代以来汉语变异的个案动态研究

对 20 世纪 90 年代以来汉语变异总体的研究，使大家对汉语变异获得一个全面的概貌。而对这一时期汉语变异的个案研究，则有利于进一步细致入微地探讨一些有代表性的汉语形式的变异过程，让大家明白一种新的语言形式是怎样发生变异的，具体的变异条件是什么，使大家对这一时期的汉语变异有更深入、细致的了解。这两方面研究的结合可以更全面地展示 20 世纪 90 年代以来汉语变异的状况。

第一节 “奇葩”一词的现代变异历程研究

“奇葩”是一个古已有之的书面语词汇，虽然我们口语中不是很常用，但我们似乎曾经很熟悉，它或指“美丽的花”，或称“奇特的艺术”，绝对是十足的褒义词。不知何时，当它铺天盖地地出现在网络和日常口语中时，我们却觉得它如此陌生。什么叫“我从来没看过这么奇葩的电影”？“那个长得贼奇葩”的人到底是什么样？“奇葩”听着貌似不是什么好词。的确，“奇葩”一词在当代社会已经发生了很大的变异，不仅它的使用语境与以往明显不同，而且它的词性和感情色彩也已与书面语迥异。“奇葩”一词发生了沧海桑田的巨变，导致许多人以为这是一个新词。那么，现在的“奇葩”还是曾经的那个“奇葩”吗？“奇葩”一词究竟发生了什么变化，怎么变的，为什么会变，它又是如何由褒义词蜕变为贬义词的？带着种种的疑惑，本书对“奇葩”一词的变异问题进行了深入的探讨。

一、古汉语中“奇葩”的用法

在古汉语中，“奇葩”是一个典型的偏正词。“奇葩”中的“奇”，《说文》中解释是：奇，异也，即它的本义是奇异、怪异的意思，为形容词。如：

奇服怪民不入宫。（《周礼·阍人》）

“葩”是名词，本义是“草木的花”，《说文》中谓：“葩，华也。”华，“花”的古字，“谓花之丽采美盛。”如：

若众葩敷，荣曜春风。（汉·张衡《西京赋》）

“奇葩”这一合成词的本义是：奇特美丽的花。它出现的最早文献是西汉辞赋大家司马相如的《美人赋》：

有女独处，婉然在床。奇葩逸丽，淑质艳光。

这里的“奇葩”是名词，形容“独处”女子就像花一样漂亮、出众，用的是“奇葩”的引申义。也就是说，“奇葩”这一词在产生之初就可以用来比喻美丽的女子，但这种用法在古汉语中并不多见。

在北京大学2009年版的CCL中文语料库的古汉语部分的语料中，“奇葩”一词共出现了59处，其中有52处用的是“奇葩”的本义，如：

细思算，奇葩艳卉，惟是深红浅白而已。（宋·柳永《玉女摇仙佩》）

那些奇葩异卉，红红白白，遍满山谷。（清·李百川《绿野仙踪》）

以上两例中的“奇葩”分别与“艳卉”“异卉”互文，其颜色或是“深红浅白”，或是“红红白白”，显然皆是指美丽的花卉而言的。

有6处用法同《美人赋》，用了比喻义，如：

宋祁坐在轿中，看见这个宫人生得丰容盛鬋，杏脸桃腮，真是天上奇葩，不同凡卉。（民国·许慕羲《宋代宫闱史》）

小姐自思，你是香闺艳质，天上奇葩。（明·许仲琳《封神演义》）

例句中，象“天上奇葩”一样“丰容盛鬋，杏脸桃腮”的宫人和“香闺艳质”的小姐，毋庸置疑是指漂亮的女子。

有一处应该是现代汉语的用法，它错放在古汉语部分了，即：

一九五八年，关汉卿被世界和平理事会定为“世界文化名人”，在北京隆重举行了关汉卿戏剧活动七百周年纪念大会；关汉卿的作品不仅是我国艺苑中的奇葩，也是世界文库中的瑰宝。（《关汉卿小传》）

这显然是后人对关汉卿的评价，不应归到古汉语的语料部分。所以，确切地说，古汉语中出现“奇葩”的用例应该有58处。

总之，在古汉语中，“奇葩”是名词，本义为“奇特美丽的花”，这是它的基本用法。在汉代，这一词已经可以引申用来比喻奇特美丽的女子，这种比喻义的产生使得具体名词“奇葩”表人的联想义升格为理性义①，虽然这种用法还比较少。这一时期的“奇葩”在使用时，主要是指具体的事物，但它在指称具体事物的基础上已增加了指人的理性意义。形容词的专职是表示性质的，而名词也都含有一定的性质义，这是名词向形容词转变的语义基础。谭景春先生认为指人名词的性质义的程

① 徐国珍，朱磊. 论修辞幻象在“副＋名”组合中的生成与呈现[J]. 福建师范大学学报，2011(4)：79－84.

度要比指物名词的性质义的程度要强[①]，所以“奇葩”一词由指物名词可用来指人，这是该名词向形容词转变的起点。

二、现代汉语中“奇葩”用法的拓展

在现代汉语中，“奇葩”一词的用法一下子拓宽了很多，不仅使用频率高，而且使用范围广。在扩大它的使用范围的同时，它的语义开始走向抽象化和泛化。

我们在北大CCL语料库中共找到325条关于“奇葩”的用例，排除掉17条重复的语料，共有308条“奇葩”一词的现代用法。其中本义用法使用频率非常低，只有21条，占有效语料的6.82%，如：

(1)每年暮春三月，蝴蝶泉奇葩异卉，争奇斗艳，各种蝶类千里迢迢赶来，云集于此。

(2)你看，远近高低，针叶阔叶的绿，乔木灌木的绿，融会奇葩幽馨、百鸟歌啼，撑起一方亮丽的世界。

用“奇葩”来比喻女子美丽容颜的，仅有一例：

还有那位娇小玲珑的法国女教师，她像玫瑰丛中的一朵奇葩，芬芳馥郁，妖艳异常。

而286条语料都是“奇葩”的比喻义用法，而且比喻的对象也多是是抽象的艺术文化，这部分语料占总语料的92.86%。如：

(1)自1998年首演以来，《水月》在国际顶尖级舞台如“一朵奇葩”绽放，赢得了高度赞誉。

(2)京剧是中国的国粹，是中华文化百花丛中一枝艳丽奇葩。

(3)在中国的诗歌海洋里，民歌也是一支绚丽的奇葩，闪着劳动人民智慧的光彩。

(4)被誉为世界民居建筑奇葩的福建土楼，主要分布在闽西永定和闽南南靖、华安一带。

(5)专家认为，作为中国古代都城建筑史上的奇葩，唐长安城是“大唐气象”的典型物化体现之一，其承载的经济、军事、文化和艺术的价值，留给人一种别样的美。

以上各例中的“《水月》”“京剧”“民歌”“福建土楼”和“唐长安城”都被称为“奇葩”，但它们已和作为草木的“花”没有了关系，也和从“奇葩”中引申出的意义最为接近的“女子”没有了瓜葛，不过从更抽象的上位意义上来说，它们又有关联，都含有“奇异、美丽的事物”这样的共同意义。这标志着“奇葩”一词的具体意义在脱落，

---

① 谭景春.名形词类转变的语义基础及相关问题[J].中国语文，1998(5)：368－377.

抽象的泛指意义在凸显，泛指意义的凸显又使它可以和更多的指称对象建立指称关系，最终促使它的使用更加泛化。

"奇葩"还可以用来比喻艺术文化之外其他值得肯定的事物，它表达的意义也是比较抽象的。这样的用例为数尚少。如以下两例中的"东方书报亭"和"增城电视大学"亦可被称为"奇葩"：

(1)东方书报亭正日益成为上海城市文明建设的奇葩。

(2)广东增城电视大学是罗兆荣教授用辛勤汗水浇开的奇葩。

在现代汉语中，虽然"奇葩"的名词词性、主要用于书面语的语体特点以及用来形容美好事物的感情色彩未变，但在使用过程中，其本义"奇特美丽的花"的用例越来越少，它的比喻义成为其基本义，而且用得越来越抽象，越来越泛化，"奇葩"已由具体名词向抽象名词过渡。"抽象名词不是典型的名词，它带有明显的性质意义。"[①]这意味着"奇葩"一词已由典型名称向非典型名词过渡，这种向抽象名词的过渡，使得"奇葩"一词表性质义的程度进一步增强(据谭景春先生1998列出的名词性质义由强到弱的连续统为：抽象名词 > 指人名词 > 指物名词 > 专有名词)。根据张伯江先生所列出的名词稳定性的优势序列，具体名词要比抽象名词稳定[②]，"奇葩"向抽象名词过渡的过程中，其名词的稳定性在降低，活用的可能性在增强，这为它进一步演变为兼类词提供了条件。

三、网络时代"奇葩"用法的分化

进入网络时代，许多词都产生了变异，"奇葩"就是其中比较突出的一个。在目前的用法中，"奇葩"出现了书面语和网络语的明显分化。它的分化主要表现在语体、感情色彩和词性方面。

(一)语体和感情色彩的变异

从古汉语和现代汉语书面语语料来看，"奇葩"是以褒义词的身份出现，意指美好的事物。也就是说，从古至今，用于书面语言的"奇葩"一直延续着它的主流用法：书面语名词，褒义词。如：

不久前在武汉举办的第六届中国京剧艺术节上，津沽奇葩再次绽放。(《人民日报》2011年12月29日)

莫言的历史观，以及富有神话性、传奇性的叙述文体是世界文学中的一朵奇葩。我感到莫言文学的起点，那就是对在挫折中却顽强生活下去的人的关注。莫言依然是属于相信"文学"力量的作家。(日本静冈大学副教授、中国文学专家和翻

① 刘晓."程度副词＋名词"中的名词探究[J].语文学刊，2011(12)：67－68.

② 张伯江.词类活用的功能解释[J].中国语文，1994(5)：339－346.

译家桑岛道夫对莫言的评价,参看《莫言诺贝尔奖典藏文集》2012)

而现在"奇葩"作为一个网络名词,多用来形容离奇的事物。在使用时,因为网络词汇定义的模糊性比较高,"奇葩"既可用作调侃,亦可用作讽刺,没有特别固定的含义,其含义要根据语境来确定。当比喻人或事物十分离奇,不落世俗,个性十足时,其褒义的色彩中就明显带有调侃的意味。如当我们认为某人很不可思议时,就可以开玩笑说:

你真是一朵奇葩!

当形容一些违反事实常规的过激方式时,就明显含有贬义色彩了。如:

(1)你整个冬天都能不洗澡啊,真是一朵奇葩!

(2)凝视这样一尊尊奇葩雕塑,只能无奈地感叹,艺术家们真是"混搭没界限"啊。

可以看出,"奇葩"一词的用法在泛化的同时,意义也虚化了,不仅已经丝毫看不到它的本义"花"的影子,而且它的语义演变过程,也是其具有的"奇异""美丽""事物"这三个相对抽象的泛指义素逐渐丧失的过程①。至此,"奇葩"已完成了由具体名词向抽象名词的转变,其意义也由有指衍生为无指,它也就具备了名词活用的先决条件。

(二)词性裂变

在"奇葩"一词进入网络以前,它还是一个地地道道的名词,主要充当句子的主语和宾语,用例如上。进入网络以后,它一下子变得异常活跃,逐渐从一个名词裂变为一个名词、形容词的兼类词。

"奇葩"一词的词性裂变,经过了如下三个步骤:

1.进入"副词+名词"结构——临时活用

具有了抽象名词的身份,表性质义的程度不断增强以后,"奇葩"在网络或口语中就更容易受"很、好、贼、非常"等副词的修饰,进入"副词+名词"结构之中。如:

(1)今天有个女的贼奇葩呢!

(2)好奇葩的肯德基广告!

(3)今年有一部国产恐怖片非常奇葩。

通常情况下,名词进入"副词+名词"结构之后,就会自动地携带描述性语义特征,具有了形容词的性质和功能,可以在句中充当谓语、定语、状语、补语等成分。如:

(1)你怎么可以长得如此奇葩?(补语)

(2)我爸好奇葩啊!(谓语)

---

① 翟会锋."奇葩"词义的蜕变[N].语言文字报,2013-7-3.

(3)说说你见过的最奇葩的名字。(定语)

(4)结果,A君很奇葩地拿了一套纯棉碎花睡衣给C小姐。(状语)

“汉语的名词一般是表指称义的,在动核结构中充当动元,但在一定条件下也可以表示陈述义,充当动核。”[①]上面的这些例子都是“奇葩”一词在“副词+名词”结构中充当动核的角色。既然如此,那我们是不是就可以说,“奇葩”已成为了兼类词,兼有了名词和形容词的词性了呢?可能还不能这么认为,以邢福义先生为代表的语言学家,基本上都把这种用法看作是词类活用[②]。这是很有道理的,因为毕竟如郭锐先生所说的,词的有些意义是词本身就有的,有的则是由结构带来的[③]。“副词+名词”是形容词性结构槽,它的形容词性质是这种结构所赋予的,而不是“奇葩”的本然意义。

尽管这时的“奇葩”还不能说兼有了形容词的词性,但进入“副词+名词”结构已为它的裂变提供了可能,因为毕竟不是任何名词都可以进入该结构的,性质义越强的词进入这一结构的可能性越大,“奇葩”一词也是经过逐渐演变才取得了这样的资格的。

2. 经常活用

目前,“奇葩”一词进入“副词+名词”结构,这种用法使用非常普遍而频繁,我们在网络搜索引擎中键入“奇葩”一词,可以看到该词很多的新用法,可见它已经进入了词类经常活用的阶段,这也意味着“奇葩”一词词类转变的完成。词类转变是一个动态的过程,它包括词类活用和兼类。词类活用是词类转变的开始,兼类则意味着转变的完成。一个词要实现兼类,一般需要经历以下的由量变到质变的过程:临时活用→常见活用→兼类[④]。因为进入“副词+名词”结构的名词,一旦用多了,习以为常了,它的临时的“异感”意义就会转化为固定的特征意义,这样就会出现词性裂变现象。形容词一般都是通过这种词性裂变来增加新的用法[⑤]。“奇葩”一词已走过了这样的历程。

3. 转变为非谓形容词

如果说“奇葩”的用法仅止步于“副词+名词”结构,那么我们还不能说它已实现了词性裂变。“奇葩”的用法在网络和口语中得到了进一步的发展,即它可以脱离“副词+名词”结构,直接用在很多名词前作定语,对名词起修饰限制作用,它在“副词+名词”结构中的形容词的性质得到了进一步的巩固,使它渐渐地本身具有了形容词的特性,转变为非谓形容词。这样的例子比比皆是。如:

---

① 张谊生.名词的语义基础及功能转化与副词修饰名词[J].语文教学与研究,1996(4):57-75.

② 邢福义.关于副词修饰名词[A].邢福义自选集.郑州:大象出版社,1993:57-65.

③ 郭锐.现代汉语词类研究[M].北京:商务印书馆,2002:35.

④ 张伯江.词类活用的功能解释[J].中国语文,1994(5):339-346.

⑤ 邢福义.“很+名词”说法的语言文化背景思考[J].语言研究,1997(2):1-10.

(1)常在网络评论或聊天中看到这样一类奇葩词汇:你妹、看你妹等。

(2)2012年度奇葩电影大盘点。

(3)造成这样奇葩的后果,北苇同学和她的朋友是有很大责任的。

(4)为免洗碗用西瓜皮打饭,奇葩“西瓜哥”走红网络。

以上“奇葩”都是作为形容词来修饰限制后面的“词汇”“电影”“后果”“西瓜哥”等名词的,它的这种功能是形容词的基本功能。有人可能会反驳说,名词也可以作定语修饰名词,为什么我们要认定名词前的修饰语“奇葩”是形容词呢?首先是因为作定语的“奇葩”一词语义上发生了明显的变化,它表示的是人或事物的性质,而不再是人或事物本身。其次,它与名词作定语的不同之处在于它不能类推,即“同类词不能随意仿效”[①]。比如可以说“奇葩词汇”“奇葩电影”,但不可以说“奇花词汇”“鲜葩电影”“瑰宝词汇”等。“所以我们认为这类作定语表性质的名词已经转变成了非谓形容词”[②]。名词在转变为非谓形容词并巩固以后,就“很容易转变为一般形容词”[③],因为对于非谓形容词来说,从定语位置移到谓语位置是轻而易举的事情。谭景春先生认为名词是先转变为非谓形容词,然后再由非谓形容词转变为一般形容词,我们也赞成这一观点,但他认为名词是在转变为非谓形容词以后,才可以进入“副词+名词”结构的,我们认为名词转变为形容词的顺序与此相反,即名词→副词+名词→非谓形容词。因为“副词+名词”结构中名词的形容词性质更多的是结构赋予的,它本身还不能称为形容词,还仅处于名词的活用阶段。目前,“奇葩”一词脱离“副词+名词”结构直接作谓语的用法还很少见,也就是说,它还没由非谓形容词进一步转变为一般形容词。

如果以上证据还不足以证明“奇葩”一词的裂变,我们再用区分名词和形容词的主要标志——能否受“不”修饰这一标准来衡量。名词一般不受“不”修饰,但“奇葩”一词却未尝不可。如:

(1)我重新思考了一下我从小到大认识的比较深入的人,我就没发现不奇葩的。

(2)人生何处不奇葩。有些人你觉得他不奇葩,一定是你没发现,要不然就是他和你的奇葩点太相似。

上面例子中的两个“奇葩”都接受了否定副词“不”的修饰限制,这进一步证明了“奇葩”一词的形容词的词性特点。

在网络时代,“奇葩”一词的用法处于书面语、网语和口语的分立状态。书面语相对比较保守,延续了它的褒义色彩和名词性质,而网语和口语中,“奇葩”则产生

① 吕叔湘.汉语语法分析问题[M].北京:商务印书馆,1979:47.

② 谭景春.名形词类转变的语义基础及相关问题[J].中国语文,1998(5):368-377.

③ 吕叔湘.试论非谓形容词[A].汉语语法论文集,沈阳:辽宁教育出版社,2002:335-343.

了词性裂变，兼有了名词和形容词的特性，而且其感情色彩也产生了异化，具有了贬义化的倾向。

综上所述，“奇葩”一词的变异历程如下：指物名词→指人名词→抽象名词→进入“副+名”结构→经常活用→非谓形容词。“奇葩”一词的变异历程也反映的是它的变异机制。

四、“奇葩”一词变异的动因及对其变异应持的态度

“奇葩”由一个褒义色彩十足的词蜕变为一个具有明显贬义化倾向的词，是和我们这个飞速发展的时代密不可分的。促使“奇葩”一词色彩意义发生逆转的主要动因有三：

1. 网络为“奇葩”提供了变异的平台

带有贬义色彩的“奇葩”一词最早见诸的媒体，是CCTV-10《第十放映室》的年度回顾节目——“恭贺”系列。当时之所以使用“奇葩”，是为了替代“烂片”一词，因为要进行审查，节目中不能出现“烂片”这个词。该系列节目是通过网络传播的，所以“奇葩”一词用法的变异是始于网络。2009年度“奇葩”一词在电影回顾节目中开始大量使用。因为该节目的受众面比较广，该词又深受网民的喜爱，故得以广泛使用，并成为我们的日常口语词。

2. “奇葩”满足了人们求新求异的心理

在网络世界里，人们对标新立异的语言表达形式往往青睐有加，而“奇葩”一词是以颠覆的面目出现的，就满足了人们这种心理。它“异于常规”①的新颖性迎合了人们当下的审美意趣、符合人们追求新异、彰显个性的心理需求。特别是在现代社会，人们在压力山大的情况下，常以一种游戏、娱乐的心态来使用语言，有时有意识地突破语法的藩篱，通过对语言规范的违反创造出一些灵动活泼的、富有新奇感和颇具陌生化的语言形式，以释放紧张的情绪，进而排遣生活中的无聊和落寞。“奇葩”就是人们这种心理的产物，它在运用过程中体现的调侃式的、讽刺意味的内蕴正是人们这种心态的写照。

3. “奇葩”一词变异的从众性

“奇葩”的变异是从进入“副词+名词”结构开始的。近年来，这种结构的使用越来越频繁，能够进入这种结构的名词越来越多，人们对它的接受度也越来越强。人们由最初的排斥到逐渐地接受再到不断地推广，这种用法似乎已经成了合乎语法的形式了。“奇葩”一词的变异就是在这样一种情势下类推的结果，因为有以前的“很女人”“太中国了”“绝不豆腐”“非常男女”“更情感”这些先例的出现和接纳，

---

① 徐国珍，朱磊．接受修辞视角下的“副+名”分析[J]．福建师范大学学报，2012(4)：70-75.

所以大家对“奇葩”新用法的接受和使用自然也就成为顺理成章的事了。

虽然有人不知“奇葩”的变异，有人对变异了的“奇葩”用法很懵懂，但“奇葩”一词已然发生了变异确是事实，那么我们应该怎么来看待这种用法呢？有人认为它的变异产生的反差如此之大，其用法不符合我们的语法，严重损害了我们语言的纯洁性，觉得自己难以接受，所以坚决抵制它的使用。有的语言学家也是站在这个行列的。笔者认为我们应该对它采取一种宽容的态度，而不是因为它和我们的常规用法相左就对其横加指责。毕竟，汉语作为活的语言，变异是它在发展过程中的常态。

首先，“奇葩”一词的变异属于该词用法的变异。我们知道，语法是一种严格的规则，说话时必须严格遵守，但语言的用法却只是一种倾向性的规律，弹性很大。语用学告诉我们，今天的语法就是昨天的语用法，而今天的语用法也有可能成为明天的语法[①]。所以我们可以突破语法的局限，创造出象“奇葩”一词现在这样灵动的用法，也许将来我们的语法会因为这一类词的用法而改写。

其次，作为语言学家，对“奇葩”一类词的常态变异应该多一些宽容，少一些指手画脚。通常，语言学家对新出现的语言形式预测的总的倾向是比较保守的[②]，就像胡适先生所说的：“在语言文字的沿革史上，往往小百姓是革新家，而学者文人都是顽固党。”他们认为的某些不规范的新语言形式，后来却保留下来，成为大家认可的规范形式。其实，语言到底会向什么样的方向发展是很难预测的，因为语言毕竟是约定俗成的，“地上本没有路，走的人多了，也便成了路。”所以语言学家的责任是在语言发展过程中，顺应语言的发展趋势，对新语言形式的使用因势利导，帮助语言不断地沿着积极、健康的道路发展。胡适先生说：“促进语言文字的革新，须要学者文人明白他们的职务是观察小百姓语言的趋势，选择他们的改革(方)案，给他们正式的承认。”[③]胡先生此言不差。

第二节　新形式的起变及无序向有序变异的转化
——“动宾式动词＋宾语”格式扩散过程分析

近年来，扭断汉语语法脖子的现象频频出现，“动宾式动词＋宾语”格式就属于其中引人注目的一个。“动宾式动词＋宾语”是一种突破现代汉语语法规范的格式，现代汉语语法认为动宾式动词本身就是一种封闭自足的语言单位，其后已有自

① 徐默凡，刘大为. 汉语语用趣说[M]. 广州：暨南大学出版社，2011：137.

② 陈建民. 中国语言和中国社会[M]. 广州：广东教育出版社，1999：84.

③ 转引自香港《词库建设通讯》总第 3 期.

己的宾语，故不允许再出现宾语[①]。但改革开放以来，“动宾式动词＋宾语”句式“来势很猛”[②]，势不可挡，成为越来越流行的一种语言形式，也因此引发了很多学者的关注和讨论。学者们从这种格式的构成[③]、语义关系[④]、搭配规律[⑤]等多方面进行了有益的探索，深化了大家对这种结构的认识。但是“动宾式动词＋宾语”作为一种当下正在进行的变化，大家更多的是对古汉语和现代汉语中已变（已带宾语）的动宾式动词进行了静态的分析和讨论，而对于这一新的语言形式的动态变异过程却鲜有论及。对“动宾式动词＋宾语”格式的动态扩散过程的研究，可以给我们提供更为丰富的关于该格式的变异信息，从而对其变异的趋势作出更科学、更符合实际的预测。

一、“动宾式动词＋宾语”格式的起变

“动宾式动词＋宾语”作为20世纪90年代以来一种新的语言现象，这种变异格式是从哪儿、从谁开始变异的，对于这个问题大家关注很少。因为一种新的语言形式的起变往往会影响甚至决定它扩散的方式和过程，所以我们有必要先研究清楚这个问题。鉴于这一格式的起变和其来源关系密切，故我们先梳理一下大家对这一结构来源的看法。

1. 洋为中用

部分学者认为汉语传统上不能带宾语的动宾式动词，能带宾语是受到英语的影响。在英语中这些动宾式动词绝大部分都是可以带宾语的，随着汉语和英语接触的频繁，汉语借鉴了这种简洁明快的表达方式。如丁喜霞、原雪梅就赞同这种观点[⑥]。

2. 古为今用

有学者认为汉语中自古以来就有这样的结构，直到新中国成立前还在使用，此后至改革开放前是其断档期。不过这种格式一直保留在港台国语中，当下，这种格式随“引进”大潮涌回内地而得以“复兴”。持这种观点的学者以刁晏斌为代表[⑦]。

3. 中西合璧

汪惠迪认为海外华人使用这种形式要早于国内[⑧]，朱莉莉分析认为，海外华人

---

① 曹起．新时期现代汉语变异研究[D]．长春：吉林大学，2013：102．

② 邢公畹．一种似乎要流行开来的可疑句式[J]．语文建设，1997(4)：21－23．

③ 陈垂民．谈述宾短语带宾语的几个问题[J]．暨南学报，1995(1)：116－122．

④ 刘玉杰．动宾式动词与所带宾语之间的语义关系[J]．汉语学习，1994(4)：48－52．

⑤ 高更生．“动宾式动词＋宾语”的搭配规律[J]．语文建设，1998(6)：36－38．

⑥ 丁喜霞，原雪梅．对“动宾式动词＋宾语”句式增多的思考[J]．语文建设，1998(3)：30．

⑦ 刁晏斌．也谈“动宾式动词＋宾语”形式[J]．语文建设，1998(6)：39－41．

⑧ 汪惠迪．“动宾式动词＋宾语”规律何在？[J]．语文建设，1997(8)：31－30．

中高级知识分子既有深厚的汉语文化积淀，又能非常娴熟地使用英语，在使用汉语交际时带入英语语言格式，而汉语中固有的此类形式使该格式更容易扩大、类推[①]。

4. 殊源移用

宴鸿鸣经过举例分析认为，这一格式随复音词的出现而在汉代产生，中古随复音词的大量出现而获得较大发展。从产生至现在，这种格式就没有"断档"过，但当下的动宾式结构带宾语现象是从港台、海外产生，然后影响大陆的[②]。

20 世纪 90 年代以来这种汉语中盛行的格式，究竟是吸收外语的结果，还是汉语言格式的一脉相承，抑或是海外华语对国内汉语的传染？笔者认为当下汉语的"动宾式动词＋宾语"格式的流行，是港台国语和海外华语两方面因素对国内汉语共同作用的结果。以上前三种观点都有它合理的地方，但往往只考虑一点，未言及其余，有失偏颇。宴鸿鸣先生虽然也指出了当下进入这一结构的动宾式动词来源于港台、海外，但缺乏论证。而且，他未注意到在这一格式发展过程中，虽然一直未"断档"，但有的动宾式动词确实在新中国成立前可以带宾语，在新中国成立后至改革开放前却加入了不带宾语的行列，所以刁晏斌先生所谓的"断档期"的说法就某些动宾式动词而言也是很有道理的。

20 世纪 90 年代以来动宾式结构带宾语现象，是受港台国语和海外华语共同影响的结果这一观点，是可以找到证据加以证明的。

(1)在海外华人社区，一些新的动宾式动词带宾语的用法确实比国内出现的要早。以"挑战"这一动宾式动词为例，孟琮 1987 年所编的《动词用法词典》和张寿康 1992 年主编的《现代汉语搭配词典》两部字典，皆收录和解释了 20 世纪 80 年代及以前的现代汉语动宾式动词，"挑战"在《动词用法词典》是不带宾语的动宾式动词，而在《现代汉语搭配词典》中，则没有出现"挑战"一词，这至少说明在 1992 年以前，"挑战"这一动宾式动词还是不带宾语的，它能带宾语应该是 1992 年以后的事[③]。"挑战"一词带宾语的用法在新加坡出现比我国国内要早，汪惠迪先生在 1997 年撰文说，13 年前他在新加坡报馆工作时，在新闻文稿中经常有"××挑战××"的句子[④]，按时间推算，"挑战"一词在新加坡最晚应在 1984 年就已经开始带宾语了，这个时间明显要早于我国国内的用法。"缺席"一词的同样用法也应该是新加坡要稍早一些，因为在 1980 年代汪先生就已经在质疑新加坡华语的这种用法了，而我们国内则是 20 世纪 90 年代以后才出现了这样的用法。又比如"亮相""起诉""领先"

---

① 朱莉莉. 试用拉波夫变异理论分析"动宾式动词＋宾语"现象[J]. 伊犁师范学院学报，2000(2)：23－27.

② 宴鸿鸣. 现代汉语中起补充作用的文言表达句式[J]. 江汉大学学报，1999(5)：55－60.

③ 高更生. "动宾式动词＋宾语"的搭配规律[J]. 语文建设，1998(6)：36－38.

④ 汪惠迪. "动宾式动词＋宾语"规律何在？[J]. 语文建设，1997(8)：31－30.

“跟踪”等词，在1997年邢公畹先生把它们带宾语还当作一种可疑句式的时候[①]，它们“在新加坡的报纸上早已屡见不鲜了”，所以，汪先生虽然没有考证，但凭着他一个语言学家的敏感，认为“海外新闻语言中出现这种句式比国内要早”，这也不纯粹是感觉，也应该是有一定依据的，他的“国内的报纸是否又得了来自境外的语文‘传染病’”的猜测也应该是正确的[②]。据华玉明、王祥瑞研究发现，泰国华语也存在这种用法。如“投资琉球”“进军大陆市场”“佛教界结缘印度”等，存在此类用法的词还有“备战、决战、服务、挑战、见证、消毒、问鼎、称雄”等[③]。

(2)“动宾式动词＋宾语”句式在内地是以新形式面目出现的，而在港台国语中它却属于沿袭了古汉语的旧有格式。港台因为与内地的隔绝，汉语的发展与内地不同，港台国语中保持了古汉语中的许多语言形式，“动宾式动词＋宾语”句式属于其中的一种。例如，20世纪90年代以前，在内地，“帮忙”一词在《动词用法词典》和《现代汉语搭配词典》中都不能带宾语。它能带宾语也是在1990年代。但是在新中国成立之前，该词带宾语的用法却一直在使用。如：

我去要求典狱，你母亲也帮忙我请求。(巴金《哑了的三弦琴》，1931年作)

“我们不能够再帮忙你什么吗?”你母亲悲声地问，我看见她还在揉眼睛。(同上)

在新中国成立之后至改革开放之前，这一词在内地出现了刁晏斌先生所说的“断档”。而在港台地区，这一用法在同时期仍在延续。如：

难得的一个星期天，偏偏又要帮忙最讨厌的姊妹会的事儿。(台湾学者林道衡《姊妹会》，1963作)

这次再请你母亲来好了，我不能帮忙你。(三毛《撒哈拉的故事·悬壶济世》，1976年版)

再如“中意”一词，在内地，20世纪30年代还可以带宾语。如：

刚才他很中意了屠维岳。(沈德鸿先生《子夜》，1933年版)

在新中国成立以后“中意”带宾语的用例很难见到，直到1990年代以后，这一动宾式动词才可以重新带宾语。同样，当“中意”一词带宾语的用法在内地处于中断期时，台湾却仍然保持了此用法。如：

就不知那个鹿港憨中意她那一地处?(台湾作家王祯和《嫁妆一牛车》，1967年作)

近年来，“动宾式动词＋宾语”这一格式在港台也在不断地发展，如1980年代以后出现的“应征某杂志社编辑”“观光了许多地方”“转行别的行业”“签约唱片公

---

① 邢公畹.一种似乎要流行开来的可疑句式[J].语文建设，1997(4)：21－23.

② 汪惠迪.“动宾式动词＋宾语”规律何在?[J].语文建设，1997(8)：31－30.

③ 华玉明，王祥瑞.对动宾动词加宾语流行的语用思考[J].邵阳师范高等专科学校学报，1999(6)：60－63.

司”“入境美国”“进军九位数字”(刁晏斌先生例)等。

(3)模仿英语之说理由不充分。有研究者认为当下汉语中的“动宾式动词+宾语”句式是吸收英语表达形式的结果,原因是在汉语中不能带宾语的动宾式动词在英语中基本上都可以带宾语。比如:过目他的书——to read his book;观光许多地方——visit many places 等。但是这种用法不仅英语中有,港台国语中的这些动宾式动词一直都是可以带宾语的,如“过目我的《窗外》”(琼瑶《我的故事》第二部);“观光了许多地方”(香港严沁《悄然回眸》,中国华侨出版公司 1989 年版)等。这样的例子也包括我们前面举的台湾 20 世纪 60、70 年代的“帮忙”“中意”等。这些例子也证明了“有一些例外是曾经的标准形式的残留”这一论断的正确性①。如果说,我们汉语的“动宾式动词+宾语”格式是借鉴了英语的语言形式,那我们就有这样的疑问:相比较而言,大陆汉语吸收港台国语中的语言形式应该更容易一些,我们为什么会舍易求难呢?我们也可以进一步举反例来证明这种观点的不可靠。如英语可以 marry him——和他结婚;meet her——与她见面。汉语中“结婚他”“见面她”这样的表达则不成立,那么在“结婚”“见面”这样的动宾式动词中,我们为什么又不借鉴这种简洁明快的表达呢?

通过以上的论述我们可以得出这样的结论:海外华语社区一批新的带宾语动宾式动词的出现要比国内早;港台国语一直延续并发展着动宾式结构带宾语格式。在大陆实行改革开放以后,海外华语社区和港台国语中这种清新的表达形式也随之涌入,“内地人士由移用到模仿,再到自由运用。”②英语中同类的表达,在国内动宾式结构带宾语形式的扩散过程中,起到了推波助澜的作用,而不是肇始者。

当下汉语动宾式结构带宾语结构的来源如下:

港台国语(旧形式)　　海外华语(新形式)

↓　　↓

国内汉语动宾式结构带宾语(新形式)

当下汉语动宾式结构带宾语的两个不同的来源,决定了起变的起点即起变的人群不同。在海外华语社区,这一格式的变异起点在本社区内部,在某个体移用了一个新的带宾语的动宾式动词用法以后,引起本社区人群的关注并开始模仿,后不断在这一社区扩散。当海外华人和我国国内进行语言接触以后,国内部分人开始学习、模仿,这一形式就在国内这一更大的言语社区扩散。在港台地区,这种格式是一种规范的语言形式,不属于语言变异的内容,但对于内地人来说,它是一种新的形式,它的起变是从传入大陆开始的。当大陆有一部分人开始模仿港台国语的这种表达形式时,才标志着这种语言形式变异的开始。因为这是一种比较文言的

① 方小兵.句法变异的研究价值及存在的困境[J].南京晓庄学院学报,2012(5):88-124.

② 刁晏斌.也谈“动宾式动词+宾语”形式[J].语文建设,1998(6):39-41.

句式，这两个地方的起变都是始于文化素质比较高的人群。

二、“动宾式动词＋宾语”格式无序变异向有序变异的转化

语言是一个“异质有序”的变异系统。一种新的语言变异形式，在开始变异的时候都是杂乱无章的、是无序的，随着语言变异形式的扩散，变异开始走向有序，最后又复归于无序。“动宾式动词＋宾语”格式作为一种新的变异形式，正处于无序向有序的转化过程中，那么这个过程是怎么进行的呢？

一种新的语言形式从无序变异走向有序变异的过程，也就是它逐渐扩散的过程。语言形式的扩散包括在使用人群中的扩散和在语言内部的扩散。下面我们就从这两方面来讨论“动宾式动词＋宾语”格式的扩散过程。

（一）在使用人群中的扩散

“动宾式动词＋宾语”格式的两种来源决定了这一形式的两种扩散路径。

1. 来自海外华人社群的“动宾式动词＋宾语”格式的扩散路径

动宾式动词＋宾语（英语）→海外华人个体创造性移用（无序变异）→部分海外华人模仿（无序向有序过渡）→海外华人社区群体模仿（有序变异）→中国国内个人移用（无序变异）→中国国内部分人模仿（无序向有序过渡）→中国国内泛群体模仿（有序变异）。

华人社区中某个人创造性地把英语中“动宾式动词＋宾语”这一格式移用在汉语的某个动宾式动词上，这时他是有意或无意的创造性移用，因为是随机的、偶然的，所以这种变异还处于无序状态。因为创造地使用这一形式的往往是受过良好教育的华人，他们有深厚的古汉语功底，又受到英语语言文化的濡染，英语语言系统中的“动宾式动词＋宾语”格式激活了他们的潜在汉语系统中的同类格式，于是他们成为最先吃螃蟹的人。华人社区内部分人模仿，标志变化的开始。当有更多的人模仿这一语言形式时，它逐渐成为这个语言社区有威望的标准形式，因为它和使用人群的社会身份产生了共变关系，这种变异形式开始走向有序。这一语言形式进一步扩散到中国国内，首先由个体的无序移用再到群体的模仿。在国人的眼中，使用这一语言形式的海外华人是在经济、修养、地位方面都占有优势的人群，这一形式是有显威望的语言形式，所以部分人开始模仿这一语言使用形式，后不断在内地拓宽其使用范围，这是这一格式进一步走向有序的过程。这里应注意前后两个移用的形式有所区别，前一个华人社区移用的是英语的“动宾式动词＋宾语”，后一个则是国内人群直接移用华人社区使用的汉语的“动宾式动词＋宾语”格式。

2. 来自港台国语的“动宾式动词＋宾语”格式的扩散路径

动宾式动词＋宾语（港台国语）→内地人个体移用（无序变异）→内地部分人模仿（有序变异）→内地泛群体模仿（有序变异）。

当内地人由个体无序移用港台国语中的“动宾式动词＋宾语”格式进入到部分人模仿的阶段时，因为该语言形式是来自港台经济比较发达的地区，使用这一语言形式成为有地位、有钱的人的象征，这一语言形式便和使用者建立了一定的社会联系，语言的有序变化开始，后这一用法逐渐扩散到越来越多的人群。

海外华人社区和港台社区这两种合力的共同作用，造就了 20 世纪 90 年代以来汉语“动宾式动词＋宾语”格式的流行，但这一格式的使用还是一种正在进行的变化，这一变化能否顺利地进行，最终走完全程，还需假以时日才能了解得更清楚。

这种新的语言形式简洁精练、文言意味较浓，所以主要是在文化层次较高的人群中产生和扩散。据王淑君对这一格式“可接受度”的调查，新闻工作者、教师、大学生、普通市民他们对该形式完全能接受的程度分别为：51％、40％、48％、33％；不能接受的比率依次为：6％、5％、7％、20％[①]。新闻工作者是这一形式的主要使用人群，教师和大学生中也有一部分人使用，普通市民用的比较少。这一语言形式的文言特点也限制了它向其他普通人群的扩散。

（二）在语言内部的扩散

新语言形式的变化是“一种尽善尽美的移动，它从心理上暴露出来的一点开始，然后就偷偷地爬遍心理上相似的全部形式”[②]。从萨丕尔(Sapir)的描述中可以看出，在语言内部，一种新的语言形式的变化是渐变的，是逐渐扩散的，而不是突变的。下面我们通过例证来看一下“动宾式动词＋宾语”的渐变过程。如表 6－1 所示。

表 6－1　“动宾式动词＋宾语”的渐变过程

时间 词汇	《动词用法词典》(1987)	《现代汉语搭配词典》(1992)	1992 年以后
服务	－	－	＋
贷款		－	＋
投资		＋	＋
抢滩			＋
结婚	－	－	－

说明：空白表示这一动宾式动词在该词典中未出现，“－”表示该词还不能带宾语(未变)，“＋”表示这一动宾式动词已能够带宾语(已变)。

从表 6－1 可以明晰地看出，“动宾式动词＋宾语”确是一种正在进行的变化：

① 王淑君．动宾式动词带宾语结构研究简述及使用现状分析[J]．现代语文，2008(7)：39－41．

② Sapir，E．Language[M]．New York：Harcourt Brace，1921：178．

有的处于已变的状态，有的还处于未变的状态；而且动宾式动词进入这一格式的时间也是参差不齐的。

一种语言形式在语言内部的扩散，主要包括在词汇中的扩散和不同语言使用环境之间的扩散两个方面。

1. **在词汇中的扩散**

一种新的语言形式在词汇中的扩散不是新语法学家认为的“如同机械工具那样，按照法则，毫无例外”①地同时按同等程度发生变化，而是“不同的词会在不同的时候受影响”②。一种新的语言形式在词汇中的扩散过程一般是这样的：变化之初，先抓住一部分词汇，在站稳脚跟以后，再逐渐地扩散开来，蔓延到其他的词汇上，到最后遍布一种语言同一条件的全部词汇。

“动宾式动词＋宾语”这一语言形式在词汇中的扩散过程为：移用（无序）→抓住一些使用频率比较高的词汇（半有序变异）→类推到使用频率不太高的词汇（有序变异）→进一步类推到不常见（包括新产生）的词汇（有序变异）。

（1）“动宾式动词＋宾语”先在一些比较常见的词汇中使用，比如：挑战、进军、备战、起诉、致电、执教、造福、投资等。这些词的共同特点在于，它们往往已凝结成了一个整体，可以作为一个词来看待，它们的动宾式结构意味已淡化了，属于该结构的非典型成员，处于动宾式动词的外围，是这一结构的脆弱点，这使得“在常用性和语言的敏感性这两者能够结合起来的地方，变化最有可能‘在门里伸进一只脚’”③，成为变化的先锋。这一格式先抓住的词汇看似杂乱，但又有一定的结构规律，所以属于半有序的状态。

（2）“动宾式动词＋宾语”是汉语从古至今都存在的一种结构，当新的“动宾式动词＋宾语”现象出现时，大家易于接受并推广。这种推广就使得那些不太常用的动宾式动词也进入了这一结构形式。如：掣肘我国申办奥运会（《现代汉语动词词典》）、入围本届学会奖（《文萃》）、吕秀莲碰壁雅加达（《北京晚报》）、牵手2008年奥运会（《中国体育报》）等。一般类推是有一定的结构规律性可循的，所以语言形式就进入了完全有序变异的行列。

（3）“动宾式动词＋宾语”进一步类推，把不常见的词汇、新出现的词汇也纳入到自己的势力范围。这个阶段是这一结构有序变异的巩固阶段。如：母亲碎尸女儿（《湖南广播电视报》1997.8.2）、抢滩浦东（《光明日报》1997.7.10）、卧波曹娥江（《浙江日报》1997.5.21）、奠都北京（《现代汉语动词词典》）等。

---

① Lehmann, W. P. (ed.) A reader in nineteenth－century historical linguistics[M]. Bloomington, IN: Indiana University Press, 1967: 204.

② 简・爱切生. 语言的变化：进步还是退化？[M]. 徐家祯，译. 北京：语文出版社，1997：102.

③ 同上.

这里需要说明的是：虽然“动宾式动词＋宾语”在词汇中不断地扩大自己的领地，但作为一种正在进行中的变化，据高更生和王淑君文中的统计，能带宾语的还只是动宾式动词的一小部分。

2. 不同语言使用环境中的扩散

一种语言形式“从一个语言环境扩散到另一个语言环境中去的倾向有时候被语言学家叫做‘规则的普遍化’”[①]。一种个别的语言规则逐渐扩散到更广泛的语言环境中去，也是语言变异走向有序化的一种体现。

对于20世纪90年代以来汉语中“动宾式动词＋宾语”格式的语用环境，大家是有共识的：1997年邢公畹先生指出“在报纸上常看到”，汪惠迪先生认为主要是用在报纸的新闻语言中，1998年刘大为先生指出它主要用于传媒语言和标题口号之中[②]。根据王淑君2008年的统计，这一格式主要还是用在新闻语言中，新闻标题中用的频率更高。广告语因为对语言精练程度有较高的要求，所以也常用这一结构。这一结构在其他书面语言中也有一定的扩散，如：移家青岛(《老舍趣语·序》，1995版)(华玉明、王祥瑞例[③])；捣鼓它们(《小说月报·避雷针》)；进军广州(一大学教授的信)(罗昕如例[④])等。华玉明举的《小说选刊》“我投资大陆是为了报恩”(《阴晴圆缺·香港记事》，1997年)应是港台书面语用法，不能作为例证。对于这一格式在口语中的扩散情况，邢先生认为是“过于违背口语”的“最近才出现的书面语用法”，汪先生认为在“口语中并不流行”，刘大为先生也认为它是“在叙述和口语中不顺感较高”的具有“书面色彩”的用法。而王淑君的调查进一步用数字证明了这种观点：15％的人认为自己会在口语中使用，85％的人认为自己在口语中不可能使用，但实际上几乎无人在口语中使用这一结构。这说明这一语言形式十年来在不同语言使用环境之间的扩散几乎是停滞的。“动宾式动词＋宾语”作为一种正在变异的形式，它往往也是不稳定的，就是在同一语言环境中，新形式和旧形式也会同现，如新闻标题中出现的是新形式，而行文中则为旧形式。

三、无序变异向有序变异转化的条件

一种新的语言形式的扩散过程也是无序与有序不断转化的过程。“动宾式动词＋宾语”这一变异格式已进入有序变异的阶段，那么它从无序状态的变异走向有序变异的条件是什么呢？

---

① 简·爱切生.语言的变化：进步还是退化？[M].徐家祯，译.北京：语文出版社，1997：102.

② 刘大为.关于动宾带宾现象的一些思考(下)[J].语文建设，1998(3)：28－30.

③ 华玉明，王祥瑞.对动宾动词加宾语流行的语用思考[J].邵阳师范高等专科学校学报，1999(6)：60－63.

④ 罗昕如.“动宾式动词＋宾语”规律探究[J].语文建设，1998(5)：27－30.

（一）在人群中扩散的条件

从以上的讨论可以看出，“动宾式动词＋宾语”格式主体使用者是新闻工作者，教师和大学生也有部分人在使用，说明这一格式主要是在知识层次较高的人群中扩散，在这一人群中扩散的语言形式要求是显威望的还是潜威望的呢？我们首先来看一下“动宾式动词＋宾语”格式是以怎样的身份被大家模仿的。大家模仿海外华人的这一格式是因为它是知识、社会地位、经济状况都占优势的群体使用的语言，而对港台国语中这种格式的模仿则是基于它是一种有钱人使用的非常洋气的语言表达形式。显然内地人是把这种格式作为一种具有很高威望的语言形式来模仿使用的，所以它是一种自上而下有意识的变化。可以看出“动宾式动词＋宾语”这一具有显威望的语言形式在人群中扩散的要求，是使用者要具备较高的文化层次。

（二）在语言内部扩散的条件

1. 在词汇中扩散的条件

“动宾式动词＋宾语”格式在词汇中扩散的条件，主要讨论的是它在词汇中扩散的先后顺序和带宾语的动宾式动词的结构特点。进入这一格式的词语的先后顺序和结构规律是这一格式由无序移用转向有序变异的重要条件。

(1)较早变化的词语的特点。

“动宾式动词＋宾语”格式在变异之初，首先需要抓住一些动宾式动词，那么动宾式动词数目也不少，在《现代汉语词典》(1996年修订本)中就有3018个，在这些词中它最先抓住的是哪些词语呢？能较早进入这一结构的往往是使用频率较高的动宾式动词，这些词语主要有“挑战、登陆、亮相、领先、进军、备战、起诉、致电、执教、造福、投资”等。这些词看起来似乎杂乱无章，充满了任意性，但仔细分析，这些词汇的结构又有一定的规律可循。这些词可以分为三类：

①偏功能化程度较高的动宾式动词。

一些动宾式动词的结构宾语的语意虽保留着，但其作为宾语的语法功能已磨损甚至丧失，整个动宾式结构充当的是纯及物动词的功能，带宾语就成为必然。如“订婚黄氏”“签约茂福”“盗版我的书”“保险国家财产”“就职北影”“跟踪深海章鱼”“投资邮票”“中意华宅”“致函国务院”“执教怀仁堂”“会意我们”“挑战麦当劳”等。

②偏义化程度较高的动宾式动词。

一些动宾式动词在发展演变的过程中，动宾式结构的“结构宾语逐渐磨损，或变为补语要素，或变为无意义的赘余成分”[①]，动宾式结构的实际意义都落实在结构动词上。如“瞄准目标”“回笼资金”“帮忙他”“亏本100万”“联手工商管理部门”

---

① 张博．“动宾式动词＋宾语”的条件及发展趋势[J]．古汉语研究，1999(3)：2－6．

"进军日本""移居月球""出版《鲁迅全集》""驱车市里"等动宾式动词中的结构宾语的意义已虚化,整个词的意义都由结构动词来承担。

③动宾词素高度融合的动宾式动词。

动宾式动词的两个词素紧密融合,原有的动宾关系和语义关系已渐渐模糊,带了宾语的动宾式动词产生了新的引申义。如"染指军婚""触电荧屏""问鼎世界杯""逐鹿中原""登陆上海""把脉长沙楼市""携手盈方""撒手人间""接轨国际先进谈判方式"等。

以上三类动宾式动词的词化程度是依次渐高,带宾语的自由度也是越来越强。而结构比较松散、词义凝固性不强的动宾式动词一般很难进入该结构。如"写信""照相""写生""鞠躬""敬礼"等[①]。

(2)类推。

类推是人们在意识到某种语言形式的变异以后,有意识地把同一格式的用法泛化在其他词汇和语境中,条件是人们对这新一格式已有认识并有意为之。新时期,当人们意识到这是一种比较新颖的格式后,求新求异的心理驱使人们把这一格式类推到其他不太常用的动宾式词语上。由类推产生的带宾语的动宾式动词中,有的是原型动宾式动词,如汪惠迪先生所列的"出土""出台""援手""重伤"等词语,在新加坡几乎是不带宾语的,而港台国语也很少这样用,它们应该是"动宾式动词+宾语"格式类推的产物。有的是与原型动词有一定联系的动宾式动词,如"出席会议"→"缺席金马奖颁奖典礼";饮誉全球→播誉海内外等[②]。

在研究这一格式在词汇中扩散的顺序时,除了以上两个方面的因素之外,还有一个因素可以作为参考,即有的新产生的动宾式动词也渐次进入了这一格式,那么我们可以根据新词产生的先后顺序来考虑这一格式在词语中扩散的先后。如"吐槽周董的MV有抄袭美国女星克里斯汀娜(Christina Aguilera)歌曲《Candyman》的嫌疑"和"给力光棍节"中的"吐槽""给力"分别产生于2005年和2010年,它们进入"动宾式动词+宾语"就比产生于1984年的"挑战"进入这一结构的时间要晚很多。

2. 在不同语言使用环境中扩散的局限性

"动宾式动词+宾语"是一种高度凝练的语言形式,它本身具有浓厚的文言书面意味,所以是一种很不自由的语言形式,这限定了它更适合在新闻语言和"标语、警句、口号、广告词等对精练程度有较高要求"[③]的书面语言中使用,其结构特点也决定了这一格式在今后不同的语言环境中要拓展势力范围也是比较艰难的。

---

① 高更生."动宾式动词+宾语"的搭配规律[J].语文建设,1998(6):36-38.

② 罗昕如."动宾式动词+宾语"规律探究[J].语文建设,1998(5):27-30.

③ 刘大为.关于动宾带宾现象的一些思考(下)[J].语文建设,1998(3):28-30.

综上所述，“动宾式动词＋宾语”确是当下正在进行的一种语言变异，并且已经进入了有序变异阶段。虽然这种格式来势汹汹，但其本身的特点使得它在词汇中的扩散，比在语言使用者中的扩散要迅速得多。这也是这种格式今后的发展趋势。

第三节　20世纪90年代以来汉语贬义词语褒义化现象研究

通常，词汇既具有理性意义，又包含色彩附属意义。色彩意义中的感情色彩反映的是人们对事物的爱憎感情和褒贬评价，它本然地附着在词语理性意义之上，是词语意义的重要组成部分。感情色彩又是词语色彩意义中易于发生变化的部分，当词汇理性意义随社会的变迁而增减时，附着其上的感情色彩意义也因之产生变异。感情色彩的变异包括贬义化和去贬义化。去贬义化则包含中性化和褒义化。

在文革期间，汉语词语感情色彩一个大的变化就是词语的“贬义化”，而在20世纪90年代以来，词语感情色彩的变化则表现为“去贬义化”的倾向①。据刁晏斌先生统计②，1967年的流行语中，有39个贬义词语，在141个新词语中占到27.7%，(熊忠武主编的《当代中国流行语词典》，吉林文史出版社，1992年版)而在林伦伦编的《现代汉语新词词典1978—2000》(花城出版社，2000年版)中共收新词语1800条，贬义性的有68条，约占总数的3.8%。可以看出，20世纪90年代以来的词语贬义色彩在淡化，中性和褒义色彩在加强，其中贬义词语褒义化体现了语用当中爱憎感情的大逆转，这也是这一时期词语感情色彩变异最突出的表现。

一、贬义词语褒义化的表现层次

感情色彩具有反映客观对象次要属性的形成机理和标记感性附属信息的特点，此特点决定了它不具有独立的载体，不能脱离词语的理性意义而存在③。即它不具有外显于词语意义的独立实体，只能内蕴在词语的理性意义之上，当原来的贬义词语增加了正面的、积极的理性意义时，其褒义的色彩意义也随之而生。

(一)贬义词语临时褒义化

黎锦熙先生《新著国语文法》中提出：“凡词，依句辨品，离句无品”，这说明了词语对语境的依赖性。有时，词的理性意义和感情色彩会突破常规，在具体的语境中发生异化。贬义词语在特殊的语境中被赋予新的理性意义，甚至其意义走向对立

① 徐国珍，朱磊．论修辞幻象在“副＋名”组合中的生成与呈现[J]．福建师范大学学报，2011(4)：79－84．
② 刁晏斌．现代汉语词义感情色彩的两次大规模变迁[J]．文化学刊，2007(6)：47－56．
③ 黄彩玉．新时期以来词语感情色彩的变化[J]．长春工程学院学报，2011(3)：83－85．

面，这使得附着于理性意义上的贬义感情色彩也获得了褒义色彩的意味。

如陈松岑教授曾举过她亲身经历的一个例子：

有一次，在公交车上，我看见一个女生笑眯眯地对另一个女生说："你好变态呀！"（社会语言学导论，1985）

"变态"本身是指人的生理或心理的不正常状态，是一个贬义词。但是在这里，通过说话者的表情我们就可以看出，"变态"已没有了贬斥的意味，而在肯定或赞许对方"做了一些出格或意想不到的事"。这是"变态"一词的本义临时被转用而导致其感情色彩发生了转移。

有人说，流行趋势专家和设计师是"阴谋家"，他们在"制造"流行。（人民日报，2003-11-28）

"阴谋家"通常指以暗地里谋划事情为职业的人。背地里做事情者往往是大家贬斥的对象。但在上句中，"阴谋家"却成了大家羡慕的角色，因为流行是大家崇尚的，他们作为制造流行的人也是大众仰慕的，"阴谋家"的这种褒义含义，是由上下文的语境所提供的。

以上这种临时带有贬义色彩的词语，如果脱离了具体的语境，其贬义的感情色彩就得以还原。例如：

乐清市芙蓉镇就出现专偷护士内衣裤的小偷，偷前还要闻一闻，所以一名受害护士很气愤地说："拿了衣服还不算，居然还闻，太变态了。"（人民网，2013-3-17）

这里的"变态"即是它的本然色彩义。这说明它本身不具有褒义义项，只是在特殊的语境中贬义色彩淡化以后，可以用为褒义词语。

（二）贬义固定为褒义

原具有贬义色彩的词语可以固定地作为褒义性质的词语使用，但固定使用的程度不同。

1. 褒义感情色彩义对语体和说话者之间关系的依附

贬义词语能否用作褒义词，有时要受到说话人之间的亲疏关系以及语体色彩等条件的制约。在口语中，某些贬义词语褒义感情色彩的获得是依赖于说话人之间的亲密关系。因为它对语体和说话者关系有很强的依附性，故这种贬义褒用还不完全固定。和第一种偶一为之的情况相较，第二种情况的使用频率比较高，在口语中的褒义感情色彩较为固定。

当下，在青少年中使用的部分称呼语就属于这种情况。关系的亲疏决定了这类词语的使用频率。如果关系较好，那么在日常交往中就会经常使用比较随便而亲昵的称呼。比如，同舍友之间或来往比较密切的好友会互称"猪头"。有的学生在提到关系比较好的同学时会说："×××这个垃圾"，这里的"猪头""垃圾"丝毫没有贬低的意思，反而隐含了一种亲近的情感色彩。甚至贬义十足的"老猥琐"一词也成为学生间的亲密称呼，不仅如此，该称呼还能以褒义词的身份出现在称呼以外的语境中，如有的学生做了一件在他们看来挺意外的事，而且这种事往往是他们所认可的，他们就会形容他"×××贼猥琐呢，这办法都想得出来"。"二货"一词也与此相类，它本来表示的意思是说别人是"傻货"，是辱骂别人的话，但网络的发达，使得"二货"的现在意义已不止于贬义，更多是用来形容傻傻的、可爱的、经常自己制造一些冷笑话、冷幽默、冷囧事的人。如：

我的对象是二货。（百度百科）

我就是个二货，我相信很多人都举手赞成这个英明的价值判断。（豆瓣网页，2011-6-10）

贬义词语褒用的未固定使用和临时使用一样，都是在贬义词语能指本身未增加新的所指，即增加新的理性意义的基础上当褒义词语来用的，二者的区别在于未固定的贬义褒用在口语中使用频率要高一些，自由度大一些，在一定程度上可以脱离语境而用。

2.褒、贬感情色彩义的叠加

褒、贬感情色彩义的叠加指的是同一个词语具有不同甚至是完全相反的感情色彩。我们这里讨论的是原来只有贬义色彩，而在当下增加了褒义色彩的词语。这和上面探讨的两种情况又不同。这类词语是在时代的变化和语言的发展过程中，贬义词语本身增加了肯定方面的理性意义，作为附加意义的褒义色彩也就随之产生了，而且其褒义色彩已完全固定下来了。但是，需要强调的是，具有叠加色彩义的原贬义词语或者是由原来的单义词语演化成为多义词语，或者是其多义词语的义项比以前更丰富，它们的感情色彩的确定仍需借助语境来实现。如"妖精""老妖精""狐狸精"[①]等贬义意味浓厚的词语已增加了褒义的义项。"妖精"可用来指漂亮又性感的年轻女性。如：

蒋宜云翘着腿对陈青说，我很高兴你说我是"小妖精"，如今"妖精"这个词可是"聪明"和"美丽"的代名词啊。（新闻晚报，2006-3-29）

"老妖精"可用来指称经验老道、阅历丰富的人，也可指美貌永驻的女性。如：

关之琳是典型的贵妇美人，高贵典雅而神秘。说她是老妖精绝对是崇拜的语气。（燕赵都市报，2006-3-16）

潘迎紫赵雅芝刘晓庆米雪女星美貌20年不变似老妖精。（新浪娱乐，2013-4-30）

"狐狸精"指美貌妩媚的女子。如：

要说小范同志长得绝对不赖，要我形容，她就是一个狐狸精，长得特媚的那种。（青年时报，2003-3-21）

经历情变之后，蔡依林性情大变立誓要当"狐狸精"，而且还是纯情、善良的那

① 刁晏斌.现代汉语词义感情色彩的两次大规模变迁[J].文化学刊，2007(6)：47-56.

种。(搜狐娱乐,2006-1-11)

又如“吃货”一词,“货”字在传统使用中一般表示对人的贬称或蔑称。如:蠢货、货色、宝货等。在有的方言中指只能吃不能干事的人。当下该词多指喜欢吃各类美食的人,尤指对美食有一种独特向往的、有品味的美食爱好者、美食客、美食家,语义色彩中性偏褒义。如中国第一本聚焦地方餐饮的美食杂志就名之曰《吃货都很忙》。再如:

如果不能吃出水准、吃出境界、不能吃到天昏地暗、忘乎所以的话,你好意思自称吃货吗?怎样吃,就有怎样的人生。——这才是吃货的境界。(华商报,2013-8-4)

目前,由过去的贬义词语发展而来的具有双重情感色彩义的词语是不胜枚举的。如“雷人”在产生之初是贬义词。百度的定义是:你在不知情的情况下,误看了自己不喜欢的东西,就会感觉不舒服。有例如下:

目前,一股围攻劳动法合同的热潮在企业界迅速升温。其中一个无比“雷人”的理由是:劳动合同法会使多数员工变成懒汉和刁民。(人民日报,2009-2-24)

好雷人啊,芙蓉姐姐开个唱了。(360百科)

不过,随着“雷人”一词在网络的风行,其使用范围不断扩大,其褒义的色彩也渐渐隐含其中了。如:

这种通过网络视角所捕捉到的是透过幽默戏谑的对白,轻松搞笑的尔虞我诈,算是商业谍战,但又饱尝人情冷暖,保证雷人。这种幽默不是单纯的搞怪搞笑,更多的是对真实生活的白描,是一种关于人生体验的诙谐反思。(中国新闻网,2009-2-16)

正因为“雷人”这种褒义义项的增加,所以论坛博客里才会经常用“雷倒”“雷翻”等词来描述看到罕见新闻时读者的心理反应①。

又如源于广东话的“山寨”,起初是占山为王的地盘,含有不被官方管辖的意味。俗用为盗版、仿制、克隆的意思。由此衍生的词汇有山寨手机、山寨鸟巢、山寨明星等。但是,近年来,因为“山寨”的遍地开花,它的色彩也由贬义、中性走向褒义。如:

保卫山寨,保卫的是一种日渐丧失的自由精神,这种丧失,有的时候是自我的放弃,有的时候是霸权的结果。(南方新闻网,2008-8-4)

这种远离都市喧嚣,放弃金钱、名利、地位等杂质,主张让爱情像乡村爱情一样简单、纯净的态度,就是我们所说的“山寨爱情”。(360百科)

有的网络词汇故意曲解传统语言中的贬义词汇,使它脱离本来的意义,从而赋予其特殊的褒义含义,造成与众不同、出人意料的效果。如“白骨精”(白领+骨

① 韩启振.网络极高量词语探析[J].西南交通大学学报,2012(1):51-55.

干+精英)、“讨厌”(讨人喜欢百看不厌)、强暴(强有力的拥抱)、活该(活着很应该)等。

3. 贬义色彩被褒义色彩所取代

20世纪90年代以来,因为人们观念的转变,一些贬义色彩的词语升格为褒义色彩的词语,它们洗却了昔日贬义的尘垢,尽显褒义的光彩,实现了贬义词感情色彩的华丽转身。这一类词语在转用前和转用后的感情色彩都是单一的,所以其感情色彩不受语境的限制,任何场合都可以作为褒义词语来用。如“小资”是小资产阶级。在文革期间,人们是“谈资色变”,“小资”情调也是被人们嗤之以鼻的。20世纪90年代中期它摇身一变,成了不折不扣的褒义词,用来特指那些有学历和实力,追求生活品位、情趣以及格调的人,尤其是城市的年轻人。如:

2000年的新好男人除了具备以上特征以外,还要会用E-mail给老婆发信,有点小资情调,有点孩子气,穿柔软的衣服,懂得香水和防晒霜的行情,口中永远有一片绿箭,能让女人“想念你的笑,想念你的外套,想念你白色袜子和你身上的味道……”(精品购物指南,2001-1-5)

现如今,不知道几米这个名字,绝对不够小资;把《你今天心情不好吗》,简单地当做关心的问候,而不知道是“摄影测绘”的书名,则会被“侧目”。(北京青年报,2002-12-26)

诸如此类的词语还有“老板”“强人”“集团”“策划”等词,它们都产生了感情色彩的扬升。

还有一些来自于港台和其他方言区的词汇,在全国普及之后,也实现了贬义褒用的色彩转换。如“爽歪歪”,据学者说,此乃闽南话中特指男女之事圆满后的愉悦心情。但是现在,无论是电视广告中天真可爱的小孩,还是姿容曼妙的主持人,都可以美滋滋地“爽歪歪”,那是因为它的词义已蜕变为“形容人心情大好,乐不可支的状态”。不仅名词、形容词等实词发生了感情色彩的变异,感叹词这样的虚词也是不甘落后的。如源于闽南方言、后在台湾流行的“哇塞”一词,本身是一句粗话,说白了就是“我”加上“国骂”,后在台湾的影视传媒和影视明星刻意模仿之下,流行甚广。现在男女老少,动辄开口闭口以“哇塞”表惊叹。可以看出,随着语言的发展变化和人们广泛的使用,以上这两个词的粗鄙色彩已逐渐淡化,增添了表“惊叹、心情特好”的褒义含义①。

从以上分析可以看出,贬义词语褒义化的表现层次,其实也反映了贬义词语由临时贬义褒用→相对固定的贬义褒用→褒、贬感情色彩义的叠加→褒义词的一个完整的转化过程。

① 瓜田.趣说字里行间[M].上海:上海辞书出版社,2009:39-41.

二、贬义词易色的动态过程及转化机制

贬义词语褒义化的表现层次展示的只是有变化倾向和已变之后两个静止阶段的贬义词语的变异状态，贬义词语是如何逐渐向褒义转化的，在未变和已变之间的动态过程是怎样的？贬义词语褒义化的转变机制又是什么？这是对词义色彩变异进行社会语言学研究的焦点问题。

贬义词语转化为褒义词语的动态过程，既包括其感情色彩的历时演变过程，也包括它在人群中的共时扩散过程。

贬义词语向褒义词语转化，一般会经历以上我们讨论的各个环节，但这不是一蹴而就的事情，而是在漫长的历时演变中完成的，而且在这个演变历程中感情色彩的变化大多不是呈线性发展的，而是经常会出现反复。以"×霸"为例，"霸"本身是现代汉语中的一个普通词汇，多以贬义词的面目出现，但现在它不仅演化成了能产性特别强的类词缀，而且以其为后缀的褒义词也是成批出现，如"考霸""学霸""彩霸""凉霸""搜霸""句霸""译霸"等反映的就是各个领域的佼佼者。那么多用作贬义的"霸"在20世纪90年代以来是怎样被褒义的"霸"所挤压的呢？要了解当下"霸"的褒义的语义获得过程，就需要追溯其整个的语义变化过程。

"霸"的本义为"月初出或将没时的微光"(《辞源》)，春秋时期"霸"成为"伯"的假借字，包含"霸主：古代诸侯联盟的首领"(名词)和"称霸：做诸侯联盟的首领"(动词)两个义项，"霸"为中性词。名词"霸"因为隐含有已成为霸主或首领之义，"霸"当然属于竞争的优胜者，所以大约在东汉时，该词已滋生了"赢得了，赛得过"这样的褒义义项，此时的"霸"还只是临时用作褒义。南朝时，"霸"已成为一个典型的褒义词，表示"称雄夺冠，超胜于人"之义。最迟在元末明初，由动词性的"霸"义项，又临时衍生出"强行占据"义，并进而发展出表示"倚仗权势和实力横行一方的人"的贬义义项。至此，"霸"就由一个中性词转化为具有褒、贬叠加色彩义的词汇①，此后"霸"的贬义义项不断显化，而其褒义义项则基本处于潜化状态，这种用法在文革期间达到了顶峰时期，此时的"霸"已沦落为纯粹的贬义词。改革开放以来，"霸"的褒义色彩由潜而显，其使用范围迅速扩大，这使得它的贬义含义急剧消退。如"油霸"一词还可褒可贬，而流行甚盛的"霸气"则是十足的褒义词。不过，"霸"最终能否转化为只具有褒义这一单一感情色彩的词，还需要时间的检验，因为毕竟"霸"的贬义色彩还是很有市场的。

相比较而言，"小资""策划""强人"等词在褒义化的过程中，就比"霸"字走得长远，它们目前已走完了贬义词语向褒义词语转化的整个历程，完全变为褒义词。

---

① 任景春."霸"的语义演变轨迹探析[J].汉字文化，2006(4)：44－45.

一种新的语言形式，不会同时被所有的社会成员所接受和使用，而是逐渐在人群中扩散的。贬义词语褒用作为当下语言变异形式的一种，同样也遵循这一规律，其扩散的特点是：个体或部分社会成员在特定语境中创造或移用了某一贬义词语褒用的用法，这一新的语言形式，首先得到有知识的年轻人的模仿，并迅速在这一人群中扩散，接着逐渐蔓延到更多的人群和更广泛的语境。各个贬义词语向褒义词语过渡的进程不同。如"老板"一词已完成了这样的扩散历程，各个社会群体都把它作为褒义词来用。不过，更多贬义词语还处在变异的过程中，模仿和使用新用法的，主要还是有一定文化的年轻人，这些新用法还远未被整个社会所认同。

由贬而褒的词语，其转化机制表现为：首先，在贬义词语中逐渐萌生了一些褒义的因子，这些因子就像种子一样，在适宜的环境中不断潜滋暗长，然后显化，接着进一步扩大自己的势力范围。那么这些褒义的因子是怎样显化的呢？

第一，在贬义词语扩大其使用范围时，褒义色彩义乘虚而入，占据一定的领地。它们在原使用范围中仍保持贬义，而扩大的部分，语义色彩则走向了反面。贬义词语多是通过这种方式向褒、贬感情色彩义叠加这个阶段过渡的。如"混账"在表示对别人的指斥时为贬义，表宿住方式时用褒义。

第二，贬义词语中的部分义素在情感色彩上发生了逆转，从而使得整个词语由贬而褒。这是贬义词语直接褒义化的转化方式。如"猪头"中的"猪"这一语素，因为代表的事物已获得许多人的好感甚至青睐，"猪"就由"懒、笨、贪吃"等贬义义素转变为"萌、可爱"等褒义义素，故"猪头"可以用来表昵称。

第三，贬义词语曾经的褒义义素显化，使得贬义词语的变异或处于褒、贬感情色彩义叠加阶段，或已完全褒义化了。前者如"×霸"，后者如"老板"等。

三、贬义词语褒义化现象的动因分析

词语感情色彩的演变与社会生活息息相关。当社会发生急剧变化时，人们的价值观念和评判是非善恶的道德标准，往往就会产生较大的改变，许多词的感情色彩也随之发生重大变化[①]。

（一）人们观念的变化促使词语意义的情感色彩产生逆向发展

社会文化是一个开放的动态系统，它会随社会的变化发展而延续和发展。在我国现阶段，社会经济发生了天翻地覆的变化，经济的发展使得我们的传统文化观念也因之而改变[②]，人们有了全新的价值判断和情感取向。原来遭贬斥的旧事物、

① 左林霞.从词义褒贬色彩的演变看语言与社会的互动[J].理论与实践，2004(10)：83-84.

② 修琼英.从共时和历时社会文化角度考察社会文化与词义褒贬色彩之间的关系[J].江西科技师范学院学报，2008(6)：70-72.

旧现象、旧观念，现在成为被肯定、认可和赞美的对象。社会语言学认为：语言反映着语言使用者的文化和思想意识。人们文化观念的时移世迁自然在语言中得以忠实展现，而交际者的主体意识和主观追求就渗透在感情色彩的生成过程中[①]。比如在改革开放前，因为处于视个人的经济行为如“洪水猛兽”的特殊时期，“小资”“老板”等带有个体、私营身份特征的词，自然狠遭贬损。而1978年以后，国家政策的转变，个体、私营企业也成为国家认可和鼓励的一种企业存在形式，尤其是在当下消费主义文化时代，“小资”“老板”成为在经济上占优势的人群，他们的身份以及消费方式也成为大家艳羡的对象，对他们态度的逆转，必然导致反映人们态度的语言感情色彩的易色。

(二)娱乐化时代使语言符号意义的不在场成为习惯

在语言发展的各个时期，都存在语言感情色彩的变异问题，而我们这个时代语言感情色彩变异最为剧烈，而且表现出变异主流的“去贬义化”倾向。出现这种现象的原因在于，我们处于“不是严肃问题娱乐化，而是娱乐成了最严肃的问题”[②]的特殊时代，大众的娱乐造成符号的泛滥，符号泛滥的一个明显的标志就是解释意义的不在场。解释意义不在场意味着语言符号的“能指”和原来的“所指”之间的联系被切断，而和新的“所指”建立联系，从而适应表达的需要。20世纪90年代以来，许多表示贬斥意味的语言符号为了满足娱乐时代的要求，其“所指”的感情色彩发生变异，通过词语色彩身份的突转来取得意想不到的娱乐效果。如“混账”一词，原是表指斥的词。改革开放以后，随着人们观念的变化，“混账”一词的语音被赋予截然不同的意义，它用来指现代人在自助旅游中出现的一种新的宿住方式，即与别人尤其是异性合住一个帐篷。这里“混账”一词的贬义特征明显削弱，感情色彩趋于中性，甚至贬词褒用，显示出一种诙谐和幽默的意味[③]。

(三)年轻人求奇求异的心理对贬义褒用词语的广泛使用起了推波助澜的作用

在现代社会，语言使用的社会分化现象越来越明显，而使用和创造新词新语的基本是年轻人，他们在造语时往往打破常规，追求表达的陌生化，这是他们好奇、追求创新、爱赶时髦的心理和反传统意识在语用方面的一种表现。他们用“猪头”“老猥琐”等污名性的词语来称呼关系密切的朋友，就是他们追求新颖风尚的一种反映。这不独是我国青年人的特点，国外的年轻人亦然，所以L. R. 帕默尔说：“这种词语在社会上的‘升格’，可以从年青一代‘哥儿们’的赶时髦的特殊表现得到解释。他们把自觉地说粗话看作是开明和解放的标志……比这些人年龄稍长的人为了逃

---

① 杨振兰. 论新时期新词语的色彩意义[J]. 山东大学学报，2009(2)：131－139.

② 赵毅衡. 异化符号消费：当代文化的符号泛滥危机[J]. 文化研究，2013(2)：140－145.

③ 杨小平. 当代汉语新词新语研究[M]. 北京：中国社会科学出版社，2012：56.

避老朽、‘僵化’的恶名，便也常常使用这些词语。结果，这些街头的污言浊语已为上流社会所接受，显得高贵起来。”[①]他不仅告诉我们某些贬义词语是如何褒义化的，而且告诉我们，它们是怎样得以扩散使用的。

(四)他源性词语对部分感情色彩变异的词的积极影响

随着我国近年来进一步的开放搞活，我们的国际交往越来越频繁，外来文化对我们的影响也日益增强。在他文化中，某些词语隐含的褒义色彩，也使得汉语词汇中与之对应的词语贬义色彩潜化，褒义色彩显化。如“花花公子”一词渐趋褒义化是受到英语的影响。《现代汉语词典》释义是“富贵人家中不务正业，只知吃喝玩乐的子弟”，完全是贬义化的词。而美国人休赫夫纳 1953 年创造的“花花公子”(PLAYBOY)这一服饰品牌则蕴含有时尚、快乐、风雅之义。虽然二者的“能指”相同，“所指”还不尽相同，但“花花公子”一词贬义色彩的消缺，显然是受到这一品牌中蕴含的褒义色彩的潜移默化的影响[②]。又如“魔鬼”一词，近年来已成为“超常”“严厉”“严格”的代名词，“魔鬼身材、魔鬼般的歌喉”是大家羡慕的对象，“魔鬼健身计划、魔鬼训练”是大家为实现目标所进行的安排和付出的努力。无疑这些都与“害人的怪物”之义相去甚远。这一词感情色彩的变化是受到日语中“鬼、魔鬼”一词的褒义色彩的熏染。日语中，“鬼”既可指化作音乐、诗歌等各方面都很出色的俊男美女而现于人间的、人们想象中的各种鬼怪，也可以指在某方面特别专注的人，因此，日本人的人名、地名中“鬼”字频频出现，人名如“鬼头”“鬼原”等，地名如“鬼越”“鬼岩”等[③]。

四、对待贬义词语褒义化现象的态度及规范

(一)对贬义词语褒义化现象的态度

贬义褒用词语增强了语言活力，使语言充满了灵动之感，体现了当代人对事物所持的肯定和积极的评价，反映了人们乐观和宽容的态度。但语言的这种灵活使用也是一把双刃剑，如果我们过度地贬义褒用的话，势必使贬义词语滥用，使词语使用陷入混乱状态，也因此影响交际效果。因为毕竟许多贬义词语负载的负面色彩是根深蒂固的，一时半刻难以消除。加之，使用这些新词语的主要还是年轻人，年长者不见得就能欣然接受。有一个典型的例子：2005 年 11 月 25 日，山东××晚报把 CBA 联赛辽宁队 66 岁的教练蒋兴权称赞为“CBA”骨灰级“教练”，但蒋教练并不买账。在赛后的新闻发布会上，他向该记者兴师问罪：“居然说我是‘骨灰级

① L. R. 帕默尔. 语言学概论[M]. 北京：商务印书馆，1983：84.

② 刁晏斌. 现代汉语词义感情色彩的两次大规模变迁[J]. 文化学刊，2007(6)：47－56.

③ 刘元满. 汉字在日本的文化意义研究[M]. 北京：北京大学出版社，2003：153－155.

教练’……这可是折我的寿啊……谁比谁先死还不一定呢！”结果，新闻发布会不欢而散[①]。显然，让蒋教练大动肝火的是不吉利的“骨灰”二字。虽然这个在网络世界被广泛使用的新词语，是对网络游戏玩家一种极高的认可，有“等级已经高得不能再高”之义。“骨灰级歌迷”“骨灰级会员”“骨灰级人物”“骨灰级玩家”等短语在网络中已屡见不鲜。在这一称呼逐渐流行后，可用来泛指资历较老，并且在该领域具有比较强的能力和影响力的人，其褒义的色彩是毋庸置疑的，但毕竟能接受并灵活使用它的人群的范围还比较狭小。无独有偶，华中科大教授廖建科也拒绝学生称呼他为“老板”，虽然它是这个经济时代非常时髦的词汇。

“网络语言既非全盘荒诞不经，亦非各个创意无限，我们不能一笔抹杀，也不能盲目捧杀。这才是一个正确的态度。”（解放日报，2011-6-16）这是复旦大学地理历史研究所教授周振鹤先生对网络语言的看法。这种态度也适合用在我们讨论的贬义褒用词语上，因为在现代社会，这一类词语的灵活用法大都发端于网络。

（二）贬义词语褒义化的规范

其实，现在许多贬义褒用词语都属于新词语的范畴，当然它们就涉及规范的问题。规范这一类词语应从以下两方面着手：

一方面，根据它们的使用状况，引导分层次大家使用。首先，对于那些已完全褒义化的词语，因为它们已完成了词汇感情色彩的转化过程，感情色彩具有单一性，应把它们吸收到全民语言中来。其次，对于那些感情色彩叠加的词语，在使用时，应注意感情色彩义的选择，因为它们褒、贬义的单一化是由语境来决定的，所以选用时要顺应语境；再次，至于那些临时使用的贬义褒用词语，要慎用，尤其注意使用的对象、场合，以免造成误会；最后，对于贬义褒用词语中那些低俗的词语，最好弃之不用。如果要真正具有用雅语的自觉，就需要我们进行另一方面的工作，即高雅文化的教育。我们只有通过教育来营造一个好的使用语言的环境，才能避免“一齐人傅之，众楚人咻之”的负面影响，而且正规的文化教育可以培养年轻人良好的人文素养，避免他们被低俗的语言形式所绑架。

贬义词语褒义化现象不仅体现的是词汇意义的变异，而且投射的是社会的发展变化，更映照的是社会风尚和人们认知心理的变迁。这一类词语是人们在词语运用方面以及人们心理变迁方面的后视镜，也是社会变迁的活化石[②]，所以对这一类词语的研究就成为我们了解社会和人们心理变迁的捷径。

社会是变动不居的，作为社会镜像的语言也是处在不断的变化之中，语言表达是语言中特别活跃的部分，其变异也更为显著，对语用变异的研究只有“与时偕行”，才能“与时俱进”。我们只有对每个时代的鲜活的语用进行记录和研究，才能

---

① 高晓燕．“骨灰级”的荣誉，你接受吗？［J］．语文建设，2006(4)：56．

② 郭笃凌．浅谈“小姐”一词感情色彩演变［J］．现代语文，2005(10)：9．

在不同时期的语言状况的长河里看到语言变化的足迹，发现语言变化的规律，在遵循其规律的基础上，更好地推动语言的发展。

20 世纪 90 年代以来，中国社会巨变，汉语成为一个更为动态而开放的系统，但是，目前我们对这个正在发生巨变的时代的言语的记录和研究还只是一鳞半爪，对有些语言变异现象的分析还不够深入。这都需要同仁们共同努力，才能全面、深入地描绘出我们这个时代语言变异的全景图，从而做好语言研究的承上启下工作。

我们最大的遗憾是，在这样一个急速发展的社会，我们对语言变异的追踪和研究总是跟不上语言变化的步伐。今天，我们还在把一种语言形式作为新变式讨论不休之时，明天，就有可能出现取而代之的新变式，或者出现前所未有的新形式，又需要我们去研究。许多语言变异往往包含一些变异的通则，但有些变异的通则我们还未发现。如果找不到一些变异的通则的话，那我们永远都只能是亦步亦趋地跟在语言变异的后面，疲于奔命地去记录语言的变异，那我们就沦为语言变异的奴隶，丧失了在语言形式规范方面的主动权。

参考文献

[1] Blackmore, S. The Meme Machine[M]. New York: Oxford University Press, 1999.

[2] Dawkins, R. T he Selfish Gene [M]. New York: Oxford University Press, 1976.

[3] Jespersen, O. Language: Its Nature, Development and Origin[M]. London: George Allen & Unwin Ltd, 1954.

[4] Heller, M. Codeswitching: Anthropological and Sociolinguistic[M]. Berlin: Mouton de Gruyter, 1988.

[5] Heylighen F. Selfish Memes and the Evolution of Cooperation[J]. Journal of Ideas, 1992(4).

[6] John Paxten. Everyman's Dictionary of Abbreviations [M]. New York: Barlnes & Noble, 1987.

[7] Sapir . E. Language : An Introduction to the Study of Speech[M]. NewYork : Harhcount, Brance & Company, 1921.

[8] Wardhaugh R. An Introduction to Sociolinguistics[M]. Third Edition Oxford Blackwell Publishers Ltd, 1998.

[9] William Labov. Principles of Linguistic Change: Internal Factors[M]. Peking Universiti Press, 2007.

[10] [美]Adele E. Goldberg. 构式:论元结构的构式语法研究[M]. 吴海波,译. 北京:北京大学出版社,2007.

[11] [美]布龙菲尔德. 语言论[M]. 北京:商务印书馆,1980.

[12] 陈保亚. 语言文化论[M]. 昆明:云南大学出版社,1993.

[13] 陈光磊. 改革开放中汉语词汇的发展[M]. 上海:上海人民出版社,2008.

[14] 陈建民. 汉语新词语与社会生活[M]. 北京:语文出版社,2000.

[15] 陈建民. 中国语言和中国社会[M]. 广州:广东教育出版社,2001.

[16] 陈松岑. 社会语言学导论[M]. 北京:北京大学出版社,1985.

[17] 陈松岑. 语言变异研究[M]. 广州:广东教育出版社,1999.

[18] 陈原. 语言和人[M]. 上海:上海教育出版社,1994.

[19] 陈原. 社会语言学[M]. 北京:商务印书馆,2000.

[20] [美]丹尼尔·丹尼特. 意识的解释[M]. 北京:北京理工大学出版社,2008.

[21] 刁宴斌. 现代汉语史[M]. 厦门:福建人民出版社,2006.

[22] 甘于恩，刘倩．七彩方言——方言与文化趣谈[M]．广州：华南理工大学出版社，2006.
[23] 郭庆光．传播学教程[M]．北京：中国人民大学出版社，2002.
[24] 郭锐．现代汉语词类研究[M]．北京：商务印书馆，2002.
[25] 瓜田．趣说字里行间[M]．上海：上海辞书出版社，2009.
[26] 郭熙．中国社会语言学[M]．杭州：浙江大学出版社，2004.
[27] 何伟渔．热词·采摘语言的鲜果[M]．上海：上海锦绣文章出版社，2009.
[28] [美]霍凯特．现代语言学教程[M]．北京：北京大学出版社，2002.
[29] [英]简·爱切生．语言的变化：进步还是退化？[M]．徐家祯，译．北京：语文出版社，1997.
[30] 黎锦熙．新著国语文法[M]．北京：商务印书馆，1951.
[31] 李良荣．当代世界新闻事业[M]．北京：中国人民大学出版社，2002.
[32] 李宇明．中国语言规划论[M]．北京：商务印书馆，2010.
[33] 刘象愚，杨恒达，曾艳兵．从现代主义到后现代主义[M]．北京：高等教育出版社，2002.
[34] 刘元满．汉字在日本的文化意义研究[M]．北京：北京大学出版社，2003.
[35] 吕明臣，李伟大．网络语言研究[M]．长春：吉林大学出版社，2008.
[36] 吕叔湘．汉语语法分析问题[M]．北京：商务印书馆，1979.
[37] [英]L. R. 帕默尔．语言学概论[M]．北京：商务印书馆，1983.
[38] 马建忠．马氏文通[M]．北京：商务印书馆，1983.
[39] [美]迈克尔·海姆．从界面到网络空间——虚拟实在的形而上学[M]．金吾伦，等，译．上海：上海科技教育出版社，2000.
[40] 欧阳修．欧阳文忠公全集·代人上王枢密求先集序书[M]．北京：中华书局，1981.
[41] [美]乔治．H．米勒．心灵、自我与社会[M]．赵月瑟，译．上海译文出版社，2008.
[42] [法]让·鲍德里亚．消费社会[M]．刘成富，全志刚，译．南京：南京大学出版社，2001.
[43] 任学良．汉语造词法[M]．北京：中国社会科学出版社，1981.
[44] 邵慧君，甘于恩．广东方言与文化探论[M]．广州：中山大学出版社，2007.
[45] 斯大林．马克思主义与语言学问题[M]．北京：人民出版社，1971.
[46] 孙金华．拉波夫的语言变化观[M]．南京：南京大学出版社，2009.
[47] [瑞士]索绪尔．普通语言学教程[M]．高名凯，译．北京：商务印书馆，2002.
[48] 汤玫英．网络语言新探[M]．郑州：河南人民出版社，2010.
[49] 王力．汉语史稿[M]．北京：中华书局，2004.

[50] 王远新. 语言学教程[M]. 北京：中央民族大学出版社，2009.
[51] [美]西奥多·罗斯扎克. 信息崇拜——计算机神话与真正的思维艺术[M]. 苗华健，等，译. 北京：中国对外翻译出版公司，1994.
[52] 徐大明. 语言变异与变化[M]. 上海：上海教育出版社，2006.
[53] 徐国珍. 仿拟研究[M]. 南昌：江西人民出版社，2003.
[54] 徐默凡，刘大为. 汉语语用趣说[M]. 广州：暨南大学出版社，2011.
[55] 徐通锵. 历史语言学[M]. 北京：商务印书馆，2008.
[56] 杨小平. 当代汉语新词新语研究[M]. 北京：中国社会科学出版社，2012.
[57] 于根元. 网络语言概说[M]. 北京：中国经济出版社，2001.
[58] 喻国明. 中国社会舆情年度报告 2010[M]. 北京：人民日报出版社，2011.
[59] 袁家骅，等. 汉语方言概要[M]. 北京：文字改革出版社，2001.
[60] 张伯江，方梅. 汉语功能语法研究[M]. 南昌：江西教育出版社，1996.
[61] 赵吉林. 中国消费文化变迁研究[M]. 北京：经济科学出版社，2009.
[62] 赵勇. 大众媒介与文化变迁[M]. 北京：北京大学出版社，2010.
[63] 赵元任. 赵元任语言学论文集[M]. 北京：商务印书馆，2007.
[64] [日]真田信治，涩谷胜己，阵内正敬，杉户清树. 社会语言学概论[M]. 王素梅，彭国越，译. 上海：上海译文出版社，2002.
[65] 朱德熙. 语法讲义[M]. 北京：商务印书馆，1982.
[66] 朱德熙. 语法答问[M]. 北京：商务印书馆，1985.
[67] 宗守云. 新词语的立体透视[M]. 广西：广西师范大学出版社，2007.
[68] 曹春静. 当代汉语词语模研究[D]. 上海：上海师范大学，2007.
[69] 曹起. 新时期现代汉语变异研究[D]. 长春：吉林大学，2013.
[70] 车录彬. 符号本质——语言变化的根本内因[J]. 湖北师范学院学报，2006.
[71] 陈垂民. 谈述宾短语带宾语的几个问题[J]. 暨南学报，1995(1).
[72] 陈建民，陈章太. 从我国实际出发研究社会语言学[J]. 语文建设，1988.
[73] 陈绍富. 基于新闻事件的网络流行语研究[D]. 重庆：重庆工商大学，2011.
[74] 陈松岑. 新加坡华人的语言态度及其语言能力和语言使用情况的影响[J]. 语言教学与研究，1999(1).
[75] 陈一民. 遭遇动词——“有”的另类用法[J]. 浙江万里学院学报，2004(1).
[76] 陈章太. 语言变异与社会及社会心理[J]. 厦门大学学报，1988(1).
[77] 陈章太. 略论我国新时期的语言变异[J]. 语文教学与研究，2002(6).
[78] 程骋. 语言时尚效应的社会认知和语用评价[J]. 文艺评论，2011(1).
[79] 邓思颖. 语域的句法分析——以粤语“先”为例[J]. 语言科学，2012(1).
[80] 邓雯. 现代汉语流行语句模模因探析[D]. 武汉：华中师范大学，2011.
[81] 刁晏斌. 也谈“动宾式动词＋宾语”形式[J]. 语文建设，1998(6).

[82] 刁晏斌.试论当代汉语"语素词"[J].语言及其应用研究,2011(6).
[83] 刁晏斌.当代的语言和语言研究[J].商丘师范学院学报,2009(1).
[84] 刁晏斌.现代汉语词义感情色彩的两次大规模变迁[J].文化学刊,2007(6).
[85] 丁崇明.语言演变的过程模式[J].北京师范大学学报,2001(6).
[86] 丁喜霞,原雪梅.对"动宾式动词+宾语"句式增多的思考[J].语文建设,1998(3).
[87] 杜澄宇.新兴"被××"构式研究[D].南京:南京林业大学,2012.
[88] 方小兵.句法变异的研究价值及存在的困境[J].南京晓庄学院学报,2012(5).
[89] 高更生."动宾式动词+宾语"的搭配规律[J].语文建设,1998(6).
[90] 耿翠翠."不差钱"的语用分析[J].语文学刊,2010(3).
[91] 郭笃凌.浅谈"小姐"一词感情色彩演变[J].现代语文,2005(10).
[92] 郭玉婷.昔日流行语"不差钱"的社会语言学研究[J].海外英语,2013(3).
[93] 韩启振.网络极高量词语探析[J].西南交通大学学报,2012(1).
[94] 何自然,何雪林.模因论与社会语用[J].现代外语,2003(2).
[95] 何自然.语言中的模因[J].语言科学,2005(6).
[96] 胡明扬.北京话"女国音"调查[J].语文建设,1988(1).
[97] 胡明扬,张莹.70—80年代北京青少年流行语[J].语文建设,1990(1).
[98] 黄彩玉.新时期以来词语感情色彩的变化[J].长春工程学院学报,2011(3).
[99] 黄海波.现阶段学校语言文字应用中不规范现象原因分析[J].广东广播电视大学学报,2005(4).
[100] 黄知常.从言语奢化看语言环境公平问题[J].语言教学与研究,2002(1).
[101] 蒋桂芝.初中学生语言不规范现状调查及共性问题分析[D].呼和浩特:内蒙古师范大学,2011.
[102] 江南,庄园.网络语言规范与建设构想[J].扬州大学学报,2004(3).
[103] 蒋悦飞.时髦的"IN"[J].咬文嚼字,2001(11).
[104] 劲松,麒可.网络语言是什么语言[J].语文建设,2000(11).
[105] 李蓓.现代汉语类词缀研究[D].大连:辽宁师范大学,2004.
[106] 李建国.新词语研究与辞书编撰[J].辞书研究,1996(3).
[107] 李江艳.模因与语言仿拟现象研究[D].西安:陕西师范大学,2010.
[108] 李锦芳.论壮侗语对粤语的影响[J].贵州民族研究,1990(4).
[109] 李琳.语言的变异现象[J].青年文学家,2009(8).
[110] 李明洁.从语录流行语到词语流行语[J].修辞学习,2009(3).
[111] 李宪玲.网络语言的暴力分析及成因研究[D].武汉:华中师范大学,2010:5.
[112] 黎意.广州话与壮侗语的后修饰成分比较研究[J].南开学报,1996(6).

[113] 李宇明. 词语模[C]// 邢福义. 汉语法特点面面观[M]. 北京:北京语言文化大学出版社,1999.
[114] 李振杰. 近十年汉语中新词新义的产生[J]. 语言教学与研究,1987(2).
[115] 林焘,沈炯. 北京话儿化韵的语音分歧[J]. 中国语文,1995(3).
[116] 刘大为. 关于动宾带宾现象的一些思考(下)[J]. 语文建设,1998(3).
[117] 刘晓波,战菊. "传染病"视角下"××门"扩散的模型研究[J]. 求是学刊,2012(4).
[118] 刘晓. "程度副词+名词"中的名词探究[J]. 语文学刊,2011(12).
[119] 刘玉杰. 动宾式动词与所带宾语之间的语义关系[J]. 汉语学习,1994(4).
[120] 刘卓. 论播音员主持人的语言规范[J]. 中国广播,2012(7).
[121] 吕叔湘. 大家来关心新词新义[J]. 辞书研究,1984(1).
[122] 马楠. 汉语方言语音变异过程的类型[J]. 汉语学报,2013(1).
[123] 潘家懿. 海丰方言三十年来的演变[J]. 方言,1996(4).
[124] 彭晓辉. "们"的竞争演变过程[J]. 南开语言学刊,2010(2).
[125] 祈世明. 当代汉语变异的概念整合研究[D]. 上海:上海外国语大学,2011.
[126] 曲丽玮,王冬梅. 流行语模"舌尖上的 X"构式描写及演变[J]. 渤海大学学报,2013(4).
[127] 仇旭. "副名结构"之名词研究[J]. 沈阳大学学报,2013(2).
[128] 任景春. "霸"的语义演变轨迹探析[J]. 汉字文化,2006(4).
[129] 沈孟璎. 汉语新的词缀化倾向[J]. 南京师范大学学报,1986(4).
[130] 史有为. 相对形式的产生、发展与接受[C]// 首届社会语言学学术讨论会文集《语言·社会·文化》[M]. 北京:语文出版社,1991.
[131] 石毓智. 汉语的领有动词与完成体的表达[J]. 汉语研究,2004(6).
[132] 宋培杰. 浅析"亲属称谓词"的类词缀化及构成新词的特点[J]. 语言科学,2002.
[133] 孙金花,何星. 试论拉波夫语言观的发展[J]. 外语研究,2008(6).
[134] 孙晶. 从粤方言影响看"有+VP"结构形成的认知过程[J]. 现代语文,2011(2).
[135] 谭景春. 名形词类转变的语义基础及相关问题[J]. 中国语文,1998(5).
[136] 王洪君,富丽. 试论现代汉语的类词缀[J]. 语言科学,2005(5).
[137] 王辉. 制约古汉语语序重要因素的研究[D]. 南昌:南昌大学,2007.
[138] 王静. 绝对程度副词的发展演变概述[J]. 沈阳大学学报(社会科学版),2008(2).
[139] 王理嘉. 儿化规范综论[J]. 语言文字应用,2005(3).
[140] 王硕. 女汉子的爱与愁[J]. 科学新生活,2013(8).

[141] 王士元,沈钟伟.词汇扩散的动态描写[J].语言研究,1991(1).
[142] 王铁昆.10年来的汉语新词语研究[J].语文建设,1991(3).
[143] 王铁昆.新词语的规范与社会、心理[J].语文建设,1998(1).
[144] 王希杰.词汇演变发展的内因和外因[J].浙江师范大学学报,2003(4).
[145] 王云昀.副名现象中副词、名词的性质及其组合规律[D].长春:东北师范大学,2006.
[146] 汪惠迪."动宾式动词+宾语"规律何在?[J].语文建设,1997(8).
[147] 王淑君.动宾式动词带宾语结构研究简述及使用现状分析[J].现代语文,2008(7).
[148] 王一川.能指盛宴年代的汉语文学[C]// 朱竞.汉语的危机[M].北京:文化艺术出版社,2005.
[149] 吴波.合肥话"-i""-y"声韵母前化再探[J].合肥学院学报,2006(4).
[150] 邢公畹.一种似乎要流行开来的可疑句式[J].语文建设,1997(4).
[151] 徐国珍,朱磊.论修辞幻象在"副+名"组合中的生成与呈现[J].福建师范大学学报,2011(4).
[152] 谢沁.新媒体时代表达方式的改变[D].南京:南京艺术学院,2012.
[153] 辛仪烨.流行语的扩散:从泛化到框填[J].当代修辞学,2010(2).
[154] 邢福义.很"淑女"之类说法的语言文化背景的思考[J].语言研究,1997.
[155] 徐通锵.语言变异的研究和语言方法论的转折(上)[J].语言研究,1984(4).
[156] 徐通锵.语言变异的研究和语言方法论的转折(下)[J].语言研究,1988(1).
[157] 燕芳.论自媒体语言信息传播的价值裂变与解构[J].湖南人文科技学院学报,2012(3).
[158] 宴鸿鸣.现代汉语中起补充作用的文言表达句式[J].江汉大学学报,1999(5).
[159] 杨娟."不要太A"句式探析[J].现代语文,2009(5).
[160] 杨荣华.从"幼齿"看新词新语的产生和扩散的途径[J].现代语文,2008(7).
[161] 杨欣欣.高中生作文语病调查及教学对策研究[D].金华:浙江师范大学,2006.
[162] 杨振兰.论新时期新词语的色彩意义[J].山东大学学报,2009(2).
[163] 余东衍.试论汉语缩略语的构造特点和规范原则[D].武汉:湖北师范学院,2011.
[164] 于根元.整理汉语新词语的若干思考[J].语言文字应用,1993(3).
[165] 俞燕,仇立颖.框填式流行语何以如此流行?[J].修辞学习,2009(6).
[166] 张博."动宾式动词+宾语"的条件及发展趋势[J].古汉语研究,1999(3).
[167] 张伯江.词类活用的功能解释[J].中国语文,1994(5).

[168] 张成进."N+XX"构式分析[J].淮北师范大学学报,2011(4).
[169] 张拱贵.异读和异读教学[J].语言教学与研究,1989(4).
[170] 张鸿艳.网络时代"哥"的称谓语的变异研究[D].沈阳:沈阳师范大学,2013.
[171] 张红锐.语言模因新探[J].现代语文,2011(6).
[172] 张景霓.柳州方言的状语后置[J].广西民族学院学报,2002(6).
[173] 张娟.从性状强化看"程度副词+名词"组合[J].西北成人教育学报,2007(1).
[174] 张磊.论网络围观[D].黄石:湖北师范学院,2013.
[175] 张谊生.名词的语义基础及功能转化与副词修饰名词[J].语文教学与研究,1996(4).
[176] 张颐武.从袁腾飞说起:"国学热"需要深化和升级[J].中关村杂志,2009(11).
[177] 张勇.现代汉语名、形、动词类活用情况考察[D].北京:首都师范大学,2009.
[178] 张振兴.现代汉语语序问题的考察[J].方言,2003(2).
[179] 张志毅,张庆云.新时期新词语的趋势与选择[J].语文建设,1997(3).
[180] 赵金铭.新词新义与社会情貌[J].中国语文,1985(4).
[181] 赵世开.当前汉语中的变异现象[J].语文建设,1988(1).
[182] 赵贤德.关于汉语异读词读音单音化问题的思考[J].齐鲁学刊,2013(2).
[183] 赵毅衡.异化符号消费:当代文化的符号泛滥危机[J].文化研究,2013(2).
[184] 郑尔宁,李素娟.从"范跑跑"到"楼脆脆"[J].作家杂志,2010(5).
[185] 郑定欧.粤语"先"分析[C]// 詹伯慧.第二届国际粤方言研讨会论文集[M].广州:暨南大学出版社,1990.
[186] 郑远汉.语言规范和言语规范[J].励耘学刊,2007(3).
[187] 周晨萌.北京话轻声、儿化、清入字的变异研究[D].北京:北京语言大学,2006.
[188] 周国祥.流行语"绿色X"词族探微[J].语文建设,2003(8).
[189] 周荐."语模"造语浅说[J].语文研究,2008(1).
[190] 周永惠.汉语新词语、新词义与新词词典编撰[J].四川大学学报,2004(5).